ECONOMIC EVALUATION IN EDUCATION

COST-EFFECTIVENESS AND BENEFIT-COST ANALYSIS

(THIRD EDITION)

教育的成本效益分析

（第3版）

[美] 亨利·M. 莱文 (Henry M. Levin)

[美] 帕特里克·J. 麦克尤恩 (Patrick J. McEwan)

[美] 克莱夫·贝尔菲尔德 (Clive Belfield)　　著

[美] A. 布鲁克斯·鲍登 (A. Brooks Bowden)

[美] 罗伯特·尚德 (Robert Shand)

由由　译

教育科学出版社

·北　京·

中文版推荐序

《教育的成本效益分析》一书的作者是国际著名教育经济学家亨利·M.莱文教授。莱文教授是美国斯坦福大学高等教育与经济学的荣誉退休教授，也是美国哥伦比亚大学教育与经济学的荣誉退休教授。他是美国国家教育科学院院士，为教育经济学耕耘50多年，出版20多部著作，发表300余篇论文，曾担任美国评价协会（American Evaluation Association，AEA）和比较与国际教育学会（Comparative and International Education Society，CIES）的主席，还担任《教育经济学评论》（*Economics of Education Review*）、《美国评价杂志》（*American Journal of Evaluation*）等多个重要期刊的编委，获得了美国教育研究协会（American Education Research Association，AERA）的终身成就奖和美国教育财政协会（American Education Finance Association，AEFA）的杰出服务奖，在教育经济学领域做出了重要贡献。他关心教育实践与改革，被《纽约时报》评选为全美教育创新的九位领导者之一。莱文教授不仅在美国的教育界享有盛誉，还被欧洲、南美洲、亚洲多个国家和地区的教育与研究机构授予荣誉职位，是具有全球影响力的教育经济学专家之一。

20世纪70年代初开始，在斯坦福大学任教期间，莱文教授将成本效益分析引入教育研究，在教育的成本效益研究领域做出了开创性的贡献。他首次考虑了教育作为成本效益分析对象所具有的特殊性，从理论上建立了一套以经济学的机会成本概念为基础来确定教育成本的一般性方法。莱文教授采用成本效益分析方法在教育领域开展了大量实证研究，他对教育生产要素、教育信息、教育改革与创新项目的成本效益等方面的深刻分析促进了教育系统效率的提升，为教育政策的制定与完善提供了决策依据。1983年，莱文教授的《教育的成本效益分析》一书出版，被翻译成多种文字，在全球广泛传播。后于2001年修订再版，其间莱文教授受期刊和百科全书邀请，发表了多篇关于教育成本效益分析方法的论文，推动了这一领域研究的不断深入发展。2007年，莱文教授在哥伦比亚大学创立了全球第一个教育收益成本研究中心，并获得美国联邦政府教育科学研究院的经费资助，向教育研究者和教育实践者介绍教育成本效益分析方法，大力推广该方法在教育政策制定中的应用，以提高教育资源配置决策水平和使用效率。2018年，《教育的成本效益分析（第3版）》由世哲（SAGE）出版社出版，在前两版的基础上整合了最新的方法学进展、实证研究和政策案例。

对教育进行成本效益分析对当今世界范围内的教育发展都具有重要意义。教育的体量巨大，是对人力资本最大的投资，对经济增长具有重要的意义。可以说，在人类历史上，一个人、一个地区乃至一个国家的发展和繁荣，从来没有像今天所处的知识经济时代这样依赖教育。教育投资效率即便只有小幅度提升，也会节约大量的资源。更重要的是，资源是稀缺的，任何国家都需要考虑如何分配和利用有限的教育资源来取得更大的教育成就，进而促进经济社会发展。大多数发展中国家亟须实现包括普及初等教育在内的各项联合国可持续发展目标；即便是发达国家，也常常在教育发展中受到资源约束，居安思危，希望通过教育改革与创新提高教育水平与效率，保持国家的竞争力。当今世界，人类面临多重挑战，各国的发展政策中均有多重目标需要通过提高资源配置和使用效率实现，因此，越发需要考虑教育投资的效益。美国联邦政府特别强调，教育政策的制定必须考虑相关的成本与收益。同时，教育资源利用效率也是众多国际组织开展教育项目评价的重要标准之一。

中国现阶段亟须开展教育成本效益方面的研究。《中共中央关于党的百年奋斗重大成就和历史经验的决议》强调，在新的历史阶段要推进教育强国建设，办好人民满意的教育。《中华人民共和国国民经济和社会发展第十四个五年规划和2035年远景目标纲要》提出，要深化教育改革，提高经费使用效益，构建高质量的教育体系。教育改革的深化无疑需要资源支持。中国虽然是第一个从新冠感染疫情中恢复经济正增长的经济体，但在经济新常态总体趋势下，教育经费投入增长放缓的趋势明显。因此，中国教育体系的各个环节亟须提升资源利用效率。中国的教育经济研究虽然从 20 世纪 70 年代末发端至今一直坚持理论与实践相结合，面向解决中国教育与经济发展中的重大问题，但尚未从微观教育生产和改革创新入手系统收集各项教育改革举措在成本方面的证据。因此，还无法系统回答，在中国教育改革与创新实践的各项举措中，哪些举措相对而言能够以更低的经济成本更好地实现既定的教育目标，中国的教育政策如何能够促进教育改革与创新实践更高效率地利用教育资源。

莱文教授的《教育的成本效益分析（第 3 版）》中文版译著的出版恰逢其时。该书向中国广大的教育实践者、教育研究者、教育决策者全面系统地介绍对教育进行经济评价的研究设计与分析工具。本书共 13 章，介绍了在教育领域中开展经济评价的分析框架、教育成本的概念、成本分析方法、开展教育成本效益与收益成本分析的具体步骤、对经济评价结果的不确定性进行分析、开展高质量经济评价研究的标准、在教育政策中应用经济评价等内容。希望本书能够促进产生更多关于中国教育系统各环节的成本研究证据，为中国广泛开展的教育改革与创新实践提供资源利用效率的信息，为中国提高教育经费使用效益、构建高质量的教育体系贡献决策智慧。

闵维方

2022 年 12 月

中文版序言

本书将成本效益分析和收益成本分析与教育的评价和决策联系起来，这是本书的第3版，前两版分别出版于1983年和2001年，每一版都随着领域的发展加入了方法及其应用的最新进展。

20世纪60年代，我在自己学术生涯的早期发展了相关的方法，本书也引用了这些发表于20世纪70年代的作品。那时是我初次尝试向教育领域和其他非经济领域的评估人员解释什么是成本效益与收益成本分析工具，以及为什么这对于政府的投资决策来说是重要的。为此，我建立了一种更为有用的成本评价方法——资源要素法，对干预措施的具体资源需求及其成本进行详细的评估。这是一种基于机会成本的方法，通过比较来识别在资源利用上具有最高效率的潜在干预措施。最初，教育领域的评估者并不熟悉成本效益或收益成本分析方法，因此，早期工作的重点是解释这些方法对于资源分配效率的重要性。经过大量的讲演，以这些方法为基础形成的良好决策标准开始被评估分析领域采纳。此后，为了帮助评估人员使用这些方法，为良好决策和有效资源利用提供必要的信息，我认为有必要撰写一本书对这些方法进行综合性的介绍。

本书第1版介绍的是成本效益与收益成本分析方法的重要性，以及如何将这些方法运用于决策。即便是在经济分析方面没有接受过完整训练的人员，也可以根据书中提供的细节运用资源要素法，这是一个很大的优势。随着人们对成本效益与收益成本分析价值的认识，该方法迅速发展，工具更加复杂，本书的第2版应运而生，也补充了很多来自当时较新研究文献的例子。

　　相关领域的大量研究文献中，新主题的出现与方法学上的进展意味着有必要对用于教育投资中的经济分析方法进行更全面的介绍。本书第2版提供了将该方法及其应用进一步扩展与澄清的机会。而随着领域和方法使用的发展，扩展本书既有内容的需求日益显现，本书的第3版就是在这样的背景下出版的。我们在第3版中引入了更多有关效益测量及其识别方法的近期研究，包括实验法与准实验法。对于在教育领域中如何开展有用的经济评价研究，我们努力提供了一个相对完整的展示。

　　随着经济评价在中国的兴起，我们与中国在此领域建立了重要的联系。很多来自中国的研究生投入教育经济学领域的学习，并推动这一领域的发展。在我供职于斯坦福大学（1968—1999年）和哥伦比亚大学教育学院（1999—2020年）期间，我有机会与富有才华的博士生们密切合作。在斯坦福大学，曾满超、闵维方、胡国辉、廖柏伟、钟宇平，这些我曾经的中国学生都令我印象深刻。在哥伦比亚大学，我继续指导了许多来自中国的学生，包括由由、欧冬舒、张羽、程贺南、姚浩根、潘一林。我的中国学生让我对中国有了更多的了解。大概从1980年起，我在香港中文大学开展短期教学并参加学术会议。1988年，我第一次参加中国内地举办的学术会议，并在北京大学、北京师范大学、华东师范大学等几所大学开展了教学。之后我定期访问中国，并于2012年在北京大学完整地讲授了教育的成本效益分析课程。

　　能够由中国学者（包括我的学生）翻译本书，对我来说是独特的荣誉。我特别要感谢曾满超的善良与温和，感谢他的严谨和他带给我的关爱与灵感。感谢闵维方对我的持续关注，使我能够产生新的认识和见解。我现在已经退休了，特别感谢程贺南对我一如既往的支持与友谊。最后感谢由由在本书的翻译和出版上发挥了重要作用。

亨利·M.莱文

2022年11月21日于美国纽约

序　言

本书前两版分别出版于 1983 年和 2001 年。遗憾的是，在如此长的时间里，虽然关于成本收益分析的讨论不少，但是没有太多的行动。

过去 10 年已经有了更多关于成本效益与收益成本的学术研究。各级政府都在要求教育决策者利用更少的资源取得更多的成就。一直以来，人们对新技术抱有很大期望，认为它可以改善教育并减少成本。虽然如此，但关于新技术的研究很少将效益与成本两个方面结合起来，确定性的证据更为少见。慈善家越来越渴望计算出所投资社会项目的"回报"。在越发强调问责的时代，公众也对资源如何分配给中小学和高校持更加审慎的态度。甚至学术期刊也越来越多地接收应用成本效益分析或收益成本分析的文章。这些压力和兴趣促进了更多关于教育支出效率的研究与探询。

近年来对经济评价的重新关注，使得有必要以严格的标准开展成本评价研究，也有必要让政策制定者、教育专业人士和普通公众理解成本评价研究。因此需要向读者全面详细地解释什么是成本评价、应该怎样做成本评价。

据我们所知，本书依然是为教育研究者介绍这一领域全貌的唯一专著。评价者使用的一些概论性的教材中会有一章介绍这个主题（如 Boardman，Greenberg，Vining，&Weimer，2011），最近有两本著作对一般性的标准和原则进行了介绍（针对健康领域，参见 Neumann，Sanders，Russell，Siegel，&Ganiat，2016；针对一般性的方法论，参见 Farrow & Zerbe，2013）。与此不同的是，本书完全聚焦在教育领域进行经济评价的原理和方法。本书区别于其他著作的一个主要的特点是对如何进行成本分析给予了大量的讲解。

　　自本书第 2 版问世以来，与评价相关的学术文献在方法论上有了相当大的发展。这一方面反映了健康领域的研究者对成本收益分析的广泛使用，另一方面也反映出教育研究者越来越多的实证主义研究实践。我们希望本书的最新版能够清晰描述这些方法论上的发展，从而能够帮助研究者应用更高级的方法。同时，我们希望将新的实证研究吸纳进来，从而使读者可以更好地了解何种投资对于社会来说是有效率的。

　　这一版在前两版的基础上进行了大量的修订。像第 2 版的修订一样，我们仍然是用教育领域最新的成本研究替换并更新了很多案例。我们还根据方法论和应用研究方面的参考文献对文本做了更新。

　　我们还加入了一些新章节。新加入了一章（第 2 章）讲解如何组织经济分析才能使之与影响评价相整合。通常，正确地组织与设计经济评价是最大的挑战之一。我们在第 2 章中描述了经济评价应该如何组织才能反映变革理论。为了更清晰地解释成本评价，我们扩充了四章（第 3—6 章），并将识别资源要素（第 4 章）与确定资源要素的价值（第 5 章）进行了明确区分。加入了一章（第 7 章），说明如何测量效益，可能会令人惊讶的是，如何测量效益常常是成本效益分析中最具争议的部分。新的第 7 章给出了对于开展成本效益分析来说有效的效益指标所应具有的特征。第 8 章围绕报告成本效益结果展开。接下来，本书新增加了一章，详细描述了对收益的估计（第 9 章），为进一步解释收益成本分析（第 10 章）做了铺垫。新增的最后一章（第 11 章）讨论不确定性以及如何进行敏感性检验。经济评价的质量核查单和政策问题是最后两章，主体上继承了第 2 版的相关内容，但为了能够反映当前辩论与争论的热点问题，我们更新了对政策的讨论。每一章的最后，都新加了一些讨论题和练习题。附录 A 提供了部分练习题的参考答案。最后，附录 B 为研究人员提供了一个新工具——CostOut 工具——可以辅助开展严谨且能够相互协调的成本效益研究。

　　回首过去 30 多年，我们希望本书的新版本再一次重申我们的基本主张：对教育进行经济评价很重要，需要被认真对待。

第 2 版致谢

本书第 2 版从过去这些年来围绕应该如何更新、扩展和改进本书第 1 版的讨论与建议中受益良多。在过去 17 年本书第 1 版的 13 次印刷中，我们收到了来自学者、政策分析人员和学生的大量反馈，确实帮助改进了第 2 版的内容与呈现方式。有很多研究者非常慷慨地分享了他们的研究工作，在此虽然无法一一列举，但我们要表达对所有这些研究者的感谢。我们也要感谢达雷尔·R.刘易斯（Darrell R. Lewis）和乔恩·S.埃贝林（Jon S. Eberling）对书稿的最终校审。

亨利·M.莱文（Henry M. Levin）希望将本书第 2 版献给何塞·路易斯·莫雷诺·贝塞拉（Jose Luis Moreno Becerra）教授以表纪念。莫雷诺是西班牙加那利群岛拉古纳大学应用经济学教授。他在 20 多年前曾经是斯坦福大学教育经济学专业的研究生，毕业后返回了西班牙。在西班牙，他在最有声望的应用经济学教职竞争中获得了最高分。他的表现使他能够在西班牙的任何一所大学中挑选职位。他选择返回他的家乡加那利群岛，并且多年过后，他成为全西班牙教育经济学的带头人。他是西班牙教育经济学会的创始人与第一任主席，该学会非常活跃，年会质量很高。1999 年，莫雷诺的突然离世给他的同事和朋友们带来了巨大悲痛。我们十分珍视与莫雷诺的学术和个人关系。我们也希望以此表达我们以及莫雷诺的妻子特雷（Tere）与他们的两个孩子埃内斯托（Ernesto）和埃莱娜（Elena）对莫雷诺的缅怀。

最后，帕特里克·J.麦克尤恩（Patrick J. McEwan）希望将本书第 2 版献给他的父亲理查德·T.麦克尤恩（Richard T. McEwan）。虽然理查德一直

怀揣着学术的梦想，但是他的家庭并不富裕，没有太多的受教育机会。在从
事了无法实现自己抱负的工作多年之后，他保障了他的两个孩子在选择他曾
经无法从事的职业时具备足够优秀的资质。但遗憾的是，他并没有活到能够
分享孩子们成就的年纪就离开了他们。如果说本书成功达到了既定目标，那
么至少在一定程度上是源于理查德的好奇、智慧和勇气。

第 3 版致谢

自本书第 2 版出版以来，发生了很多改变：经济评价的方法变得更加精细，对于效率与成本效益问题的关注度也有明显提升。我们希望本书第 3 版这个新的版本能够清晰展示出这些方法上的发展，同时我们最希望传达的思想是：教育领域应当认真开展经济评价。

我们在修订本书的过程中，极大地受益于与很多研究者、政策制定者和专业人士之间的讨论与互动。近年来，在教育科学研究院（Institute of Education Sciences，IES）的支持下，我们为教育研究者提供了经济评价培训，学员的视角与贡献是本书变得更好的源泉。我们也要感谢梅里迪思·弗里德曼（Meridith Friedman）在汇总参考文献上的贡献，感谢维维安娜·罗德里格斯·安德雷德（Viviana Rodriguez Andrade）在编辑格式上的贡献，并感谢哥伦比亚大学教育学院教育收益成本研究中心的全体同事。我们要对致力于使教育系统的运行更为有效、更有效率的所有人表达感谢，因为他们的不懈努力，会为后几代学生提供更好的未来。我们希望，我们也能够如此。

亨利·M.莱文的致谢

1970 年初，还是学术新人的我发表了几篇关于成本效益分析的论文，马西娅·古藤塔格（Marcia Guttentag）邀请我为世哲（SAGE）出版社即将于 1975 年出版的《评价研究手册》（*Handbook of Evaluation Research*）写一个章节。我用传统的方法检索了图书馆的资源与报告，也给当时这一领域的

XX

贡献者写了信，但发现社会科学中几乎没有成本效益分析的应用。当时的文献主要集中于基础设施项目、国防，有几篇基于回归模型将成本效益分析应用于犯罪、健康与教育领域的尝试。至少可以说，成本效益分析还有待发展，很少有人尝试将其应用于评价研究。最让我震惊的是，对成本的测量是混乱无序的。大多数成本效益或收益成本研究都是含混不清的，或是根本没有谈及方法、成本来源，甚至对于成本意味着什么都没有定义。其他研究也仅仅是报告了预算的花费，并没有解释研究者如何将原本用于会计的预算分析，用于为特定项目或干预措施进行的成本评价。因此，1975 年《评价研究手册》中的章节聚焦建立一个以经济学概念为基础来确定成本的一般性方法，并将该方法与成本分担相结合。而对于如何测量效益（最好用实验）或者收益，并没有展开进行详细的说明。

有一些评价者对这一主题感兴趣，有更多人想要了解操作过程的细节。因此，1983 年我出版了本书的第 1 版，尝试帮助评价者采用资源要素法开展成本分析。虽然书的销售情况不错，但是在文献中出现的新研究不多。20 世纪 90 年代中期，我在斯坦福遇到了帕特里克·麦克尤恩，他是一位非常棒的学生，而且对这一主题有非常大的兴趣。他同意作为共同作者，在本书第 2 版中对分析进行扩展，特别关注了对效益与收益的测量。在本书第 1 版出版的 17 年后，第 2 版于 2000 年（版本记录为 2001 年）出版，并获得了更多的关注。

1999 年，我来到哥伦比亚大学教育学院，继续开展教育领域的成本效益与收益成本分析。2000 年，克莱夫·贝尔菲尔德（Clive Belfield）加入了我们的教育私有化国家研究中心（National Center for the Study of Privatization in Education）。成本效益与收益成本分析也是该中心的一个关注点，在此基础上，我们决定在 2007 年成立教育收益成本研究中心。虽然克莱夫接受了纽约市立大学皇后学院经济学系的教职，但我们继续在教育评价的成本分析上开展合作。此时布鲁克斯·鲍登（Brooks Bowden）加入了我们，后来罗伯特·尚德（Robert Shand）也加入了我们，这两位都是教育政策与教育经济学专业的博士生。2001 年以来，经济学和其他学科领域在对教育效果的估计方面有了繁荣的发展，特别是使用随机对照试验和准实验进行估计。与此同时，我们第 2 版书出版后的时间也已经接近第 1 版书出版后所历经的 17 年了。

在教育领域中，关于成本效益与收益成本分析方面新的想法与应用持续增长。在此背景下，我们几位决定着手准备本书的第 3 版，这一新版尝试将这段时间内成本估计以及效益和收益的测量与估计方面的进展涵盖进来。

我很荣幸地感谢克莱夫在第 3 版修订过程中起到了主要的协调作用，就像帕特里克在修订第 2 版时所起到的领头作用一样。在很大程度上，这或许是吃力不讨好的，特别是在有多个作者的时候。但这两次修订中，核心作者都对本书内容与呈现形式的改进做出了极大的贡献。此外，在我们的新版本中，布鲁克斯·鲍登和罗伯特·尚德基于自己的研究贡献了见解与内容，并补充了以前版本中没有的内容。我作为老作者，非常高兴看到如此有能力又能干的同事传承传统，本书也许会到 2034 年出版第 4 版。

我还要感谢菲奥娜·霍兰德（Fiona Hollands），她的牵头使我们能够推出帮助评价者自己开展成本分析的计算机平台。虽然克莱夫和我当初是与他人一起开始这个计算机平台项目的，但正是由于菲奥娜的领衔与关心，项目才得以推进至用户阶段和具体程序。我们希望第 3 版的读者能够使用 Cost-Out 工具开展自己的成本分析。我们还要感谢来自埃玛·加西亚（Emma Garcia）、潘一林、芭芭拉·哈尼施·赛尔达（Barbara Hanisch Cerda）、梅里迪恩·弗里德曼（Meridith Friedman）、程贺南、维维安娜·罗德里格斯·安德雷德、室贺厚子（Atsuko Muroga）、王安逸、阿姆拉·萨比拉耶斯（Amra Sabic-El-Rayess）、马娅·埃斯库埃塔（Maya Escueta）等许多人的不懈支持，他们都是教育收益成本研究中心工作的贡献者。

最后，与我在所有的工作成果中表达的感谢一样，我必须要感谢我的妻子皮拉尔·索莱尔（Pilar Soler），她包容我将大量的时间花在这个项目上，并且给予我鼓励。我感谢来自儿子杰西·莱文（Jesse Levin）的支持与专业见解，以及他基于在丁伯根经济研究所与阿姆斯特丹大学和美国研究学会开展的很多项目所提出的建议。

A.布鲁克斯·鲍登的致谢

A.布鲁克斯·鲍登希望将本版书献给前导师亦朋友丽贝卡·梅纳德（Rebecca Maynard）教授。作为开展严谨评价研究方面的专家、经济学家、教授、学者、一位母亲、一个人，梅纳德教授在以上所有角色中都是典范。她的指导、反馈、支持与鼓励是无价的。

罗伯特·尚德的致谢

罗伯特·尚德希望将本版书献给老师们，是老师们使罗伯特学到无限好奇与逻辑实证之间的强大组合。他希望本书基于这一组合所产生的价值能对教育与服务后代学生有所贡献。

作者介绍

亨利·M.莱文（Henry M. Levin）是教育收益成本研究中心（Center for Benefit-Cost Studies of Education，CBCSE）创始主任，美国哥伦比亚大学教育学院教育与经济学的威廉·H. 基尔帕特里克（William H. Kilpatrick）讲席荣休教授，斯坦福大学高等教育与经济学的戴维·杰克斯（David Jacks）讲席荣休教授。他从1970年开始从事教育及其他领域的成本效益和收益成本研究。他在教育经济学、教育政策领域围绕该主题和其他主题著有22本书和约300篇学术论文。

帕特里克·J.麦克尤恩（Patrick J. McEwan）是美国韦尔斯利学院经济学教授和拉丁美洲研究主任。他的研究兴趣包括对拉丁美洲（特别是智利和洪都拉斯）教育与社会政策的影响和成本评价研究。他的研究发表于《美国经济评论》（*American Economic Review*）、《公共经济学杂志》（*Journal of Public Economics*）、《教育评价与政策分析》（*Educational Evaluation and Policy Analysis*），以及其他经济学与教育政策的期刊。关于他研究的更多信息请见网站 www. patrickmcewan. net。

克莱夫·贝尔菲尔德（Clive Belfield）是美国纽约市立大学皇后学院经济学系教授，哥伦比亚大学教育学院教育收益成本研究中心首席经济学家，克莱蒙特研究生大学评估研究所的教员，哥伦比亚大学教育学院社区学院研究中心的兼职研究员。他于英格兰埃克塞特大学获得经济学的博士学位，研究兴趣是教育项目的经济评价。他在教育经济学领域著有 3 本书和逾 75 篇论文。

A.布鲁克斯·鲍登（A. Brooks Bowden）是美国北卡罗来纳州立大学教育领导、政策与人类发展系方法和政策助理教授，哥伦比亚大学教育学院教育收益成本研究中心副主任兼培训主任。她于哥伦比亚大学获得教育政策的博士学位，专业方向是经济学。她的研究专长是项目评价与经济分析，聚焦于成本分析中资源要素法的应用与方法论。她最近在《美国评价杂志》（*American Journal of Evaluation*）、《教育效益研究杂志》（*Journal of Research on Educational Effectiveness*）、《收益成本分析杂志》（*Journal of Benefit-Cost Analysis*）、《教育评价与政策分析》（*Educational Evaluation and Policy Analysis*）等期刊合作发表了论文。

罗伯特·尚德（Robert Shand）是美国俄亥俄州立大学教育研究的诺维斯·G.福西特（Novice G. Fawcett）博士后研究员。他于哥伦比亚大学教育学院获得教育与经济学的博士学位。他曾经是一位 K—12 教师，他的研究聚焦于教育实践者如何使用效益与成本的证据以帮助改善决策，以及教师如何通过正式培训和向同事学习实现提升。

目　　录

第1章 经济评价导论

◎ **目标**

1. 描述本书的目标。
2. 界定教育干预的经济评价。
3. 识别与描述分析的类型。
4. 说明为什么需要经济评价。

一本书要想吸引读者，应在开篇就强调所谈主题的重要性或者告诉读者后面将有令人激动的故事。对我们所谈的主题而言，这似乎有些难度。不过，请想象一下美国教育行业的体量——美国2015年教育投入超过1万亿美元，全球平均来看，教育投入大约占国内生产总值的5%（Organisation for Economic Co-operation and Development，2014）。尽管教育所用的资源基础已经十分庞大，但为了实现新的愿景或尚未被满足的需求，教育机构仍然会不断寻求更多资源。假如美国教育的效率能提高2%，仅这很小比例的效率提升就能节省出220亿美元用于其他方面。在学区层面，所节省的资源能为所有K－12的学生额外提供180美元的生均投入，相当于能为每个班级额外增加4500美元的投入。不过，能否真正获得这些好处还取决于能否高效地利用现有资源。我们能否识别出高效率的资源利用方式呢？可以想象这样的情境，每年我们要为教育投入1万亿美元，并且想要回答以下一些问题：这样的投入水平是否合适？是投入太多还是太少？这些投入是否获得了最大的回报？我们是否需要在教育的不同部门间、不同群体间调整资源投入？比如，从高等教育调整一些资源到基础教育，或者从管理人员身上调整一些资源给教师？

经济评价的目的就是回答这类有关效率的问题。具体而言，成本效益（cost-effectiveness，CE）分析的目的是在能够达成既定目标的各种方案中选择最为经济的方案。收益成本（benefit-cost，BC）分析旨在判断社会对教育的投资是否有效率，以及投资的收益是否大过成本。

有些人可能会说，我们不应该过多关注对效率的追求，而应更多关注如何获得更多资源，当然这两者也不一定是非此即彼的关系。可以想象一个情境，比如，某州启动了一个新的彩票系统，能为该州额外增加数以亿计的公立教育资金。政策制定者和学校管理者提出了很多种使用上述资金的方案，包括缩小班级规模、进行教师培训和修缮学校老旧设施。如果我们的目的是最大化学生的学习结果，上述资金该如何分配呢？我们也可以想象一个小规模的情境：学校给每位教师发放 500 美元可自由支配的资金。如何使用这些经费才能最大限度地改善学生学习呢？反过来讲，假如一个大型城市学区的教育收入正面临大幅削减，需要取消一些项目来避免入不敷出。如果目标是将取消项目给学生学习带来的负面影响最小化，那么哪些项目应该被取消？事实上，像这样的预算削减问题在美国变得越来越普遍。2014 年，美国有 31 个州的 K—12 教育实际生均拨款水平（非名义水平）低于 2008 年（按 2014 年的可比价格计算）；社区学院也面临同样的问题，社区学院的收入在 2008 年到 2013 年间逐年递减（Desrochers & Hurlburt，2016；Leachman，Albares，Masterson，& Wallace，2016）。

不难理解，上述所有情况，我们都是在经济的语境下，关心如何让花在教育上的钱获得最大的效益。面对在教育项目或干预措施之间进行决策的艰难时刻，我们可以采用系统的经济评价，而不是依靠猜测或政治来决定。这首先需要估算成本，然后将成本与效果或者收益相联系，以确定项目或干预措施的价值。我们相信这些评价方法可以为教育政策的制定做出重要贡献，这也是我们写本书的目的。

本章是对经济评价的总体性介绍，我们首先阐述本书的目的并概述我们希望为读者提供的内容。接下来，我们解释为什么经济评价可以用于在许多教育情境下理解和解读研究发现。然后我们介绍了计算成本的最佳方法——资源要素法，以及三种经济评价方法：（1）成本分析；（2）CE 分析；（3）BC 分析。最后，我们解释了如何看待经济评价在政策情境中的作用。本章的概述将为后续章节更详细的讲解进行铺垫。

1.1　本书的目的与目标

本书的目的是向读者系统地介绍成本分析在教育评价中的应用。读者群体广泛，可以是评价者、研究者、教育管理者和研究生。本书会先后帮助读者熟悉资源要素法（ingredients method）这一系统的成本分析方法，介绍成本分析工具的性质与用途，并展示如何设计并实施一项成本研究。经济评价是指一系列评价与决策技术，包括成本效益（CE）分析、收益成本（BC）分析、成本效用（cost-utility，CU）分析和成本可行性（cost-feasibility，CF）分析。虽然每种类型的分析会被分别讨论，但这些分析方法作为一个整体是经济评价的核心组成部分。

我们有意地使用"经济评价"（economic evaluation）这一广义术语，主要是因为经济学从根本上讲是关于如何配置稀缺资源的学科，强调"稀缺性"。仅研究某一项干预是否有效，或者一项干预是否造成了某种结果，是不够的。虽然这些研究都是非常重要的，在很多情况下也是必要的研究，但是它们并不能被称作完全的经济研究——因为这些研究并没有将稀缺性这一概念结合进来，尤其是没有能够将效果与获得效果所发生的机会成本相对应起来。在教育领域中有很多这样的例子。比如，有很多研究强调教师作用的增值评价模型以及教师质量对于学生学习结果的重要性。这毋庸置疑是社会科学非常重要的探索领域。但是，它仍与我们要问的最终问题存在一定距离，比如，将稀缺资源用来改善教师质量是否值得？或者，通过教师发展项目来

4

提高教师质量的机会成本是多少？通过经济评价，我们能明确回答实施一项政策、改革或干预的成本问题，将成本与所获得的收益进行比较。本书会具体讨论与教育相关的经济评价。

本书的总目标是让读者了解如何设计与实施一项能够为教育政策服务的经济评价研究。具体而言，我们首先帮助读者学习如何使用资源要素法来识别与测量成本，该方法以经济学的机会成本为原则，是标准、严谨的成本识别与测量方法。接下来，对于 CE 分析，我们的目标是帮助读者学会如何识别影响与效果，并将这些方面的证据与成本信息结合起来进行经济评价。与之类似，对于 BC 分析，我们的目标是帮助读者识别收益及其货币价值，并将收益与成本结合起来进行经济评价。最后，还有两个目标适用于所有类型的经济评价：一个是强调进行敏感性检验的必要性，另一个是说明经济评价与决策者、利益相关方和政策专家的需求相结合的重要性。

此外，我们希望本书也能够服务于不同读者的其他多种需要。有些教育管理者和评价者会希望了解如何将评价方法的知识拓展到实际工作的情境中，并应用这些方法进行评价与管理。比如，教育管理者可能会希望弄明白如何开展 CE 研究能帮助学校选择是提供阅读指导或午餐，还是削减预算。教育评价人员可能会希望学到如何利用成本信息对评价各种备选方案的传统方法进行扩展。虽然本书并不是专门为读者在没有其他任何训练和协助的情况下直接开展上述任务而设计的，但阅读本书是开展上述任务所需的必要一步。掌握本书提供的基础知识后，评价者或者管理者应该能够与 CE 分析和 BC 分析技术专家更有效地开展合作，也应该能够进一步学习和掌握开展相关研究所需的技术。

为了让本书既适合读者自学，又能够配合本主题的正式课程，我们在本书的不同阶段还会向读者介绍有关概念及其应用，并配以来自教育应用领域的多个案例。每章最后提供练习题，帮助读者检验对各章主题的理解程度。附录 A 给出了部分练习题的答案。

需要澄清的是，本书及其所呈现的经济分析的目的并不是培训读者对项目或组织进行审计或者监管其预算执行。本书所提及的一系列概念和方法旨在帮助读者将教育干预的成本与其成效联系起来，以选择最优的干预措施。

关于本书目的的最后一点说明也很重要。在当今这样的新技能学习的"自助时代"，如果能为读者提供可遵循的一步一步的详细操作步骤会很有吸引力。但这种提供自助指南的方式并不适合教授成本分析和经济评价。虽然我们可以提供一套操作的原则，但在具体情境下应用经济评价方法需要管理者或评价者根据情况进行判断。因此，本书并不能替代评价者在实际开展经济分析时敏锐而有见地的经验判断，而是希望能为评价者开展分析提供一套新的概念和分析工具。对于这些新的概念和工具，本书会进行介绍并举例说明，但其具体应用还需要更详细的指导。

1.2 经济评价的重要性

为什么教育评价者或学校人员应该关心经济评价？最浅显的回答是，引用经济评价的分析结果作为证据比单纯用辞藻华丽的主张更有说服力。如果你有证据说我们通过比较不同方案的成本和效益找到了最具成本效益的方案，那么你就可以直接让反对者缴械投降了。而遗憾之处在于，上述情境也就是这个术语在教育行业里最主要的用途了。本书将会在这一老生常谈的用途之外谈及更多内容。CE 分析应该被广泛关注，是因为它能够帮助提升教育资源的利用效率，比如，它可以帮助减少达到某一目标所需使用的资源，还可以在特定预算或资源限制下帮助增加所能达成的结果。与此类似，BC 分析可以识别何种投资是最值得的，以及社会应该投资多少给教育。不过，实现这些好处的前提是，相关结论要建立在严谨评价方法的基础上。

本书强调，严谨的评价过程中的必要一环是对成本和效益（或收益）两个方面进行恰当的分析。在很多时候，我们仅仅考虑了成本或效益中的一个方面，而在缺少另一方面信息的情况下做推论，可能会产生误导。大多数情况下，教育评价者试图判断某种干预在促进某些目标（如提高学业成绩）达成方面是否有效。而为了使学校或学区的支出在给定的预算之内，学校管理者经常考虑要降低教育成本。其实，双方有一个共同的目标，即希望在给定预算的情况下获得最大的学校效益，也可以反过来说，希望用最低的成本达到一定的效益。如果单独考虑更大的效益或更低的成本，那么上述共同的目标是无法实现的。我们举三个例子说明这一点。

第一，忽略成本的危险。我们举小班化教学政策的例子来说明这种风险。20世纪90年代，缩小班级规模的政策非常流行，它被认为是改善学校教学质量最直观、最具吸引力的政策之一。对此，当时的家长、教师、管理者，甚至政客之间达成了罕见的一致。有很多政策措施旨在缩小班级规模，特别是在小学，加利福尼亚州在1996年努力将小学低年级的班级规模缩减至20人，是其中最大规模的实践（Brewer，Krop，Gill，& Reichardt，1999）。

支持缩小班级规模的很多证据来自田纳西州的生师比改进（Student teacher achievement ratio，STAR）实验（Krueger，1999；Mosteller，1995）。这项实验将学生随机分配至三种类型的班级，并比较他们的学业成绩。第一种是没有助教的常规班（班级规模为22—25人），第二种是有助教的常规班，第三种是小班（班级规模为13—17人）。一年后，分到小班的学生在标准化测验中的成绩提高了4个百分点（Krueger，1999）。接下来的每一年，小班学生的成绩都会进一步提高约1个百分点。（助教在提高学业成绩方面几乎没有效果。）总的来说，这样的研究结果强烈支持了在小学低年级阶段缩小班级规模会对学生的学业成绩产生重要影响这一结论（Chingos，2012）。单独来看，这些结果可以成为支持缩小班级规模的政策依据。

但是缩小班级规模非常昂贵，通常令人望而却步（Brewer et al.，1999）。要达到预期的学业成绩提升效果，需要数量可观的新教师——假设这些教师的训练达到了以上实验中教师的水准。然而由于年轻教师会跨校流动，还可能会有为数不少的分流与工作转换。还需建造并装修新教室，学校的组织方式也要有比较显著的变化。当这些资源需求问题被审视的时候，缩小班级规模政策的优势就减小了（Grissmer，1999）。特别是，当评估出要满足这些资源上的需求还需要动员学校原本可以用在其他实践或干预措施上的资源时，缩小班级规模的呼声就更弱了。

第二，忽略效益的危险。招生数的不足经常迫使管理者面对是否需要关闭学校这样的艰难决策。是应该让大量的小规模学校继续运行，还是应该把学生合并到一所大规模学校呢？表面看来，这类决策似乎只与成本相关，会计或者学校管理者只需计算各种方案的成本，并执行成本最小的方案。

但事实上，由于规模经济的存在，大规模学校的平均运行成本的确会低一些（Colegrave & Giles，2008；Lee & Smith，1997）。大规模学校可以以更低的价格批发文具或家具。更重要的是，运行一所学校所需的固定成本能够分摊到更多学生身上。比如，一所大规模学校仅需要一个操场和一个食堂，付一份电费账单，维护一座图书馆，等等。而小规模学校也需要有同样的固定支出，因此生均成本会增加。在发展中国家的农村地区，偏远地区学校的在校生甚至可能不足以坐满一间标准的教室。这样的情况下，每五名学生需要一名教师，生均成本自然会非常高。当然，大规模学校的成本并不一定会更低，比如，规模过大会带来更高的管理成本，也可能会有额外的交通成本，而与所在社区关系更密切的小规模学校更可能会获得来自当地家长和居民捐赠的各种资源。

我们暂且假设，总体上学校的生均成本会随着学校规模的增大而降低。那么，学校规模是否也会影响学校的教学效果呢？一些证据表明，大规模学校的教学效果在很多方面（虽然并不是在所有方面）都会更低（Barrow，Schanzenbach，& Claessens，2015；Leithwood & Jantzi，2009）。具体原因尚不清楚。可能是由于大规模学校的去个性化，学生和教师感受的个体价值感和参与感不高。也可能是小规模学校的核心课程能够关注到所有学生的学业表现，不论学生的能力和志趣如何（Lee & Smith，1997）。在人口密度低的地区，学生可能要走很远的路程才能到达大规模学校，即便是能够按时到校，交通过程中的疲惫也会影响他们的学习效果。

合并后的大规模学校会节省成本，但也可能会牺牲教学效果，当然，是否一定如此还需针对具体情况进行分析。由此，较低成本的大规模学校最终也可能被证明是具有较低成本效益的。管理人员可能需要考虑其他能够节省教育成本但不会削弱教学效果的方案。例如，小规模学校可以通过共享师资和管理来节省成本，中学可以利用社区学院课程等社区资源。同时学校也可以将不使用的教室空间分享出来供幼儿保育、养老中心和私人教育项目（如电脑培训与家教中心）使用。关键是要明确各种可能的方案，在此基础上对每种方案的相对成本和效益进行评价。

第三，忽略收益的危险。在 2003—2013 年间，对社区学院的公共经费投入实际水平下降了 6%（Desrochers & Hurlburt，2016）。尽管社区学院的在校生人数迅速增长，但是经物价调整后的社区学院生均公共经费水平却在下降。学生学费和学杂费的增长恰恰弥补了公共经费的缩减。一些观点认为，从社区学院直接受益的学生支付了相关成本，这正好反映了效率的提升。

但这种公共经费政策的缩减忽略了一个事实——社区学院能促进增加本地税收（由于更高的收入和支出）和降低政府支出（在福利和犯罪司法系统方面），进而为本地的全体纳税人都带来可观的收益。事实上，根据特罗斯特尔（Trostel，2010）的估计，每一名社区学院的毕业生至少可以为财政收入贡献 14 万美元（通过纳税额的增长以及对公共财政提供的其他服务依赖的减少）。换句话说，公共部门在削减对社区学院学生所提供资源的同时，实际上也是在减少其自身的经济福利。

以上例子展示了仅对结果或者成本中的一个方面予以片面关注所带来的问题。如果评价者的目的是让研究结果能够被决策所用，那么仅仅提供不同备选方案（比如缩小班级规模）效果方面的信息还不足以支撑决策。如果教育管理者希望了解对削减预算的建议，那么只提供各种备选方案（比如院校合并）在成本方面造成的影响也并不能充分帮助决策者做出明智选择。如果纳税人考虑的是收入最大化与支出最小化，那么他们应该考虑那些能使税收资金投入最小化与收益最大化的教育投资（比如对社区学院的投资）。简而言之，只有将成本、效益和收益方面的信息综合起来，才能为基于充分信息进行的决策提供必要的保障。

1.3 教育决策中的经济评价

在评价和决策制定中应用成本分析经常会让人产生困惑的一点是，一些不同但相关联的术语经常被交替使用，包括成本（与成本可行性）分析、成本效益（与成本效用）分析、收益成本分析。虽然它们之间有关联，并且都可以被看作成本分析家族的典型代表，但是它们之间也存在重要区别，适用的情形不同（Levin，1975）。我们在此对每种成本分析方法及其之间的区别做概要介绍，详细的讲解会在后续相关章节展开。我们通过教育领域的具体案例展示成本分析的核心理念与实践。提供这些具体例子的目的不是告诉读者在实际情况下哪种干预最为有效，而是说明经济评价都会涉及哪些内容。

1.3.1 成本分析

本书所讲的各种类型的分析都涉及成本的计算。成本计算是经济学的重要组成部分，可以说，任何实施的项目或者干预措施都需要投入资源，而资源都是有价值的。后面将要讲到的资源要素法需要对所有资源进行一一描述。因此，第一种经济评价分析方法就是基于资源要素法对资源成本进行的分析。成本分析本身就非常有用，它能够帮助展示与教育干预措施成本有关的大量信息，比如，干预强度，谁来提供干预，需要何种专业人员，需要什么资源，等等。然而，令人惊讶的是，很多教育改革在开展的过程中仅仅对其所用的资源进行了非常简单的描述。

此外，估计成本之所以重要，还因为它能在可负担性方面提供指导。CF分析通过估计某项措施的成本而确定其是否在实施者所能负担的范围内。如果任何干预措施的成本超过了既有资源所允许的范围，则没有必要对其进行进一步的分析。这里举一个关于为弱势儿童提供补偿教育的例子，如果该项目最多能为每名儿童提供 400 美元的资金支持，则任何超过这一额度的备选方案都不具备可行性。CF 分析有助于政策制定，但其范围是有限的。CF 分析能够帮助确定备选方案是否在可以考虑的范围之内，而无法帮助判断从可负担范围内的备选选项中应该选择哪个。另一个例子，假如某社区认为应该对每个年级的教育予以同等经费额度的投入，在这种情况下，即便是在一年级时进行早期教育干预的效果会更好，这一干预方案也会被该社区以不平等为理由拒绝，因为此方案给某个年级投入了过多的资源。关于缩小班级规模的成本可行性分析如例 1.1 所示。

例 1.1　国家缩小班级规模政策的成本可行性分析

　　缩小班级规模是在改善教育结果方面常用的政策手段，有令人信服的证据表明缩小班级规模能够帮助提升小学低年级学生的学业成绩（Krueger，1999）。面对绩效问责压力的学区可能会考虑缩小班级规模。但在真正考虑缩小班级规模是否将有助于提升考试成绩之前，需要回答一个更简单也更基础的问题，即在现有的以及未来可预见的预算之内全面缩小班级规模是否可行。全国范围缩小班级规模所需的成本是否会令人望而却步？

　　多米尼克·布鲁尔（Dominic Brewer）和他的同事估计了采用不同模式缩小全国一至三年级班级规模的预期成本。为了得出基线成本，这项估计对政策的范围和设计做了一系列假设。第一，缩小班级规模有三个可能的目标：20 人、18 人和 15 人。第二，缩小班级规模在学区层面实施（缩小班级规模的结果是以学区平均的班级规模来计算的，允许在学校和班级层面上出现平均值的不同）。第三，缩小班级规模的政策同等适用于所有学生，没有针对高度贫困学校或学区等特殊群体的政策目标。第四，也是最重要的，仅考虑运行成本，包括教师、助教、管理人员的工资与福利和教学所用的材料，不包括设备与基础设施的成本，也不包括将班级规模从大到小进行转换过程中可能产生的成本。如果包括这些成本，缩小班级规模的总成本——实际成本——还会有显著提高。在得出基线估计之后，研究人员改变了几项关键假设，以便观察成本估计的敏感性。基线估计的结果如表 1.1 所示。

表 1.1　不同班级规模水平的运行成本

最大班级规模	额外运行成本	
（人）	总成本（美元）	生均成本（美元）
20	31.9 亿	280
18	75.7 亿	670
15	165.7 亿	1470

资料来源：改编自 Brewer et al.（1999）。

注：经调整，以 2015 年美元计算。

以 2015 年的美元计算，将一至三年级班级规模设定为 20 人的教育系统将在运行成本上每年额外增加 31.9 亿美元（或者是生均成本额外增加 280 美元）。将班级规模降低到 15 人会大幅增加总运行成本与生均运行成本，分别为 165.7 亿美元和 1470 美元。这样的成本体量已经让人们开始怀疑能否负担得起实质性缩小班级规模带来的成本，更不用说在成本的计算中还没有包含系统转换带来的成本和设备设施成本。

通过敏感性检验，研究者告诉我们造成成本较大差异的原因是什么。例如，要求在州层面上达到缩小班级规模的目标水平，而不是要求在学区层面上达标，会显著降低成本。与之相反，要求在学校层面上达到缩小班级规模的目标水平则会显著提高成本。此外，如果缩小班级规模的政策仅针对有大量高度贫困学生的学校，则会显著降低成本。

关于缩小班级规模从绝对意义上说是否是一项社会认可的投资，或者它和其他的投资相比是否更值得做，CF 的估计不能为决策者提供相关的信息。要想获得这样的信息，需要将缩小班级规模的成本与其能带来的收益或者所产生的效益相比较。而成本估计可以为决策者提供的信息是，国家实施缩小班级规模的政策在当前的预算内是否可行。当资源需求并不容易观察到的时候（如学校不知道需要雇用多少新教师，或者不知道重新安排课程需要花费多少钱），这样的信息就会特别有用。

资料来源：改编自 Brewer et al.（1999）。

1.3.2　成本效益分析

成本效益分析是基于成本与量化的（但非货币化的）教育结果之间的比例比较政策或项目的评估工具（Boardman et al.，2011；Levin，1975）。该分析同时考虑各种备选方案的成本与效益，从而帮助选择出能够在给定资源下达成最好教育结果的备选项目，或者在达成特定教育结果时使用资源最少的备选项目。例如，我们可以比较帮助学生提升数学或阅读成绩的各种干预措施，并考虑应采用其中相对成本较低但能够帮助学生获得最大成绩进步的干预措施。

常规的评价方法因其仅关注不同备选方案的效果而存在一定局限性，比如仅关注考试成绩、社会情感能力、高中学业完成等方面的影响。也可能有些人只需要选择能够展现出更大效应量（effect size）的项目。但成本信息的缺乏意味着我们不能仅仅依据常规评价方法的结果进行决策。比如，如果某项干预措施对提升学业成绩的效应量是 0.6，而另一项干预措施的效应量是 0.4，那么我们并不能由此而得出前者是更好的干预措施这一结论。如果我们发现第一项干预措施的生均成本是 400 美元，而第二项干预措施的生均成本是 200 美元，那么在给定预算的情况下，将预算全部花在第二项干预措施上将比花在第一项干预措施上能够获得更大的学业成绩进步。通过将成本信息与适当的效果指标联系起来，我们能够更有效地利用资源，能够在给定资源的情况下更好地改善教育结果。正如以上所展示的例子，公共部门的政策制定应该更多地同时基于成本与效益进行考虑。

效益可以通过不同方式进行测量，具体方式取决于决策者的需要。例如，可以评价备选干预措施提升一定程度的考试成绩所需要的成本，或者避免一例潜在辍学的成本，或者解决一例行为障碍的成本，等等。此外，教育系统能够促进发生更大范围的社会变革，比如，在学校安装饮水设备可以减少肥胖，因其减少了含糖饮料的消费（Muckelbauer et al.，2009；Schwartz，Leardo，Aneja，& Elbel，2016）。从决策导向的视角来看，最好的备选方案是那些用最少成本在目标效果上达成给定进步程度的方案。选用最高成本效益的备选方案节约了资源，这些资源可以用于其他方面的教育（或者另一项改革尝试）。然而，成本效益需要在有类似或者相同目标的项目间进行比较，且采用同样的指标测量效益。这些效益方面的数据可以与成本数据相结合进行 CE 分析，从而帮助决策者选出相同成本水平下能够提供最大效益的方案，或者相同效益水平下所需成本最小的方案。这方面的具体分析如例 1.2 所示。

例 1.2　巴西东北部小学投资的成本效益分析

巴西东北部各州是世界上最贫困的地区之一。20 世纪 80 年代，很多当地的孩子甚至没有上过小学。那里的学校缺乏包括基础设施、课本等课程材料、受过良好训练的教师等在内的办学基本资源。在学生学业成就低下与资源稀缺的环境下，确定学校投资的成本效益是非常重要的。如何分配有限的可以用于学校系统的资金，才能最大化学生的学业成就？

表 1.2 展示了哈比森（Harbison）和汉纳谢克（Hanushek）的 CE 分析结果。第一步，第一列列举了一系列可能的教育干预措施。第一类措施是基础设施，包括提供饮用水、家具（如书桌）、其他的学校设施（如学校办公室），以及上述各项的组合（"硬件"）。第二类措施是材料投入，包括学生教科书与写作材料，以及两者的组合（"软件"）。第三类措施是教师投入，包括两种在职培训项目（curso de qualificação 和 Logos Ⅱ）、4 年或者 3 年额外的学校教育，以及教师工资的提升。

第二步是确定每项干预措施的成本。研究者用资源要素法推算出各项干预措施的年化生均成本。穷尽了每项干预措施的资源要素，包括材料和人员时间，并为这些要素赋予了价格；按年度折算了长期的投入，比如基础设施。如表的第二列所示，各项干预措施的生均成本不同，每类干预措施中，最为综合的干预措施（如"硬件"和"软件"）相比同类其他干预措施来说成本也相应更高。生均成本低是因为这里是贫困地区，干预措施实施于 20 世纪 80 年代，并且成本根据汇率转换成了美元。

第三步是估计每项干预措施的效益。这里对效益的测量指标是二年级学生的葡萄牙语学业成绩。研究者采用非实验的回归分析来估计每项干预措施带来的效益增长。值得注意的是，干预措施的效益存在显著差异："硬件"、学校设施、教科书这些干预措施在提高考试成绩方面效果明显，而另一些干预措施对成绩的影响并没有统计学意义。

第四步是将成本数据和效益数据结合起来计算成本效益比。成本效益比指的是获得 1 分成绩增长所需的成本。表格最后一列展示了哪些干预措施是最具有成本效益的——或者说，是用最少的资源获得了一定的成绩。显然，我们应该对投资那些用最低成本获得单位效益的干预措施最有兴趣。

表 1.2　小学投资的成本、效果与成本效益比

干预措施	年化生均成本（美元）	葡萄牙语考试成绩提升效果（分）	成本效益比（美元/分）
基础设施			
饮用水	4.31	3.51	1.23
学校家具	12.97	NE	NA
学校设施	20.94	7.23	2.90
"硬件"	38.22	8.97	4.26
材料投入			
教科书使用	3.93	6.40	0.61
写作材料	4.19	4.70	0.89
"软件"	8.12	4.86	1.67
教师投入			
培训：curso de qualificação	5.95	NE	NA
培训：Logos Ⅱ	4.38	3.59	1.22
4 年初等教育	5.26	3.18	1.65
3 年中等教育	13.21	2.38	5.55
教师工资的提升	0.93	0.06	15.47

资料来源：改编自 Harbison & Hanushek (1992)。

注：原始表格展示的是效益成本比，而不是成本效益比。两者之间的区别见本书第 8 章。NE 代表没有正向效果的证据，NA 代表不适用。经调整，以 2015 年美元计算。

通过简单对比各项措施的 CE 比可知，材料投入的 CE 比最低。通过提供更多的教科书和写作材料，政策制定者可以分别用 0.61 美元和 0.89 美元的成本获得 1 分的效益增长。与之形成对比的是，提高教师工资需要用 15.47 美元的成本获得单位效益，其获得单位效益所需要的资源是使用教科书所需资源的 20 多倍。

如果分析时不考虑成本，我们的决策会有什么不同呢？我们也许会被学校设施与"硬件"所带来的高效益诱惑，而去对它们进行大量的投资。但是，它们同时也是更贵的投入，因此并不具有较好的成本效益。我们并不会感到意外，有些最有效的干预措施可能会因为成本太高而很难被证明其使用是合理的。

资料来源：改编自 Harbison & Hanushek（1992）。

我们并没有假设最有效的干预措施也是最具成本效益的。以下两个方面的可能一定会存在：一方面，一些有效性高的干预措施的实施成本过高，而并不具备可行性或合理性；另一方面，一些有效性一般的干预措施却因其低廉的成本而更具有投资价值。无论如何，如果没有将成本与效果相结合进行分析，我们将无法识别上述两个方面的可能。

CE 分析有以下一些优势。最重要的优势是，仅仅将成本数据与通过教育评价获得的效果数据结合起来，就能够形成 CE 比较。此外，它对于评价具有特定教育目标的备选方案非常有用。但它的主要劣势在于，我们基于 CE 比这样的指标只能比较那些具有相似目标的备选方案，而在目标不同（如阅读与数学、高中学业完成与健康）的备选方案之间不能够进行 CE 比较。同时，基于 CE 比较也无法在绝对意义上确定哪个项目更具有投资价值，即我们只能说哪个项目相对而言更具有成本效益，而不能说这个项目的总收益超过了其总成本。绝对价值只能通过收益成本分析得出。

1.3.3　成本效用分析

成本效用分析是成本效益分析的近亲。它是比较不同备选方案的成本与效用（个人或群体感知的价值或者满意度）的评价方法。与 CE 分析只依赖一个效果指标（如考试成绩、防止辍学的人数）进行评价不同，CU 分析利用一系列结果信息对总体满意度进行评价。基于决策者的偏好，即决策者认为的每项结果对于总体效用的贡献大小，对这些结果进行加权。获得有关偏好的数据的途径有很多，既可以通过研究人员主观的估计得出，也可以利用更严谨的方法获得关于每项结果价值的观点。在获得了有关效用的所有指标后，我们就可以像进行 CE 分析那样进行 CU 分析了。我们选出那些在获得一定效用时占用最低成本的备选方案，或者那些在给定成本下能够提供最大效用的备选方案。CU 分析与 CE 分析仅有的不同在于对结果的处理，CU 分析的效用结果所基于的是对利益相关方偏好进行的加权。

　　我们可以举一个应用 CU 分析的例子：备选的阅读项目可能在不同方面产生效果，而决策者认为不同方面的效果有不同的价值。一项阅读干预措施能够将考试成绩提升 0.6 个标准差，而另一项阅读干预措施能够将考试成绩提升 0.4 个标准差。如果按照州政府的政策要求，学校将成绩提升 0.2 个标准差就达到了学校的责任标准，那么即便超过 0.2 个标准差这一必要的成绩提升是很值得向往的，学校也不会把超出部分的成绩提升看作与必要的成绩提升同样重要。因此，如果假设超出部分的成绩提升所具有的价值仅为必要的成绩提升所具有价值的一半，则第一项干预措施的效用是 $0.2+(0.6-0.2)\div2=0.4$，而第二项干预措施的效用是 $0.2+(0.4-0.2)\div2=0.3$。如果两项干预措施的成本分别是 400 美元和 200 美元，那么从 CU 的视角出发来看，第二项干预措施是更为推荐的：第一项干预措施比第二项干预措施贵一倍，但仅比第二项干预措施带来的价值提升多三分之一。当然，我们可以想象采用不同的效用权重也可能会颠覆上面的结论。

　　CU 分析在某种程度上可以说是 CE 分析的延伸。也就是说，CU 分析要求将决策者的偏好直接整合进研究中。经典的基于效用的指标是健康科学研究者使用的质量调整生命年（quality-adjusted life year，QALY）（Drummond et al.，2009；Neumann，Thorat，Shi，Saret，& Cohen，2015）。只可惜，只有找到有效的方法来确定结果的价值，才能在依据偏好加权后与成本进行比较，这是 CU 分析的挑战所在。这一要求需要额外进行相当复杂的模型分析。上文提到的阅读的例子是比较简单的，只有一个结果指标——考试成绩；当有多个结果需要综合考虑时，效用的计算会更加困难与主观。

1.3.4　收益成本分析

收益成本分析是基于成本与货币化的结果测量指标来比较政策或干预措施的方法（Boardman et al.，2011）。这一工具帮助判断是否应该对教育项目进行投资以及应该投入多少。鉴于备选方案的货币成本与其货币价值都会被评估，我们可以判断每个备选方案本身是否值得被投资。收益大于成本的方案才值得被考虑。在多种备选方案之间进行选择时，需要选取具有最高收益成本比的备选方案（或者反过来说，具有最低成本收益比的备选方案）。

因为 BC 分析评估所有备选方案成本与收益的货币价值，所以我们可以确定：（a）某个备选方案的收益是否超过其成本；（b）在目标不同的一组备选教育方案中，哪个方案具有最高的收益成本比；（c）在几个不同领域（如健康、教育、交通、治安）中，哪个项目对于社会总体来讲具有最高的收益成本比，即公众应该投资哪个项目。最后一点是 BC 分析特别具有吸引力的一点，因为只要项目的成本与收益可以用货币价值表示出来，我们就可以比较广泛领域中目标迥然不同的多种项目（如教育、健康、交通、环境，以及其他在各领域内部或领域之间开展的项目）。

我们可以采用上文中关于阅读项目的例子来说明 BC 分析。假设第一个教育干预项目带来成绩进步的效应量是 0.6，这一进步能够为高中毕业后的工作总共带来 600 美元的收入增长。鉴于这一教育干预项目的成本是 400 美元，也就是说它帮助社区人群盈利了 200 美元，因此社区应该有动力对这个项目进行投资。事实上，如果能获得更多的收益盈余，社区可能会考虑对该项目投入更多资金以扩大项目的受益学生群体。与之相反，在效应量与工资之间不存在线性关系的劳动力市场中，第二个教育干预项目带来成绩进步的效应量是 0.4，能够在未来带来 100 美元的收入增长，社区将不会有动力对此投资：对于一个成本为 200 美元的项目，只能带来 100 美元的回报并不值得（净收益为－100 美元）。当然，这个简化的例子主要想说明的是，教育的价值取决于教育结果及其带来经济福利的改变与促使得到这些改变的成本之间的关系。这一关系可以有多种形式，经济福利的价值可以体现在很多方面，包括工资、健康状况或者公民参与。BC 分析帮助我们决定哪种投资对于整个社会来说能够产生最大的教育回报，如例 1.3 所示。

例 1.3　加利福尼亚州预防辍学项目的收益成本分析

中学辍学问题引起了教育工作者、政策制定者和整个社会的普遍关注（Rumberger，2011）。众所周知，辍学生的收入低于高中毕业生，且两者的差距还在扩大（Autor，2014；Belfield & Levin，2007）。如果以降低辍学率所带来的终身收入增长来衡量其收益，那么降低辍学率的收益可能是非常大的。当然，鼓励学生继续在校上学的项目或改革也是昂贵的。我们可以通过将这些项目的成本和收益进行对比来确定实施这些项目是否值得。

在 20 世纪 80 年代初期，加利福尼亚州在旧金山半岛实行了一项预防辍学项目，在已有的公立高中内部创建出若干所"半岛学院"（Peninsula Academies）。在学院教师的协调下，十至十二年级的学院学生在一起上课。学院还与当地雇主合作提供职业培训。加利福尼亚州希望通过评价来判断学院降低辍学率所带来的收益是否能够证明对其投入的成本是合理的。

评价的结果如表 1.3 所示。

表 1.3　一项预防辍学策略的成本、收益与收益成本分析

学院	成本（美元）	减少的辍学人数（人）	每防止一名学生辍学的收益（美元）	收益（美元）	净现值（美元）	收益成本比
A	178850	－3.4	172000	－584800	－763650	—
C	349200	21.5	172000	3698000	3348800	10.6
D	214000	1.8	172000	309600	95600	1.4

续表

学院	成本 （美元）	减少的 辍学人数 （人）	每防止一名 学生辍学的 收益（美元）	收益 （美元）	净现值 （美元）	收益 成本比
E	70560	2.0	172000	344000	273440	4.9
F	765660	5.8	172000	997600	231940	1.3
G	115070	−2.0	172000	−344000	−459070	—
H	273140	0.2	172000	34400	−238740	0.1
K	436450	3.4	172000	584800	148350	1.3
总计	2402930	29.3	172000	5039600	2636670	2.1

资料来源：改编自 Stern，Dayton，Paik，& Weisberg（1989）。

注：经调整，以 2015 年美元计算。涉及金额的数据保留到十位。

　　评价的第一步是估计每所学院在传统高中教育之外运行的额外成本。表 1.3 第二列给出了为 1985 级和 1986 级的学生开设三年期项目（十至十二年级）的总成本。成本要素包括人员（教师、助教和管理人员）、设备设施，以及当地雇主投入的时间成本。学院成本比普通高中的成本更高，因其班级规模相对更小，且对于一些教师而言需要额外的准备时间。

　　评价的第二步估计了因高中辍学人数的减少而带来的收益。研究人员采用了准实验研究设计对收益进行估计。在项目开始之前，首先从传统高中选取一组学生作为对照组，这组学生从所能观察到的特征来看与参加预防辍学项目的学生类似。三年过后，将学院的辍学率与对照组的辍学率进行比较。就多数学校的情况而言，学院降低了辍学率（表中通过"减少的辍学人数"为正值体现），但有少数学院的辍学率比对照组更高（表中通过"减少的辍学人数"为负值体现）。为了将这些辍学人数的变化货币化——将辍学人数的变化转换成收益，研究人员计算了高中毕业生相对于辍学生的终身收入。根据估计，考虑不同时期获得收益的贴现（在第 3—6 章会对贴现进行全面的讨论），该终身收入的现值为 172000 美元。将减少的辍学人数（辍学率下降幅度）与该终身收入的现值相乘，得到每所学院的总收益。

第三步是将成本从收益中减去。净现值一列显示，学院 C、D、E、F 和 K 的投资是值得的（收益大于成本）。但是对于学院 A、G 和 H，成本则是大于收益的。从所有 8 个学院的情况来看，总收益大于总成本。比较收益与成本的另一个指标是收益成本比。收益成本比大于 1 表示收益大于成本。总体上，学院项目带来有利的结果，不过其中有一所学院（学院 C）的情况对总体结果的影响非常大。

该分析假设我们已经将相关的成本和收益穷尽描述了。而实际上，我们仍然可能没有考虑到一些重要的收益——比如，受教育水平较高的成人进监狱的可能性更低，这也节约了资源。研究人员还展示了学院项目对于其他结果（比如更高的成绩）产生作用的证据。一些效益指标很难货币化，因此没有被包括在 BC 分析中（虽然这些指标用于 CE 分析会十分有益）。

资料来源：改编自 Stern et al.（1989）。

BC 分析对于衡量一个项目或者政策总体上是否值得投资是非常有用的。我们也可以通过 BC 分析判断一个项目总体上有多少净收益——所获收益超出了成本多少。此外，随着 BC 分析在评价教育以及其他公共领域（如健康、交通、环境改善、刑事司法）项目或者改革尝试中的应用，我们还可能将其中任何一个特定的教育方案和与其竞争资源的其他领域项目进行比较。

BC 分析的劣势是成本和收益必须通过货币的形式进行衡量，这一点比较难以系统严谨地开展。比如，虽然我们可以用货币的价值来衡量完成高中学业带来的收入增长，但像受过教育的成年人在公民职能方面的提升或者其对阅读材料理解程度的加深等这样的收益又如何来用货币衡量呢？这一缺点使得 BC 分析只能在一定的情境下使用。比如，大部分收益可以较容易转换成货币价值，而那些不容易转换成货币价值的方面不太重要，或者这些方面在相比较的备选方案之间不存在明显差别。也就是说，如果备选方案之间只在可以货币化的收益上有所差异，那么在这样的情境下使用 BC 分析可以忽略其他方面。抑或是，那些不能被货币化衡量的收益只是微不足道的，我们可以利用 BC 分析将相关的比较限制在那些可以被货币化的方面。在重要收益难以通过货币价值来衡量的时候，就要找其他的评价机制。

1.4 经济评价方法的总结

以上我们已经给各种经济评价方法下了定义，并且通过举例说明了经济评价方法的用途，在此，我们对各种经济评价方法进行总结和比较。如表1.4 所示，各种经济评价方法虽然总体上比较类似，但也有明显的区别，每种方法都有优缺点。虽然 BC 分析是最全面的分析方法，但它在实际开展时需要投入的努力也是最大的，而且可能无法回应某个具体决策者的需求。在阅读完后续章节后，读者会发现再次回到表 1.4 会有助于巩固对内容的理解。

大多数经济评价研究使用 CE 分析或者 BC 分析（CF 分析经常被看作经济评价中的初步分析，CU 分析是 CE 分析的演化），因此我们将用大部分篇幅来讨论 CE 分析与 BC 分析这两种方法。

虽然 CE 分析和 BC 分析看起来相似，但它们在许多重要的方面都有不同，我们对它们进行简单区分。CE 分析人员会问，能够取得结果 X 的最低成本备选方案是什么？BC 分析人员会问，是否应该对能够帮助实现结果 X 的备选方案 Y 进行投资？因此，我们可以通过 CE 分析来判断是否威尔逊阅读系统（Wilson Reading System）比正确阅读（Corrective Reading）更具有成本效益，而通过 BC 分析来判断是否对阅读进行投资比对数学进行投资更具有价值。（请记住，在资源有限的情况下，对其中之一进行投资意味着在另一方面的投资将会减少。）以上两个问题从形式上都可以描述成效率问题：CE 指的是生产效率，而 BC 指的是配置效率。为了避免混淆，我们在描述CE 分析结果时常用 "某方案相对于其他备选方案而言是否具有成本效益"的表述，而描述 BC 分析结果时倾向于使用 "效率"。

所有经济评价方法的应用都一致需要对干预措施的成本进行测量与报告。

24

本书描述并讨论资源要素法在成本分析中的应用。资源要素法采用机会成本这一经济原则，包含为得到某结果而开展活动所需的全部资源。该方法遵照成本核算的常见过程，是透明且容易解释的。依此进行的成本研究为读者提供关于资源使用的信息，包括所使用资源的质量与数量，以及每种资源的价格与价值。通过资源要素法所估计的总社会成本和生均成本可以一致地用于任何一种本书讨论的经济评价方法之中。

表 1.4　教育的经济评价方法总结

分析类型	分析的问题	成本的测量	结果的测量	优势	劣势
成本分析	备选方案所需资源的总成本是多少？	所有资源的总社会价值	无	描述每种备选方案所需使用的全部资源，不论这些资源最终由谁来付费	无法确定某个备选方案的资源投入是否值得，或哪个备选方案最有效率
成本可行性分析	某备选方案在给定预算范围内是否能够实施？	资源的货币价值	无	在对备选方案的结果开展评价前，能够迅速排除不具有可行性的备选方案	未对结果进行测量，无法判断项目的总体价值
成本效益分析	哪种备选方案能用最低的成本在特定教育目标上达成既定水平的效果（或用一定的成本能够达成最好的效果）？	资源的货币价值	效益的单位	可以很容易地将对效益的常规评估整合进来 适用于具有单一目标或仅有少数目标的备选方案	当有多个不同的效益指标时，比较难以解读结果 无法判断某个备选方案的整体价值，只适用于比较不同的备选方案

分析类型	分析的问题	成本的测量	结果的测量	优势	劣势
成本效用分析	哪种备选方案能用最低的成本获得既定水平的效用（或用一定的成本获得最高水平的效用）？	资源的货币价值	效用的单位	将利益相关方的个体偏好与单位效益结合起来 可以将对多个效益的测量整合成一个对效用的测量 促进利益相关方参与决策	在个体或集体偏好上，有时难以达成一致且准确的测量 无法判断某个备选方案的整体价值，只适用于比较不同的备选方案
收益成本分析	哪种备选方案能用最低的成本获得既定水平的收益（或用一定的成本获得最高水平的收益）？ 某备选方案的收益是否大于其成本？	资源的货币价值	结果的货币价值	可以用于判断项目的绝对价值 可以在教育以及更广泛的领域（如健康、基础设施）中比较不同项目的收益成本结果	通常难以给所有相关的教育收益都赋予货币价值

1.5　经济评价与政策制定

　　我们猜想，一些从事教育实践与研究的专业人士可能会质疑经济评价方法在教育中的应用。对于 CE 分析，他们可能会认为复杂且具有多方面结果目标的教育干预措施无法用一个简单的指标来评价。对于 BC 分析，研究人员可能会对将教育过程与学生成长转换为货币价值从而计算效率提升的想法表示反对。

然而，我们相信经济评价的意义是毋庸置疑的。从根本上来说，资源稀缺和机会成本是经济评价的核心思想。如果资源被用于开展学前教育项目，这些资源就无法被用于为青少年提供支持的项目。当我们把资源用于学前教育项目的时候，我们背后的假设是，相比为青少年提供支持的项目来说，这些资源应优先用于学前教育项目。使用经济评价的意义在于它能够给这样的决策提供科学基础，而不是让决策者在仅仅基于偏好或者未考虑其他投资可能性的情况下进行决策。

当然，要讨论的问题并不是是否应该对所有的教育项目或政策都用经济评价的方法仔细评估，而是教育的经济评价开展得过多还是过少（Belfield，2015）。基于对教育研究的一般性回顾，我们认为应该开展更多教育的经济评价。虽然在教育领域中对经济评价方法的应用越来越多，但教育的许多亚领域中很少或几乎没有 CE 分析或 BC 分析——比如学校选择、教师增值模型、特殊教育等。此外，虽然有很多研究关注考试成绩的问责，但只有零星研究探索了如何用最低成本提高考试成绩，或者提升考试成绩有多少价值。正如前文所述，在围绕各种项目对其提升成绩作用大小开展研究之前，了解缩小班级规模（或学券、小规模学校）等项目的成本会非常有帮助。

一般来讲，经济评价可以作为分析影响教育供给决策的各项因素的一个框架。教育系统的改革或者引入新的教育项目提出了众多的政策问题，但并不是所有的政策问题都与效率有关。比如，更多的学校选择可以帮助到那些寻找其他教育机会的学生，但是也可能会伤害到那些留在低质量学校中的学生。需要在学校选择所带来的效率提升与它可能给低质量学校中学生带来的不平等之间权衡。教师问责机制可能会提高教学质量，但是它也可能会降低教师的工作满意度并且破坏专业文化。教学质量的提升效果会被教师额外承担的失业风险所削弱。对科学教育项目的投入会增加理科毕业生的收入，但可能是以牺牲对人文专业毕业生的经费支持为代价的。同样，对学前教育的投资意味着对弱势青少年的支持会投入更少的资源。所有的政策都涉及权衡，大多数教育改革都有政治和社会影响。无论如何，通过开展经济评价，我们能够识别一些这样的问题，能够区分效率与公平。比如，如果我们知道学前教育是一项省钱的投资——能够使学生在未来减少留级的可能性，这样节省的费用就超过或抵消了学前教育的成本——这就意味着将有更多的资源能够为弱势青少年群体提供支持（从而帮助减少弱势青少年的数量）。同样，如果问责制度更好地促进了高质量的教学，家长可能更愿意为质量付费，教师工资可能会因此增长，从而弥补更具风险的工作环境。经济评价可以澄清其中的一些问题，也能够为说明其他关键问题提供一个框架，帮助决策者在信息更加充分的情况下做出更好的判断与决策。

经济评价的目的是帮助决策者更好地决策，澄清这一点很重要。如果经济评价对决策或者改善政策制定的过程没有帮助，那它就是没有必要的（Posner，2000）。然而，在提供经济评价和做决策之间存在一个关键的逻辑步骤。在美国政府 2011 年 1 月颁布的第 13563 号行政命令（1993 年 9 月颁布的第 12866 号行政命令的补充）中明确地解释了这一步骤。这一命令明确要求美国政府机构必须经过合理的测定，（在承认一些收益与成本不容易量化的基础上）证明一项规例的收益大于其成本，才能够提出或通过该项规例。BC 分析会得出一个对于公共经费投资有指示作用的经济指标。该指标并不是进行投资所依据的唯一准则。正如第 13563 号行政命令所指出的那样，可能会有一些没有量化的收益和成本，而这些收益和成本也可能足够重要以至于取代经济准则。但决策者仍然必须做出"合理决定"——明确决策的理由。经济评价帮助决策，但不决定决策。一项干预措施没有达到正式的 BC 指标并不一定意味着它不会被支持。如果全社会都认为将大学的大门向社会敞开是社会应该对未来做出的重要承诺，那么即便经济评价认为其成本超过收益，也没有必要直接否定这一信念。在认识到经济结果和理性决定之间的区别后，本书从始至终都鼓励读者思考经济评价如何帮助改善教育政策。

26

1.6　本书的大纲

　　本书围绕教育的经济评价，试图提供与时俱进且范围广泛的讨论。第 3 版在前两版的基础上进行了重大修订与扩展（Levin，1975，1983；Levin & McEwan，2001）。从某些角度来说，最基本的方法从 1983 年的第 1 版至今并没有变化。资源要素法如此，表示效率的指标也如此。但是，在 CE 分析和 BC 分析的应用方面，有了大幅度的扩展。此外，新方法的发展——效益与收益的测量，成本数据的收集与分析，以及敏感性检验，等等，这些丰富的主题都代表着成本分析工具应用方面的改进。这些主题都加入了第 3 版的修订。同时，基于经济评价结果的证据也在增加，我们对这些证据也做了综述。更重要的是，现在人们越来越认识到，经济评价在教育研究和政策制定中可以起到重要的作用。本书新增加的材料进一步强化了人们的这种观点，经济评价是社会科学家可以应用的非常有价值的方法。

　　本书余下的部分致力于介绍与讨论经济评价在教育中的应用以及开展经济评价分析的基本原则与技术。下一章会讨论决策的情境和受众，以及与分析方法选择、实施和结果呈现有关的问题。第 3—6 章会着重讨论成本的性质及其识别、测量与分布。读者应认识到，这几章的讨论适用于各种形式的成本分析。也就是说，经济评价方法的不同主要在结果评价方面，而不在成本方面。第 7、8 章聚焦如何测量效益以及如何开展 CE 分析。与之类似，第 9、10 章聚焦如何阐述收益以及如何开展 BC 分析。经济评价中关键的一步是敏感性检验与对不确定性的处理，这一主题在第 11 章中讨论。第 12 章在回顾与反思的基础上提出了一个经济评价研究的质量核查单。最后，第 13 章考虑如何将经济评价的证据与政策和决策相联系。各章最后均提供了练习题与讨论题。附录 A 提供了每章偶数题号练习题的参考答案。

◎ 讨论题

1. 教育评价通常关注备选干预方案提高学生成绩方面的效果，而不会考虑其成本结果。对于旨在达成某一特定教育结果的学区来说，相比于采用"效果尚可"的方案，在什么情形下采用"最有效"的方案，实际上会增加学区的总成本？

2. 有很多研究探讨了学校和学区在校生规模与其生均成本的关系。这些研究的目的是展示成本随学校规模的变化而变化，并基于该变化规律试图确定成本最低的在校生规模区间。这些研究符合 CE 分析的标准吗？

3. 假设某个州对软饮料征收一项新税，该税所得被指定用于教育。哪一级教育——学前、小学、中学、大学、职业培训——应该被该税所得的公共资金优先资助？

4. CE 分析与 BC 分析的本质区别是什么？请提供一些教育干预措施的例子，分别说明哪些情况下适用 CE 分析，哪些情况下适用 BC 分析。

第2章 建立分析框架

◎ 目标

1. 识别评价问题。
2. 确定评价的受众与视角。
3. 依据变革理论选取适当的经济分析类型和研究设计。
4. 明确经济评价的必要性。

在开始经济评价之前，建立评价需要使用的分析框架是十分重要的。这个框架包括：识别问题的性质与变革理论，澄清分析要考虑的备选方案，确定分析的受众与视角，选择适用的成本分析方法。这些都是在实际开展研究、进行数据收集与分析（后续章节将讨论这些内容）之前需要做的准备工作。

在起始阶段，应考虑所研究问题的程度与范围，这样才能确保使用的经济评价方法是适宜的、合理的。

本章将依次讨论这些主题。虽然这些主题看似在经济评价的范畴之外，但为探索的研究问题建立适当的框架结构是非常关键的。如果研究问题发生改变，则需要重新估计成本与收益，这将是非常困难的。更为重要的是，研究发现取决于研究的框架设计。因此，我们在这里首先讨论与建立经济评价分析框架相关的关键问题。

2.1 识别问题

设计评价研究最关键但也经常被忽略的步骤是正确识别问题，即所提出问题的性质与范围能够解释干预措施的合理性，以及确定适合解决问题的备选改革方案。为达到此目的，待解决问题的各个方面需要被全面记录下来，以便理解问题对谁产生影响，以及如何产生的这些影响（关于评价方法与实践的概论，见 Rossi，Lipsey，& Freeman，2004）。

例如，人们普遍认为孩子应该通过在校学习获得与年龄或学龄相符的阅读能力。如果一些孩子的实际阅读能力低于该年龄或学龄应达到的水平，那么以下问题就显得相当重要：有多少孩子的阅读水平相对低下？他们的实际阅读水平和应该达到的水平相差多远？最需要帮助的孩子在哪些地区？基于这些信息，研究者将通过调查得出造成差距的原因。这些原因可能来自社区或家庭方面，包括入学时能力不足、人群整体的阅读能力低下、课外读物缺乏等。也可能是因为课堂教学采用的教材和方法并不像关于阅读教学法的最新研究所展示的那样能够有效提升阅读技巧。此外，阅读能力低下也可能与课堂出勤、学习者的母语不是英语有关。与以上每种可能的原因所对应的能够帮助改善阅读水平的干预措施都不相同。

与上述学生技能发展方面的问题不同，我们再来讨论一个教育系统层面的例子。我们在第 1 章中提到过，因生源减少而遭遇财政危机的学区经常面临的问题是，应该关闭哪些学校来应对财政危机。然而真正需要面对的问题是，如何应对资源短缺问题，才能够尽可能减少其对教育系统的负面影响。可以采取的备选措施不仅包括关闭学校，还包括裁员、削减某些项目、扩大班级规模、出租校内闲置空间等其他多种开源节流的方式。如果只将问题限定在"应该关闭哪些学校"的范围内，则是排除了可能在经济评判标准下显得更为合理的其他选项。换言之，对处于考虑范围之外的备选方案显然是不会进行经济评价的。

　　要挑选出最有效率的项目或干预措施，研究者应当识别并考虑所有相关的备选方案。针对特定问题的备选方案，是指能够回应问题、改善问题现状的潜在干预方案。确定所有的备选方案都被列入考虑范围是一项非常重要的准备工作。很明显，那些最有利于解决问题的方案是最可能被考虑的方案。列全备选方案需要围绕要解决的问题敏锐地搜索各种可能的解决途径。尽管人们倾向于依赖传统的解决方案，或者借鉴其他机构面临类似问题时的解决方案，但在研究过程中不应被既有方案所束缚。事实上，既有方案不一定是最有效的问题解决方法。

　　在对备选干预措施进行经济评价时，研究者不仅需要问已被考虑的备选干预措施能否有效解决问题，还需要问是否已将可能有效的所有潜在方案都纳入了考虑的范围。如果某些备选方案涉及政治敏感话题，管理者和评价者往往会在开展评价前将这些备选方案排除在考虑范围之外。实用主义观念下，人们在日常生活中会尽可能回避政治敏感话题，以免被卷入政治斗争。尽管管理者和评价者面临的这种压力可以理解，但依然应该对全部相关的备选干预方案进行分析，理由有以下两点。

　　第一，提供与所有备选方案相关的信息是应当遵从的职业道德，在此基础上，决策与政治过程最终会做出选择（Ross，Barkaoui，& Scott，2007）。如果没有为决策过程提供有关潜在方案的充分信息，那么许多干预措施的成本和影响将永远不会被纳入考虑。分析和决策应分别在其适合的情境下发挥作用。如果某些备选干预措施因其政治敏感性被排除在备选范围之外，那就表示政治与决策过程发生在分析备选方案相关的信息之前了。虽然分析与决策这两个阶段之间的紧密关系是显而易见的，但好的决策应该基于完善的信息，而不是在分析和考量之前就已经排除掉了一些潜在的选项。

　　第二，备选方案是否具有政治敏感性要根据具体情况具体分析。也就是说，某些在常规条件下被回避的干预措施，在极端条件下也可能会成为决策不可忽视的重要方案。如果学区的预算不足，那么必须考量所有能减少预算的方案。如果学生在某方面的成绩不佳，一切能帮助提高成绩的项目方案都应该在考虑的范畴里。在诸多方案中进行选择时，应考虑每个选项的优点与缺点或是成本与效果。同时需谨记，维持现状也是一种备选方案。

接下来是关于备选方案的最后一点说明。成本分析的前提是决策者有多种选择，且目的是在众多备选方案中挑选出最佳的干预措施。进行经济评价的目的是辅助决策者对备选方案进行选择。如果不存在备选方案，也就没有必要进行经济评价分析了。换言之，无论评价分析本身多么具有说服力，如果不能用于实践，也是无用之举。同样重要的是，分析人员在评价给定干预措施时，应该将其与另一个合理可行的备选干预措施进行对照分析。如果有理由认为学生原本就会受到"一些因素"的影响，则经济评价就不应该将干预措施与"无措施"进行比较，而是应该将干预措施与原本存在的"一些因素"进行比较。（此处可用药物试验做类比，在测试新型药物时，会将其与安慰剂进行对照，而不是与同一类药物的通用版本进行对照。）为了能够恰当地进行增量分析，经济评价应当对实验组和对照组予以同等关注。

经济评价的最终目的是协助决策者在多个备选方案中做出选择。经济评价只能帮助决策者在分析主题和所选分析方法适用的主题范围内进行选择。例如，一项针对六种学校阅读项目进行的 CE 分析只能帮助判断哪种阅读项目最有效率，而无法确定学校的阅读项目是否比父母参与的阅读项目更有效率。同样，CE 分析也不能确定一个学区在数学项目上的投资是否会比在阅读项目上的投资获得更高的收益。所有的研究都围绕所分析的问题展开，但并非所有研究的目的都是直接影响决策。对阅读项目进行经济评价的目的是协助决策者在其中进行选择。

2.2　考虑受众与视角

在识别问题和相关备选方案时，明确分析结果服务的受众群体非常重要。受众群体包括一个或多个利益相关群体，即对评价结果感兴趣的个人或组织。区分主要受众和次要受众是很有帮助的。前者往往是决策者（或决策者的代理人），也是分析的委托人；后者是能够借鉴分析结果的个人或组织。

分析直接为主要受众服务，因此要满足主要受众的具体需求。例如，对在学校课程中使用电视教学进行 CF 分析时，弄清委托背后的需求就很重要。决策者是否已经构想好了某种技术手段或课程内容？所需费用是否考虑到以不同模式提供电视节目的成本——是覆盖一部分优质课程，还是覆盖全部课程？这些细节都可以在对话和明确问题的过程中得到解决，而且在分析和报告撰写的过程中也应时刻考虑主要受众的需求。不过，当决策者将某些备选方案置于考虑范围之外，而这些备选方案恰好能为决策者所代表的群体带来最佳利益时，就可能会产生矛盾。经济评价还有额外一重矛盾：对于影响评价而言，风险在于干预措施不一定有效；对于经济评价而言，增加的风险在于，即使干预措施有效果，它也不一定有效率（Levin，2001）。因此，构建评价体系，将所有合理的备选方案以统一的标准进行衡量，这一点非常重要。因为只有如此，研究的结果才不会被预先确定。

34 然而，经济评价报告的读者常常是次要受众，他们希望借助经济评价的信息在另一场景下复制或扩展干预措施。如果研究的成果仅限于为主要受众服务，那就不必考虑次要受众了。但如果次要受众也可能会借鉴研究成果，那么对什么可以推广至其他情境而什么不能推广进行区分，就很重要。例如，某学区在评价教学项目的成本时可能不会考虑国家、地方各级政府、社会志愿者提供的资源。如果是从该学区决策的角度考虑，这样的遗漏可以理解。但如果其他学区也要借鉴上述成本分析，则会发现照此而分配给教学项目的资源过少。因为并不是每个作为次要受众的学区都有与主要受众学区相等的来自政府或志愿者的资源。总的来说，报告所有的成本更为可取，这样能帮助任何受众识别出适合自身情况的资源需要，无论所需资源由谁来提供。

会存在诸多潜在的受众。例如，某学区计划要提高针对非英语母语学生的英语教学质量和学生的阅读水平。政策备选方案有：英语作为第二语言教学（English as a second language，ESL）、双语教学、沉浸式英语教学。在运用 CE 分析确定推荐的政策方案前，分析人员需要识别多个主要受众和次要受众。主要受众是直接利用分析结果进行决策的群体，包括校董事会、学区管理者、州政府教育机构、相关课程专家和教师。考虑到以上诸多受众，要确定各受众群体希望从评价中获取哪些种类的信息，采用访谈受众群体代表的方法十分有用。次要受众的利益与评价结果相关，该群体可能包括非英语地区的当地居民、本学区或其他学区的雇主与居民。次要受众的需求可能与主要受众的需求不同。值得再次强调的是，确定优先次序非常重要，因为没有一种评价能够满足潜在主要受众和次要受众的全部需求。

在就成本分析的基本框架达成共识后，接下来的关键一步是决定要进行 CE 分析还是 BC 分析。任何一种分析都有可能适合需求，具体采用哪种分析取决于基于分析结果所做的决策。例如，对于一个以提高幼儿园儿童读写水平为目标的非营利性机构来说，CE 分析最适合这一既定目标，它可以帮助该机构了解哪个读写项目是最有价值的。相比之下，BC 分析帮助该机构了解投资读写项目本身是否值得。当然，该机构很可能在确定它的目标时，就已经确定了读写项目值得进行投资。即便如此，BC 分析也可能会有用：它可以帮助说明读写项目有多少价值，从而帮助在机构内部，以及向捐赠者和投资者解释进一步投资读写项目的合理性。正如前文所强调的，具体选择何种经济分析取决于受众依据经济评价提供的信息会做出何种决策。

受众或多或少愿意看到不同的分析得出相似的结论。例如，有些受众不太愿意接受 BC 分析，因为它需要用货币衡量某些结果，需要通过建模预测儿童早期学习产生的货币收益。尽管 CE 分析和 BC 分析有所不同，但它们在一定范围内也可以相互替换。可以想象一个旨在降低高中辍学率的项目。既然项目的目的是降低高中辍学率，那么显然辍学事件的减少是表明项目有效的一个指标。而完成高中学业最终也会通过薪水的提升体现其货币收益。我们可以根据所选结果的具体测量指标（辍学率的降低或薪水的提升），选择进行 CE 分析或 BC 分析。可以想象，一些受众可能会更容易接受 CE 分析，因其没有试图用金钱描述项目的结果。如果 CE 分析和 BC 分析确实能为决策提供相似的结论，则选择使用更可能被主要受众接受的分析方法会更为保险。然而，选用 CE 分析而不是更具综合性的 BC 分析可能会牺牲分析的深度。在这种情况下，研究者最好根据所分析任务的需要而不是受众的要求来选择分析方法。

到目前为止，我们把受众群体仅仅当作评价研究的读者。但受众群体在评价中可以发挥更大的作用，能够塑造评价的视角。视角是指对成本、效益或收益进行分析的框架。因此，视角决定了分析中应该包括哪些具体内容。

我们可以为教育评价提炼出三种重要视角。无论采用何种视角，分析人员必须基于所采用的视角来计算与其相一致的成本、效益和收益。

社会视角是主要的视角。社会视角需要考量所有的成本，不论成本由谁负担、是否以实物形式提供；社会视角也需要考量所有的收益，不论谁获得收益。因此，社会视角"包罗万象"。在理解其他视角时，可以考虑它们与社会视角的关系。实际上，先从社会视角这个一般性的视角出发，再从社会视角向下明确一个具体的备选视角，这样做是有道理的。如前文所述，分析的主要受众可能只偏好能帮助他们做决策的视角，由此会删除掉一些成本（甚至收益）。但这样的偏好也许很狭隘：如果目标是让社会福利最大化，那么决策者应该关心可利用的所有资源。资源也应包括决策者使用的捐赠资源，如果使用获捐资源目前所能产生的收益较低，那么这些资源可能会被转而用于其他方面。重要的是，付出个人时间的志愿者希望知道自己的贡献——作为教育投资的一部分——是否对社会有价值。例如，"美国大哥哥大姐姐"（Big Brothers Big Sisters of America）辅导项目中的志愿者如果得知该项目的社会收益很小，就可能转而参加其他活动（当然，如果有证据证明自己创造了社会价值，他们会选择为此项目付出更多）。最后，为了对干预措施进行比较，所有评价者采用统一的视角进行评价会很有帮助，社会视角就适用于评价所有干预措施。

第二种视角是私人个体视角。私人个体视角需要计算学生（或学生家庭）或教育项目参与者付出的所有成本和得到的所有结果。鉴于很多教育项目都获得了政府或其他资金来源的补贴，个体可能只需要付出很小的成本就能获得巨大的收益。由此，从私人个体视角来看，许多教育干预措施都显得很有价值。鉴于学生倾向于选择能带来最高私人收益的干预措施，私人个体视角能帮助解释为什么学生选择参加某些特定的教育项目。

最后，分析人员可能会采用财政视角，即从纳税人或特定政府机构的角度出发考虑成本和结果。这种视角很重要，能帮助解释对教育项目进行公共投资的合理性。政府机构可能只会依据法规考虑机构自身受到的影响。采用这种视角的挑战在于，许多教育干预措施有多个资金来源，会产生多重影响，能使多个领域中的很多个体获益。采用财政视角只能为特定机构提供较为片面的信息。尽管如此，一些机构仍然会基于狭隘的立场来解释教育投资的合理性。例如，因为有证据表明教育对健康产生影响，所以把美国的高辍学率问题看作"公共卫生问题"可能也是有道理的（Freudenberg & Ruglis，2007）。

2.3　将经济评价与变革理论相联系

确定了评价的问题、解决问题的备选方案和问题的受众后，需要选择适用的分析框架。在第 1 章中，我们已经区分了成本分析与 CF 分析、CE 分析、CU 分析和 BC 分析。本章我们将讨论这些方法对于多种教育类干预措施的适用性。

第 1 章提到，CE 分析和 BC 分析所回答的问题截然不同，它们分别用于回答有关成本效益和效率的问题。但在涉及每个具体的干预措施时，分析人员仍然需要考虑应该选用哪种分析方法。

选择分析方法的最佳方式是确保所选的经济评价方法能有效反映干预措施的变革理论。为实现此目的，可以根据以下方面理解变革理论：（a）一项已实施的教育干预措施；（b）在一般环境或既定条件下；（c）通过与结果或运作机制相关联而实现或试图实现；（d）一系列的长期目标（Weiss，Bloom，& Brock，2014）。以上各要素都与选择合适的经济评价方法以建立分析框架有关（Ludwig，Kling，& Mullainathan，2011）。

一些干预措施的中间结果或长期结果明显可以用货币价值衡量。例如，一项培训项目可能以提高参培者收入为目的，一项社会情感学习的干预措施可能以减少行为障碍而为学校节约经费为目标。BC 分析要求用货币价值衡量所有指标，因此应该是最合适的评价方法。上述教育投资带来的就业和额外收入可以用货币衡量，但某些衡量指标——比如学习的积极性——并不能简单转换为货币单位。事实上，对于潜在的许多教育干预措施来说，使用 BC 分析会具有较大的挑战性。相比之下，CE 分析和 CU 分析的适用范围较广，尤其适用于以成就为目标的干预措施。但如果干预措施涉及多项结果，特别是多项长期目标，BC 分析会更为适用。最后，如果没有明确的可以量化的结果或长期目标，则更适合使用 CF 分析，可以发现实施干预措施所需花费的实际成本是多少，并与预算相比较。

变革理论与所选的经济分析方法都会影响方法的具体应用。成本分析必须能够与干预措施的规模、范围、持续时间、实施强度明确地联系起来。举个例子，设想一项旨在促进学生完成高中学业并继续大学学习的高中支持项目——"人才搜索"（Talent Search）项目（Bowden & Belfield，2015）。如果"人才搜索"项目的作用机制是帮助学生成功申请到大学，那么分析人员就应该对申请过程的成本进行估算。而如果项目的作用机制是在学生高中期间提供持续性的指导支持，那么就需要完整追踪学生被指导的过程，并对这个可能持续多年的过程进行成本核算。而这也意味着需要在同样的时期内对对照组进行相应的追踪。再以一项旨在改变学校整体氛围的社会情感学习干预措施为例。成本分析必须要涵盖学校层面所有资源的变动情况（Long，Brown，Jones，Aber，& Yates，2015）。此时，生均成本就不是一个精确的指标了，因为如要影响学校的整体氛围，需要全体学生（或大多数学生）作为一个整体，而非个体，参与项目并接受项目干预所提供的服务——总成本才是更重要的指标。

同样，经济分析必须反映干预措施作用的具体环境。从成本角度来说，不同学区可用的资源要素及其价格可能会不同：在低收入国家，某些投入要素（如在线计算机系统）很难获取；在深度贫困地区，分析人员必须考虑学龄儿童可能需要花时间赚钱养家这样的机会成本。从收益角度来说，具体情境同样重要。例如，学前教育项目可能会减少未来的青少年犯罪——实际上，这方面的作用效果也是"高瞻佩里学前教育项目"（High Scope Perry

Preschool Program）的回报相当之高的主要原因之一。但如此显著的回报可能只存在于高犯罪率地区的学前教育项目之中（区别参见 Barnett & Masse，2007）。

最后，分析人员可能需要由中间结果推断长期结果。在学前教育项目的案例中，研究人员不能为了获取后期收入的信息而等待 15 年再做分析；即便是针对大学新生的项目，也是在延迟多年后才会对收入产生影响。在这样的情况下，BC 分析人员需要测量的是与长期结果相关的中间结果（例如高中毕业或第一学期的学分），这一点十分重要。同时，测量行为上的变化及其发生的时间和持续时长也很重要。能立刻带来改变且所带来的改变可以持续的干预措施会因其即时性而具有更高的价值，BC 分析也应该反映出这一点。

在目前阶段，我们只讨论了变革理论的一般性问题。具体干预措施的变革理论会更为详细，经济评价人员也要随机应变。从根本上来说，经济分析方法需要根据具体干预措施的变革理论做适应性调整。

2.4 确定经济评价的必要性

正式展开研究前需要考虑的最后一点是确定是否真的有必要进行经济评价。到目前为止，我们一直假设在大多数情况下进行成本分析是必要的，而且通过成本分析可以获得许多有价值的信息。然而，这一逻辑也不是绝对的。如前文所提到的，如果没有备选方案，或者决策已被预先确定，整个评价——包括经济评价——就都没有实际意义了。此外，如果开展评价所需的时间或其他资源不足，或是提供的成本和效益类数据不足以改变决策，那么也没有充分理由进行成本分析。即使实施与使用成本分析所需的一切前提都具备，也要首先考虑是否值得去开展评价。

经济评价技术本身也应该用效率标准来考量：开展 CE 分析的经济回报是什么？进行 BC 分析的收益大于成本吗？我们可以借用斯克里文（Scriven，1974，pp. 85—93）的"无成本评价"（cost-free evaluation）这一概念来回答。在考虑分析方法的选择和实施方案的辅助设计时，我们需要思考找到一项更好的备选方案能带来的额外获利是什么。如果额外获利相对较小，那么就不值得在评价上投入很多。实际上，如果做出一个好决策只有很微薄的潜在收益，那么可能就无须进行正式的评价分析了。也就是说，如果正式的全面展开的评价分析仅能带来很少的收益，用直觉和现有的知识来决策就足够了。反之，如果选出一项新的备选方案具有很高价值，就值得在评价分析上大力投入。当从评价中能够获得的收益超过评价所需的成本时，就达到斯克里文所指的无成本评价的标准了。之所以称为"无成本"，是因为一项良好且适切的评价研究所节约的费用要多过其花费的资源。简言之，实施一项干预措施的成本越高，就越有可能通过经济评价调整干预措施的资源配置，经济评价本身也就越有价值。从上述经济学的视角来看经济评价的话，对教育进行经济评价看上去是合理的：社会给教育项目分配了相当可观的资源，通过对其进行经济评价得到的信息也由此会具有显著的价值。

除此之外，如果想知道开展经济评价要投入多少，还需要先了解与之相关的研究工作。关于研究任务的具体细节，我们将在后面的章节里探讨，在这里仅做概要介绍。首先，需要知晓的是，成本也是通过估计得到的，估计成本与估计影响的方式相同。由此，成本评价和影响评价一样，都需要做大量的研究工作。在估计影响时，研究人员会首先考虑潜在的抽样误差，即样本对总体的代表性。抽样误差可以通过合理设计抽样框、抽取具有足够统计功效的样本量而得到改良。研究人员进行成本评价时也依据同样的逻辑思考：在总体（如学校、班级、学生）中抽样，确保样本反映总体。预判成本评价所需的样本量大于还是小于影响评价所需的样本量是比较困难的，这取决于成本在总体中的变异情况。总之，任何对影响评价有重要作用的研究任务对于经济评价来说也都是必需的。

其次，大多数 BC 分析或 CE 分析会要求分析人员具备相关的专业知识。虽然 BC 分析是公共财政经济学的常规主题，但是许多经济学家并没有受过有关成本分析或影子价格技术方面的专门训练。同样，也不能将会计学的专业能力与 BC 分析或 CE 分析的专业能力相混淆。BC 分析人员和 CE 分析人员一定要对成本会计有较好的理解，但成本会计师并不需要理解 BC 分析和 CE 分析。企业通常使用的会计成本法不适用于对社会项目的成本进行估计。事实上，公共经济学的理论基础之一，是社会的成本和收益与私人的成本和收益之间往往存在很大的差异。成本会计师通常没有接受过有关社会成本和收益方面的训练。

最后，经济评价不仅以经济学原则为依据。为了进行 CE 分析，分析人员需要在具体教育情境下考虑效果的含义。例如，对于阅读项目而言，效果可能有关理解程度、词汇量、流利性；而对降低辍学率的项目而言，效果可能是使学生每学年都在校上学、读完十二年级、获得高中文凭。经济学理论并不能为这些问题提供答案。需要相关领域的专家来确定何种结果是最合理的效果测量指标。

综上所述，我们既不能预先假设开展经济评价一定具有必要性，也不能对专业人员实际开展经济评价所需投入的精力给出固定的估计。研究资源的投入需要覆盖以下三方面相对独立的研究工作：（1）计算成本；（2）识别效果或估计收益；（3）结合以上两者的信息报告经济评价指标。理论上，经济评价研究所需的资源投入与影响评价研究相当。开展经济评价最主要的指导原则是相称原则（proportionality principle），即为开展经济评价所需投入的精力应当与评价所获知识的价值或者分析结果的影响力相符。简言之，我们希望通过本书表达这样一种观点：多数情况下，经济评价获取的知识不太可能是微不足道的——更多的时候，开展经济评价是值得的。

2.5　结　　论

在开展经济评价之前，深入理解要研究的问题是非常重要的。可以从识别和理解问题以及与解决问题的各种教育干预措施相关的变革理论开始。应明确考虑和选择待评价的备选方案，确定备选方案之后，经济评价将帮助确定哪种备选方案最具成本效益或效率。分析人员还必须识别出经济分析的受

42 众，并确定评价的视角。我们建议每项经济评价都默认首选社会视角，即便其他视角也是合理且重要的。其他视角还包括私人个体视角、财政或机构视角等。下一步，分析人员需要选择适当的分析模式，对研究问题的调查理解越细致，分析模式的选择就越容易。最后，分析人员应该对是否值得开展经济评价本身进行评估。

经济评价的过程需要大量的研究投入：对过程中的各个方面都需要进行谨慎的决定，这一系列决定为要开展的经济评价研究塑造了基本框架。做出这些决定之后，就进入了下一阶段——如何进行成本分析。

◎ 讨论题

1. 一家非营利性机构希望引入针对高危青少年的指导项目，并希望进行 BC 分析。在开始收集数据之前，需要决定哪些重要问题？

2. 你在开展经济评价时需要哪些类型的帮助？哪些专家可以为经济评价做出贡献？

3. 描述不同类型成本分析的潜在受众。对于每类受众来说，成本分析的目的分别是什么？每类受众分别适合开展哪种类型的分析？为什么？

4. 美国的联邦政策仅限于对"具有显著经济意义"的联邦法规使用 BC 分析。应如何定义"具有显著经济意义"呢？

◎ 练习题

1. 对于以下干预措施，请描述你如何确定其是否值得进行正式的成本分析。

　　a. 某州的教育部门已要求各学区实施特定的数学课程，包括相关的教科书、教师培训、计算机软件和其他课程材料。

　　b. 一些二年级的教师联合向校长提出了一项建议，建议每天早上花 10 分钟与学生进行正念（mindfulness）练习，以帮助减轻压力、增强注意力和提升全天的学习效果。

　　c. 某社区学院正在考虑扩展其在线教育项目，拟提供更广泛的课程，甚至可能是全部学位课程。

2. 对于以下各种情况，请确定哪种类型的分析（成本效益分析、收益成本分析、成本效用分析、成本分析或成本可行性分析）最合适。

　　a. 学区希望提升高中毕业后即终止正规教育的学生的就业能力。因此，学区希望知道是否应该为正在接受普通教育课程的学生提供职业教育。

b. 学校董事会希望通过取消高中开设的部分选修课程来缩减预算，预算缩减的目标是 6 万美元。

c. 大学必须决定是否值得开办新的在线学位课程。

d. 州议会希望每所高中引入平板电脑，但是不清楚学校的预算是否足够。

e. 学区正在寻找能够提高学生写作技能的方法。拟议的解决方案包括：缩小班级规模，增加对写作的强调和写作作业量；雇用写作技能出色的大学生协助教师批改写作作业；在常规英语课之外为学生开发专门的写作课程。

f. 社区学院必须减少下一学年的课程设置，以适应惨淡的预算状况。该学院的 38 个院系和教育项目开设了逾 1400 门课程。为节省 50 万美元，必须削减许多课程。

g. 学区正在讨论提高青少年数学能力的方案，包括计算机辅助教学和小班教学。管理者希望确定哪种方案是更好的选择。

3. 分别识别与下列五种情况相关的潜在问题，并描述至少两种解决问题的备选方案。分别为这五种情况下的评价研究假设主要受众和次要受众，并讨论其适合使用的评价分析类型。

a. 在过去五年中，高中阶段学生的考试成绩一直在下降。

b. 一所大学物理系的毕业生在就业方面表现不太理想。

c. 学区来年的预算赤字约为 20 万美元。

d. 大学希望考虑更换计算机服务器和数据管理系统。

e. 当地居民对所居城镇没有大学而感到不满。

第3章 成本概念

◎ **目标**

1. 依据机会成本来明确成本的概念。

2. 定义教育干预措施成本相关的术语。

3. 将成本与变革理论相联系。

4. 区分成本信息与预算数据。

5. 理解成本分析的意义。

对于大多数人来说，成本既如同商品服务的价格那样显而易见，又像会计报表或预算中一栏栏数据那样神秘。本章我们会介绍与上述两种概念都有所不同的成本概念，并且详细讨论教育分析人员如何考虑成本。任何社会干预或项目都有结果和成本。结果是指干预的效果。教育干预结果的常用指标包括提高的学业成绩、降低的辍学率、改善的态度、增强的就业能力，等等。但是为什么所有的干预措施都与成本有关呢？成本指的是什么呢？

对于经济学家来说，理解教育项目的成本即在理解项目是如何依据其变革理论发生作用的（Hummel-Rossi & Ashdown，2002）。例如，如果我们知道某个新教学项目的部分成本是为训练有素的教师支付工资，我们就会期望该项目的效果通过教师能力发挥作用。再举一个更简单的例子，如果一项新课程干预措施没有对教师培训和新增设施提出额外的要求，仅仅是把旧教材替换成新教材，那么其成本会非常低；与此同时，我们也不会预期它对学业结果产生显著的影响（可能对教师表现有极小的影响，对学生行为几乎不会有影响）。简单来说，分析人员需要结合项目实施来考虑成本。教育干预措施的实施可以有多种多样的方式，这些差异或有意设计，或出于无心，由此，实施干预措施所需要的资源也一定会随之而有所不同。

本章中，我们将描述经济学家思考成本的核心概念——机会成本。此后，我们为教育干预措施相关的成本术语下定义，并描述成本估计的组成部分。最后，我们区分成本信息与预算数据这两个概念，这一区分十分关键，因为预算数据并不能准确代表成本。

评估成本的一个重要方面是正确使用经济评价的术语。当术语的使用不够严谨的时候，我们很难去解释或者解读成本。因此，本章聚焦于定义和澄清术语。本章的讨论将为后续章节讨论资源要素法的设计和应用提供基础。

3.1　成本的概念

成本是指项目实施所用全部资源的总价值。任何一项干预措施所使用的资源都是原本也可以用于其他备选方案上的稀缺资源。例如，一个以提升学生成绩为目标的项目需要使用到的人才、设施和物资也可以用于其他教育或非教育的活动。如果将这些资源用于某一个项目，它们就不能在其他可能产生有益结果的项目中发挥作用了。人的时间和精力与建筑、物资等其他资源一样，虽然被用在了某一具体活动中，但原本也可以有其他用处与价值。我们在将资源用于某一目的的同时，也就舍弃了这些资源的其他用途可能产生的收益。

假设一项严谨的效果分析研究已经证明某干预措施有效，我们希望知道复制这一干预措施以达到同样效果的成本是多少。成本体现在复制该项目需要的全部资源和要素上，不论这些要素是由谁资助或提供的。几乎所有资源都具有成本，即使是以实物形式提供的要素也是有成本的。

由此，实施干预措施的"成本"是我们无法将这些资源用于其他活动而放弃的收益。严格说来，某干预措施的成本可以定义为其所使用的所有资源若被用于其他目的所能产生的最大价值。从这种意义上讲，所有成本都是指放弃机会而牺牲的利益。这种"机会成本"的概念是评价研究中成本分析的基础。将资源用于某一方面时，我们也就放弃了在其他方面使用这些资源而获利的机会，这样就产生了成本。

这种看待成本的方式看似独特，但其实对我们来说，它可能并没有想象中那么陌生。大多数情况下，我们谈到的成本是指账单上显示的购买物品或服务的费用。比如"上大学的成本是 5000 美元"这句话中，成本是指学生入学时需要缴纳给学校的学杂费等费用。当花费的资金是唯一可能被用于其他商品和服务的资源时，成本或牺牲的机会就可以用支出来表示。我们在日常生活中也经常会说"上大学会花掉我一整年的时间，这一整年我都不能工作，得全职上课"，或"坐在教室里上课的时间成本太高了"。

以上每个例子都包含了一定的损失，即所失去机会的价值。因此，某一活动的成本应被看作其"机会成本"，包括所有放弃掉的选项。当然，这并不意味着我们总是可以轻易地用货币来衡量机会成本。对于为了全职上学而一整年都无法工作的人来说，我们可以说他牺牲的机会成本就等于他如果全职工作所能获得的年收入。同理，学生逃课的机会成本应该在其所付学费外还包括学生所放弃的学习时间的实际货币价值，尽管放弃的学习时间的货币价值可能相对来说较难评估。

确定资源的货币价值最常用的方法是参考市场价格。根据经济理论，若某一商品或服务的市场处于完全竞争状态，由市场确定的均衡价格会反映该商品的价值（Mankiw，2011）。在该市场价格下，供给量与需求量相等，交易达到市场出清的状态。该价格也被称为市场价值。市场活动的参与者参考自身的机会成本决定是否卖出或买入，所以市场价格直接反映了机会成本。

但是在市场扭曲的情况下，市场价格不能精确地反映机会成本。许多原因会导致市场扭曲，包括缺乏竞争、信息失灵、外部性。教育系统的垄断特征较为明显。例如，从需求方来说，雇用一位教师的成本往往取决于该学区的薪资等级或所属州的资格证要求，从供给方来说，成本还取决于劳资集体谈判协议。供给与需求的扭曲可能使得实际的教师工资和教学服务的竞争市场价格存在一定距离（参见 Eberts，2007；Jacob，2007）。好在教师可以选择其他的工作行业，而且如果学区或学校不提供有竞争力的薪酬，教师也会离开该学区或学校而寻找其他工作机会。总的来说，教师劳动力市场的扭曲程度较小，市场工资尚且适合代表机会成本。无论如何，对于每一项投入来说，很重要的是考虑是否存在偏离市场价格的扭曲，扭曲的程度可能有多大，以及它们是否适用于决策者的情境。

对于一些资源来说，市场价格是不存在的。在试图确定不存在竞争市场价格的资源价值时，我们需要估计的是"影子价格"（参见 Boardman et al.，2011）。影子价格直接以机会成本为基础。例如，某学区决定将老旧的设施借给一个新项目使用，但由于购买和支付该建筑设施的时间较为久远，财务交易的信息已经不存在了。对于这种建筑来说，不存在市场，也不存在直接的市场价格。因此，我们必须通过影子价格对其进行估价，尽管该设施对于除学校外的其他使用者来说具备租赁价值。必须根据维持该设施现状、拆毁该建筑或对其翻修以供他用时所需付出的成本对该资源进行估价。另一个更为常见的例子是志愿者的服务时间。根据定义，志愿者不需要薪水，所以不存在直接的市场价格。因此志愿者服务的成本必须通过志愿者时间的机会成本来估价。

市场价格和影子价格两种方法都可以用于成本估计。这两种方法均源于机会成本的思想，但是机会成本是一个微妙的概念，需要谨慎解读。假设一所学校的健身房在夏天使用较少。如果一家非营利性机构计划为高中辍学者提供篮球暑期学校项目，那么学校会因为健身房被闲置而认为使用它的机会成本是零。而机会成本为零在一般情况下并不合理，因为该设施尚未被开发的其他用途也代表了它的机会成本。健身房不太可能完全没有其他用途（例如租借给别的项目或校外活动）。此外，健身房在夏季使用后也需要进行必要的维护。最后，对于任何资源的使用，都可能在一些特殊的情境下提出零机会成本的假设（例如，假设父母照顾孩子的时间成本为零——因为如果不照顾孩子的话，父母也就是在家放松）。分析人员可能会认为很多资源都没有备选的使用方案，从而断言某个项目的机会成本几乎为零。而正确且符合惯例的假设是，所有的资源都具有大于零的机会成本，且无论资金来源如何，在复制某个项目时必须考虑所有资源的机会成本。

3.2　单位成本

明确教育成本的具体含义非常重要（与估算预防项目成本相关的一项同类研究见 Foster，Porter，Ayers，Kaplan，& Sandler，2007）。严格意义上，在经济学术语中，"成本"指的是"单位产出的成本"。例如，制造一辆车的成本、每生产一千台电脑的成本、每次医疗咨询的成本。根据此定义，以较低成本生产单位产品的企业更具有成本效益（效率）。上述定义直接对应标准经济学教科书中的成本定义：总成本是生产定量产品所需的成本，平均成本是生产单位产品所需的成本，边际成本是每多生产一单位产品的成本。以上定义在生产决策中起重要作用。

对教育服务来说，"成本"这一术语的含义略有不同。教育服务的"成本"是指对目标人群实施干预措施所需全部资源的价值。因此"成本"具体是指平均到每个参与者个体、每个群组、每个班级的成本。从"每单位"的角度看待成本对于理解成本是非常有帮助的。与经济学从单位产出的角度定义成本不同，从每单位目标人群的角度定义教育成本更为合适，因为我们通常不知道干预措施的有效程度（更严谨的说法是，干预措施的产出是未知的）。被服务的学生人数（或者由此计算得出的生均成本）不太可能是一个衡量效益的好指标。人们很容易将低生均成本与低质量服务和由此带来的低效益相联系。事实上，分析人员常常在 CE 分析中尝试识别效益和成本的关系。重要的是，在成本分析的框架中，总成本的含义是某教育项目用于所有服务对象的成本（例如一所规模为 1000 名学生的学校成本），平均成本指提供单位教育服务所需的成本（例如校内每名学生的生均成本），边际成本指每单位新增教育服务带来的增量成本（例如从服务 999 名学生到服务 1000 名学生所需增加的成本）。在谈及教育成本时，一般是指提供教育服务所需的成本。

"成本"和"支出"这两个术语需要区分，两者在用法上不能相互替代。一般来说，支出仅是指某个组织的货币开支。举个例子，时事评论员所说的"大学成本"的增长，其实指的是"学生向大学缴纳的费用"或"学生上大学的花费"的增长。学生支付的学费并不是大学的成本。大学的成本包括办学所需所有资源的成本。而由于政府补助和社会慈善捐款的存在，学生缴纳的学费并没有覆盖所有资源的成本（Desrochers & Hurlburt，2016）。在成本分析中我们需要明确，所关心的是全部资源，而不是资金的来源与交易过程。实际上，成本分析明确区分了成本和融资，即区分了资源的使用和谁为资源付费。

教育评价中一个很重要的成本概念是增量成本。我们在第 2 章中讨论过，CE 分析和 BC 分析评价的是项目相对于基线、反事实、常规运行等条件的情况。增量成本（incremental cost）是指项目在成本方面相对于对照组的差异（Gray，Clarke，Wolstenholme，& Wordsworth，2011，p. 13）。（增量成本与边际成本不同，说增量成本时我们并不知道产出是如何增长的。）很多情况下，干预项目可能是对学校或大学开办的常规教育项目的补充或附加，因此增量成本也是该项目成本的一部分。但也存在特例。比如，干预项目可能会涉及资源的重新配置，干预组的学生们上了更多的写作课，但同时所上的数学课减少了。这种情况下的增量成本会很低，在写作课成本低于数学课成本的时候，增量成本甚至可能是负值。再比如，学生所接受的干预在强度上是累进的。如果分析人员估计指导项目（mentoring program）的生均成本是 1000 美元，而同样目的的课后补习项目（after-school program）的生均成本为 1500 美元，那么课后补习项目的增量成本就是 500 美元。需要注意的是，在这两种情况下，我们假设每一位学生都接受常规的学校教育，所以例子中的成本是指在常规教育的基础上真正增加的成本。之后我们会将增量成本和效果进行比较，并推导出增量成本效益比的概念。

有时候"成本"这一术语也被用于描述经济损失或负担。例如，政策讨论往往关注"辍学的成本"或"青少年犯罪的成本"。这样的用法可能会让人困惑，这里所说的"成本"不是实施教育干预措施所需的资源，而是指不实施有效教育干预措施造成的负担或损失。所谓青少年犯罪的"成本"，是指在青少年犯罪司法系统上的花费，而不是指对旨在减少青少年犯罪的教育项目的投入。将这里的"成本"理解为降低辍学率和青少年犯罪率所带来的经济收益更为恰当。（即使如此，衡量收益有时也可能是不准确的，因为预防和补救措施的花费都被包括进来了。具体见第 9 章对防御性支出的讨论。）

3.3　成本与变革理论

分析人员必须识别并计算所有"驱动"干预措施运作的资源。在实际操作中，识别所有资源需要对干预措施进行仔细的侦查和全面的了解。将干预措施的成本与其变革理论相联系，有助于对干预措施成本的深入理解（有关青少年适应力项目的一个具体例子，参见 Crowley，Jones，Greenberg，Feinberg，& Spoth，2012）。

在教育环境下实际开展或实施项目所付出的成本是首要成本。例如，某学校购买一套新的数学课程，那么成本就是用这套新课程开展教学所需的所有资源。成本应该包括培训新课程教师、调整课程表等保证课程顺利实施的准备性工作。

实施成本一定要与备选方案或反事实情况下所需的资源相联系。备选方案可能不涉及资源，但这种情况需要研究人员确认。例如，为三年级阅读困难学生专门开设的阅读课程需要资源，而非阅读困难学生所在的正常阅读课的班级人数会更少，也因此能接受更加个性化的指导。同时，许多阅读困难学生在原班级就获得了额外的指导帮助，而这些支持在学生离开原班级后也没有了。研究者在考虑干预措施的资源需求时，必须将其与反事实情况下的资源需求相对比，考虑使用干预措施所需增加的额外资源。

　　严格意义上，我们认为成本是指实施项目或执行政策并确保项目或政策见效所需要付出的成本。由此，政策制定者可以弄清实际的实施工作需要什么资源。然而，教育干预措施通常还会涉及其他成本。

　　诱发成本（induced cost）是由干预措施实施后相关行为的改变所引起的成本。从变革理论的角度分析诱发成本则不难发现：诱发成本体现的是与干预措施的中介变量有关的资源使用变化（Bowden，Shand，Belfield，Wang，& Levin，2016；Chandra，Jena，& Skinner，2011；Weiss，et al.，2014）。举例来说，职涯学院（career academy）的目的是帮助学生找到更好的工作（Maxwell & Rubin，2000）。我们可以将职涯学院与备选的青少年培训项目相比，估计职涯学院的增量成本，这是直接的实施成本。然而，职涯学院常常也鼓励学生延长在学年限，教育年限的增加也能帮助学生获得更好的工作机会。在这一过程中，实施成本是实施职涯教育需要的资源，诱发成本是延长在校时间需要的成本。如果我们对职涯学院的总成本感兴趣，也应该把诱发成本纳入考虑范围。（诱发成本有时也被称作"间接成本"或"中介成本"，在 BC 分析中它被认为是负收益，具体见第 9 章。）

　　事实上，如果在变革理论的背景下分析干预措施，许多干预措施都会产生诱发成本。通常来说，干预措施需要以对教育需求的诊断或者已有的基础措施为前提，再进一步提供干预项目服务。这些在干预措施之外又附加的服务是使干预措施产生效果的中介因素。

　　例如，改变大学补习课安排的干预措施会改变学生的大学路径，新的分班考试安排可能会让学生少上补习课程，在节省资源的同时提高了大学的学业完成率（Scott-Clayton，Crosta，& Belfield，2014）。简化联邦政府助学金免费申请（Free Application for Federal Student Aid，FAFSA）就是一个著名的例子（参见 Bettinger，Long，Oreopoulos，& Sanbonmatsu，2012），这一简化措施帮助学生顺利申请大学，并激励他们在大学学业上取得进展。学生咨询和信息干预措施也是同样的道理（参见 Castleman，Page，& Schooley，2014）。此外，在第一学期为学生提供资金激励也促进了他们在后续学期完成学分的表现（Barrow，Richburg-Hayes，Rouse，& Brock，

2014）。

同时，许多关于学校选择的研究文献也涉及了诱发成本：向家庭提供择校机会意味着家庭会选择比原学校资源更丰富的学校就读（Hsieh & Urquiola，2006）。这些干预措施会直接影响学生，使学生走上不同的教育或发展路径——与新路径相关的教育资源需求也会有所不同。最后，我们考虑诱发校外资源的干预措施。例如，研究发现联邦早教项目"启智计划"影响父母与孩子的相处时间："启智计划"项目中的孩子在家中获得更多来自父母的帮助（Gelber & Isen，2013）。（芝加哥亲子中心项目是另一个体现家庭中介影响的例子，参见 Reynolds，Ou，& Topitzes，2004。）这些家庭资源调节了"启智计划"对长期结果的影响。从社会角度来看，这些家庭资源也是一种成本。

因此，对许多干预措施来说，估计诱发成本并将它们与干预措施的成本区别开来，是非常重要的。实际上这些成本可能比实施干预措施的成本更高。无论如何，如果变革理论明确了干预措施是如何发挥作用的，这些诱发的资源就是干预措施运作中的一个明确部分。

另一项经常被忽略的成本是项目的筹措资金。资源要素可能包括与为项目筹资相关的"无谓损失"（deadweight loss）（Haveman & Weimer，2015）。无谓损失是其他市场的扭曲。例如，某城市希望用地方消费税开设新的公立学校项目。该税收可能会扭曲消费者对于征税商品的消费选择，造成无谓损失或边际税收超额负担（marginal excess tax burden，METB）。据估计，美国的边际税收超额负担约为 13%（Allgood & Snow，1998）——通过征税为项目每筹集 100 美元的资金就会造成 13 美元的扭曲。其他国家的边际税收超额负担值可能会更高。如果每一项公共政策都产生无谓损失，那么公共政策的效应增值会非常小。无谓损失的大小由征税的方式和征税政府的层级决定。审查并确认教育项目的资金筹措不会产生大幅度的扭曲，这一点很重要。

还有一项常被忽略的成本是不同项目之间的资源重新配置。学校工作人员的调配可能被认为是无成本的，因为这属于学校内部发生的改变。但是如

54 果被重新配置的资源在之前的项目中具有价值，重新配置就会产生机会成本——成本是指资源在之前的使用中所产生的价值，该价值往往大于零。

3.4 成本数据与预算信息

一个经常被问及的问题是：我们为什么要做这么繁复的工作来估计成本？几乎所有的社会项目都有预算和支出报表，这些报表中的支出数据可以提供与成本相关的信息。然而，用预算信息做成本分析也有很多不足，理由如下。

第一，尽管预算普遍存在，但它并不像人们一般认为的那样包含所有的成本信息。预算往往没有涵盖干预措施所用全部资源的信息。志愿者、捐赠的物资与服务等投入资源和其他"无须支付"的投入都没有体现在预算中。

第二，当资源的成本已经被其他人承担或包含在其他机构的预算中时，这些资源不容易被观察到。例如，政府部门或其他机构给某学区免费提供一幢建筑，或已经付了这幢建筑的全部费用，该学区的预算就不会显示这幢建筑。很多教育干预措施会从多重层面接受要素捐赠。例如，由一个全国机构统筹协调的阅读项目"阅读伙伴"在校内的阅读中心运行时，使用了来自美国志工团（AmeriCorps）、国家社区服务组织（the National Community Service Orgranization）和志愿者等多方的资源（Jacob，Armstrong，Bowden，& Pan，2016）。如果想精确估计成本，就要计算实施阅读项目所用到的所有资源。

第三，常规的预算实践可能会扭曲要素的真实成本。使用典型的公共预算与支出报表记录大型维修或设施翻新的成本时，只将其计入发生当年。在学校的屋顶或供暖系统翻新的时候，只会在支付维修工作费用的那年预算中记录这笔费用——通常是完成维修工作的那年，而不是将成本恰当地分摊至多个年份。鉴于新的屋顶或供暖系统的寿命可能为 30 年，项目每年的维修成本应该为维修总费用的三十分之一。传统的预算编制会把这样的资金投入全部算在某一预算年内，从而高估了该年份的真实成本，并且低估了之后 29 年项目实施的成本。

第四，预算或支出报表的涵盖范围常常更广泛，不仅限于某项特定干预措施的成本。因为学区的预算涵盖范围不仅限于特定的干预措施或活动，所以很难把具体用于一项新的阅读项目的成本从学区的总预算中分离出来。事实上，大多数教育预算都根据功能和对象进行了"分项列举"（line item classification）分类。其功能具体包括管理、教学和维护等，对象具体包括教师、物资、办公人员和管理人员等。将预算列表各条目与具体活动或干预措施对应起来本身就很难，很多时候甚至都不可能确定哪些成本是拨给学校内部的，而哪些是用于大范围的教学课程（例如语言课程）的，因为预算列表中并没有相应的条目。

第五，大多数预算文件记录的是资源的配置计划，而不是资源使用之后的支出分类。这意味着预算文件最多也只是能够反映计划的支出，而不是实际的支出。由此可见，预算信息无法提供对资源实际使用的精确估计，尚且不论用预算信息做成本分析的其他局限性。实际的支出报表可能会更准确，但使用支出报表信息做成本分析也无法避免上文所提的其他局限性。

第六，预算往往不能体现项目是如何实施的——至少是无法帮助理解项目实施与其变革理论或反事实情况之间的联系。具体例子见莱文、卡特林和奥尔森（Levin，Catlin，& Elson，2007）对"阅读180"课程的成本分析。研究人员使用资源要素法对三个场所开展的"阅读180"课程进行了成本计算，并且基于访谈和文件对课程开发者推荐的课程版本也进行了成本计算。考虑到"阅读180"是一项比较程式化的阅读干预措施，我们可以预期三个实施场所的实际成本与开发者推荐的版本很接近。开发者推荐的"阅读180"课程版本在实际实施中允许在人员和物资上有所调整。在实施过程中，一些实施场所会增加课程工作人员，一些实施场所会调整物资的使用。这最终导致"阅读180"课程的平均成本在实施场所之间存在显著的差异。

基于以上原因，在成本分析中，预算或支出报表不能成为确定干预措施成本的主要依据。虽然这些报表也能提供非常有用的补充数据，但这些数据并不能作为估计成本的主要依据。

3.5　成本分析的意义

理解干预措施的成本，是进行 CE 分析和 BC 分析的前提。成本分析本身也十分有价值，我们可以在它的基础上进行成本研究和成本可行性分析（我们将在接下来的几章中提供相关的例子）。在此之前，成本分析也可以帮助分析人员从两个关键方面了解干预措施。这是开展成本分析的主要原因。

第一，成本分析是描述干预措施的一种方式。许多教育干预措施可能会复杂多面，我们通过提供资源的细节来解释实施干预措施有哪些资源需要。成本的信息可以表达干预措施的质量或强度。举个例子，咨询指导项目中的生均导师数、项目开始前导师接受的培训时长都反映了项目的质量。同样，项目的生均成本也反映出学生接受指导的强度。例如某导师指导项目的年均成本可能为 500 美元，但生均成本取决于每位学生参加该项目的年限。

成本的相关信息阐明了实施某项干预措施需要何种资源。一些干预措施可能需要大量的实物资源投入，例如"美国大哥哥大姐姐"这类志愿者密集型青少年支持项目和"阅读时间"（Time to Read）等小学读写课程（参见 Grossman & Tierney，1998；Miller & Connolly，2012）。还有一些干预措施可能需要大量的资本投入，例如慕课（massive open online course，MOOC）在招生前需要昂贵的技术基础设施投入（Bowen，Chingos，Lack，& Nygren，2014）。有些干预措施可能涉及重组成本（reorganizational cost），而它并不是显而易见的成本。例如，实施"全体成功"（Success for All）项目需要跨年级重新分组——将不同年级的学生安排在同一班级上课。这样的分组方法会对学校日常的教学组织方式产生影响（Quint，Zhu，Balu，Rappaport，& DeLaurentis，2015）。最后，一些干预措施还可能包括大量的诱发成本，以致最大的成本不是干预措施本身，而是实施过程中产生的额外资源需要。贝尔菲尔德、克罗斯塔和詹金斯（Belfield，Crosta，& Jenkins，2014）建模展示了社区学院的教育成本是如何随着学生学业进展的快慢程度而改变的。

　　与之相关，成本分析也被用于检查干预措施的保真程度（fidelity）。例如，高质量学前课程应当配备训练有素的骨干教师；成本分析人员可以核实项目资金是否能为聘请符合要求的师资分配充足的资源。分析人员能够通过比较实际资源和事前预算来判断课程的资源是否与最初的设计相匹配。

　　第二，成本分析的另一个内在价值是能够帮助研究人员进行预测和建模。成本是需要进行估计的，就像在影响评价中估计效益一样，认识到这一点十分重要。研究人员在干预措施的实施单位层面抽取样本并对样本期望值进行估计。某些情况下，分析人员希望估计项目在特定情境下或对特定学生群体开展时的实际成本。更多时候，分析人员需要估计预期成本，即预测项目再次实施时所需的成本。以上两种成本估计是不同的：对预期成本来说，分析人员会使用实际的资源要素和要素的通用价格；对实际成本来说，分析人员采用的是具体项目实施时为资源要素支付的实际价格（或尽可能接近的价格）。后者和预算法类似，须谨慎应用。

　　使用预期成本可以帮助分析人员更准确地估计成本。教育研究面临的一个问题是如何将小规模试验干预措施的成功经验进行大规模推广，并且保证项目具有与小规模项目相同的质量（Quint，Bloom，Black，Stephens，& Akey，2005）。例如，政策制定者要求实施缩小班级规模的政策，所有班级规模需要缩小 10%。执行这一命令需要什么资源？教师人数和教室空间可能需要成比例地增加 10%，而管理人员和学校设施的增幅可能会小于 10%。有了根据不同比例缩小班级规模的成本信息，就能预测推行干预措施的平均成本（规模经济）。例如，布隆尼根和他的同事们（Blonigen et al.，2008）对在全校范围内实施的积极行为支持干预措施的分析发现，管辖十所学校的学区与只有一所学校的学区相比，干预措施的实施成本明显更低。戴明、戈尔丁、卡茨和余契特曼（Deming，Goldin，Katz，& Yuchtman，2015）发现，在高等教育中运用网络教学可以使平均成本函数下移，即降低了生均成本。

　　成本信息也可以用于为不同版本的干预措施建模。根据项目资源使用情况的不同，分析人员会判断是否存在备选的资源组合方案能够达到类似的人均成本水平。比如某学前课程需要雇用不同水平的教师（如特级教师、骨干教师、兼任教师、教师助理）。成本分析可以辅助确定如何配备不同类型教师能够符合项目需要达到的学前儿童人均成本。布劳和莫坎（Blau & Mocan，2006）的研究对幼儿保育的成本函数进行了全面分析。

　　最后，所需资源要素成本在利益相关方之间分配的信息对政策建模很有用。通常，成本会分摊在社会中的多个利益相关方身上，包括学区、学校、学生父母、地方企业、慈善机构等等。了解成本融资的分担情况后，我们就能够对特定利益相关方会支持或反对某一教育项目给出更好的判断。例如，大学通常被认为具有很高的经济价值，由此我们会好奇为什么学生不对上大学进行更多的投资（Avery & Turner，2012）。如果学生和社会共享上大学的收益，那么学生可能没有动力延长自己在大学的学习年限（Trostel，2010）。又如，如果干预措施有与之匹配的联邦拨款而不需要某学区承担全部的资金，那么这项干预措施可能并不需要有很大的效果，也会对该学区具有经济意义。

3.6　结　　论

　　本章从概念上分析了成本，提出成本分析的几个要点。

　　首先，应该根据机会成本来评估资源的价值。这一理念简单而有力。第一，它让我们始终考虑资源的稀缺性：没有任何教师的时间是免费的，也没有任何学生的时间是免费的。第二，它让我们分两步考虑价值的估计：一是确定各种资源要素；二是为各种资源要素赋予能够反映其机会成本的价值。机会成本是接下来三章要讨论的资源要素法的基础。

　　其次，教育干预措施的成本是使干预措施发挥作用所需的所有资源。我们强调所有资源，因为教育项目通常要利用不同来源的资源：不同级别的政府、学校系统内的不同层级、一系列社区资源，还包括学生使用时间的改变。根据变革理论系统全面地思考成本，才能准确评估每一个项目的价值。

再次，我们想消除这样一种观念，即成本分析仅仅是基于预算信息进行的一项简单工作。成本分析与影响评价一样，是一项实际的研究工作。我们将在接下来的章节中展示说明，成本分析需要基于可靠的方法，对数据收集与分析进行研究设计。

最后，我们希望鼓励读者在教育研究领域投入更多的精力进行成本分析（Chandra et al.，2011）。通过严格的成本分析会得到有关干预措施的大量信息，教育决策者可以从多个角度利用这些信息。

在后续几章（第 4—6 章）中，我们会将这些理念应用于基于资源要素法的成本分析中。

◎ 讨论题

1. 在成本分析中，"成本"这一术语是什么意思？"增量成本"又是什么意思？请举例说明。

2. 未来在复制一项教育评价时，什么情况下使用市场价格给具体资源要素赋价是不合适的？

3. 了解一个项目的逻辑模型或变革理论在哪些方面能帮助你为该项目设计成本研究？

4. 预算的哪些特点使其不适合用来估计成本？

◎ 练习题

1. 与下列情况有关的"成本"有哪些？

   a. 您的孩子所在的学校因违反建筑法规而暂时关闭。

   b. 学区决定减少一个家庭可以申请的高中学校数量。

   c. 学校赞助的学生团体户外派对毁坏了大部分草坪和灌木丛。

   d. 校园犯罪和蓄意破坏行为的增加使得学校安排一些教师来巡逻校园，而不是教书。

   e. 孩子的出生占用了你和家庭的大部分日程安排，因此你必须推迟完成硕士学位课程。

2. 近几年你在多个地点对一项指导项目开展观察。该项目为期 1 年，据你观察，项目执行和成本在不同年份与不同地点之间的差异很小。因此你可以估算项目成本，服务学生规模很小或几乎为零时（例如项目刚起步时期）的成本约为 1 万美元，服务学生规模为每年 25 人时的成本为 1.25 万美元，服务学生规模为每年 100 人时的成本为 2 万美元。你采用线性回归分析估计了成本函数，$C=10000+100q$，其中 C 表示总成本，q 表示某年某地点开展项目服务的学生规模。

　　　a. 该项目的固定成本是多少？

　　　b. 该项目的可变成本是多少？

　　　c. 每位参与者的平均成本是多少？

　　　d. 边际成本是多少？

　　　e. 从 a 到 d 的各项成本估计，你分别会在什么情况下使用？

　　3. 学区请你评价一项针对小学高年级阅读困难学生的阅读辅导项目。学生除了与同伴一起上常规的阅读课外，还以 4 人为一组接受由受过培训的大学生志愿者提供的额外专门辅导，志愿者辅导员每天带学生到小教室进行 45 分钟的个性化教学指导。志愿者辅导员经过了大学阅读教师 20 个小时的培训，在对每位学生提供辅导时使用辅导员手册、学生练习册和儿童文学作品。学生自带阅读课上使用的笔记本和铅笔完成作业并做笔记。

　　　a. 该项目的哪些成本是增量成本，哪些不是增量成本，为什么？

　　　b. 在什么情况下你需要考虑的是项目的增量成本，而不是项目的总成本？

第 4 章　资源要素法

◎ 目标

1. 介绍用于测算成本的资源要素法。

2. 识别教育干预措施的资源要素。

3. 分类详细说明资源要素。

4. 描述各类资源要素的数据来源和需求。

5. 提供资源要素和描述性数据的案例。

资源要素法是一种直接估计教育干预措施成本的方法。该方法提供有关资源使用的信息，并将这些信息与效果或经济收益相联系，以此来协助进行经济评价。资源要素法以经济学的机会成本和成本核算为基础（Levin，1975，2001）。如第 3 章所述，机会成本的思想强调实施干预措施所利用的每种资源都有其价值或成本。如果能够识别这些资源要素并根据其机会成本确定成本，我们就可以计算出干预措施的总成本。

资源要素法涉及以下步骤：（1）识别并详列资源要素；（2）为资源要素估值和赋价；（3）计算总成本，并依据成本结果与相关干预措施变革理论的联系进行成本分析。基于资源要素法计算的成本可以与干预措施的影响结合起来，进一步进行 CE 分析或 BC 分析。

本章介绍这些步骤中的第一步——识别与详列资源要素的方法。识别并列出所有必需的资源要素之后，便要开始进行另一项任务，即对资源要素的赋价。接下来的两章将介绍如何对资源要素进行估值，从而计算其成本，以及如何确保成本估算能够与干预措施的实施及其预期结果相应。

4.1　识别资源要素

应用资源要素法的第一步是识别并详列能够使干预措施、项目或改革得以实施（并产生影响）的资源要素。因此，资源要素法始于一个简单的问题：要获得所观察到的影响需要哪些资源？资源清单必须是全面的，包括实施项目所需要的所有资源以及后续由此诱发的任何资源需求。在此阶段，谁为这些资源付费无关紧要，是否有人免费提供志愿服务也无关紧要，所需的全部资源都应该计算在内。

应用资源要素法之前，要了解待解决的问题、变革理论以及干预措施在设计和实施上的组成部分，这一点很重要。在第 3 章中已对此进行了讨论，但是对于了解要研究的干预措施及其反事实情况的重要性，无论如何强调都不过分。汇总形成一份资源要素清单之前，必须熟悉要研究的干预措施并理解它是如何对所关心的结果产生影响的。为了能够提供干预措施产生影响所需资源的大量细节，理解干预措施及其作用机制十分必要。教育干预措施之间的差别很大，即使针对同一年级的干预措施也有很大的不同：政策措施选项可以包括在现有的教学时间内增加课程，不占用教学时间而在在校期间单独组织专门课程，或者替换目前教学中使用的标准课程。对于每项政策措施来说，重要的是将干预措施与其反事实情况相比较，从而明确干预措施的目的和内容。

在确定与详列资源要素时，有三个重要的因素需要考虑。第一，应对资源要素进行详细描述，以便在下一步分析中确定资源要素的价值。因此，精确说明人员资格要求、硬件设施的特点、设备类型以及其他投入是十分重要

63

的，这样就可以足够准确地评估这些资源的价值。

第二，尽管没有一种分类方法适用于所有情况，但是资源要素的分类法应保持一致。本书提出的分类方法——人员、设备和材料、设施和其他项目投入——是一种比较典型的通用分类方法。当然，如果可以将所有资源要素归入现有分类，也就不需要"其他项目投入"这一类别。例如，设施和设备的保险费用就可以纳入设施或设备和材料类别中。同样，如果要求父母提供志愿服务时间，则可以将其归于用户投入（client input）类别，而不是人员类别。分类的目的是实用，它不是一个不能违反的标准规范。

第三，所列资源要素的详细程度和准确程度应取决于这些资源要素对干预措施总成本的总体贡献。大多数教育干预措施都是劳动密集型的，因此劳动者（教师或其他教学人员）的时间显然很重要。对于涉及计算机学习或远程学习的干预措施，资金投入可能也很重要。相比之下，学习用品在总成本中所占的比重不高，因此通常无须过多关注其细节情况。需要强调的是，由于教师时间对于总成本来说比较重要，因此如果在教师时间的估计上出现10%的误差，那也将对总成本的估计产生较大的影响。而办公用品通常不会对总成本产生重大影响，因此，即便办公用品成本的估计出现了100%的误差，由此而导致的对总成本的估计的影响也可能小到无法察觉。一般来说，应该把精力投注到识别与详列那些能够左右总成本状况的资源要素上。

4.2 详列资源要素

通常，将资源要素根据共同属性分为五六个主要类别，有助于识别与细化资源要素。典型的分类包括：（1）人员；（2）培训；（3）设施；（4）设备和材料；（5）其他项目投入；（6）用户投入。各类资源要素的具体例子将在下文讨论。描述所有的资源要素很重要，特别是那些没有直接市场价格或是不涉及货币支付的资源要素。例4.1说明了志愿者资源的重要性，例4.2说明了应该如何报告全部的资源要素。

4.2.1　人员

人员要素包括项目实施所需的所有人力资源。不仅包括全职工作人员，还包括兼职人员、咨询顾问、其他学校人员、志愿者和家长。应根据角色、资格和时间投入列出所有人员的投入。

列全人员要素首先是要列出每个任务涉及的所有人员。人员角色是指岗位职责，例如管理、协调、评估、教学或辅导、接受或提供培训、设计课程、保存记录或收集数据等。

资格是指岗位所需的培训经历、经验和专业技能。对教师资格的描述可以包括学位、证书等级、工作年限、专业才能以及与该岗位相关的工作年限。

时间投入是指每个人投入干预措施或项目的时间，用相当于全职岗位工时的百分比或花费的小时数、天数表示。如果部分员工、咨询顾问和志愿者在干预措施或项目上的投入只是其整个工作周或工作年中的一部分，则适合用花费的小时数或者天数表示人员的时间投入。

一般情况下，项目依赖教师来执行干预措施的主要内容，因此需要彻底了解教师的职责、时间投入和自身特点。对于人员要素而言，角色和资格相对来说是定性的描述，但时间投入是可以量化的（例如，每年 15 天）。此外，如果干预措施在不同教师或不同地点之间存在差异，那么获得与提供干预措施的个体有关的丰富信息有助于理解实施过程中资源使用的变化与差异。不过，如果教师在项目实施中发挥的作用很小，例如招生和偶尔更新学生进度，则不需要大量的定性描述信息，因为这对成本的影响有限。

此外，劳动时间是最常见的实物资源（in-kind resource）（见例 4.1）。家长可能会付出时间来为学校提供帮助（如辅导学生、陪伴班级旅行或翻新设施）。同样，学生时间也可以被视为实物资源。同伴辅导是一个直接的例子，学生之间可以互相帮助。更普遍的问题是，如何评估学生在课堂内和课堂外所花时间的价值。例如，课后辅导班可能会提高成绩，然而一些学生在放学后的这段时间可能会打工，因此，课后参加辅导班的机会成本就是他们

65

损失的工资。对于大学生来说，时间的机会成本尤为重要。同样，上课的"消费价值"或体验价值也很重要：一些学生可能喜欢上课，一些可能不喜欢。这种消费价值会影响机会成本。

例 4.1　为什么志愿者应该被视为资源要素？

在很多情况下，学校接受志愿者提供的服务。让我们以两个虚构的公立学区为例进行比较说明：斯普林菲尔德（Springfield）和米德尔敦（Middletown）这两个学区在大多数方面都是相似的（例如生均支出和学生的社会经济状况）。

斯普林菲尔德学区擅长引导各类志愿者提供服务，而米德尔敦学区在这方面并不在行。斯普林菲尔德学区靠近一所大学，积极进取的大学生自发组织了一项家庭作业辅导计划，旨在帮助该学区中学业成绩低下的学生。斯普林菲尔德的家长－教师协会（Parent-Teacher Association，PTA）非常活跃，能够协助学区在家长和其他社区成员中找到课堂志愿者。此外，斯普林菲尔德学区毗邻一家大型生物技术公司，该公司董事长关心公立学校的科学教育质量，她安排了几位科研人员抽出工作时间来协助高中教师设计新的课程单元并参加课堂展示。

这种情况下，我们应该如何比较这两个学区公共教育的平均成本呢？我们的直觉可能是简单比较两个学区的生均支出。从表面来看，两者成本似乎相当。虽然斯普林菲尔德学区可能有更多的志愿者，但是这些人并没有领工资，所以似乎不会出现成本，因此很多人直觉上不会将志愿者投入的时间作为项目的"成本"。

然而，如果从"成本"概念的形成来看，将志愿者投入的时间看作成本就不那么违反直觉了。某种资源（或资源要素）一旦用在某一个项目上，就无法用于其他项目。也就是说，在某一方面投入资源意味着会牺牲另一些社会成员的利益。例如，当大学生志愿去做家教时，他们就牺牲了本可以用来学习、做兼职或休闲活动的时间。同样，参加课堂活动的家长、社区成员和科研人员也可能会因此导致工作效率降低或休息时间减少。因此，志愿服务的成本就是社会必须放弃的志愿者原本可以利用这些时间进行的其他活动的价值。当然，这也带来了新的难题，即应该给志愿者时间赋予多大的经济价值？但无论如何，从根本上说，斯普林菲尔德学区的志愿工作应该被视为成本，因为志愿者牺牲了其他有价值的选择。

从这个角度去定义成本，可以在很多方面丰富成本分析。首先，我们可以分析成本在不同群体间是如何分配的。例如，斯普林菲尔德学区官员如果知道这个项目在很大程度上依赖于不需要他们提供财政支持的资源，可能就会更愿意支持它。其次，了解志愿者成本可以为项目的实施提供更好的指导。如果另一个学区计划实施该项目，它就需要获得与斯普林菲尔德学区相当的志愿者资源，或者额外安排人员并支付费用。如果在成本分析中没有考虑志愿者成本，那么复制斯普林菲尔德学区的项目所需的资源成本可能就不准确。最后，综合考虑所有的成本对社会决策也是有利的。学区官员可能会在此项目与其他使用实物资源的项目之间进行比较。志愿者也需要据此判断项目是否有效并决定他们是否愿意提供志愿服务。如果答案是否定的，他们可能会选择将自己的时间投入其他能够改善教育结果的活动。

4.2.2　培训

对教育进行干预通常需要教师或其他人员学习新方法来指导或帮助学生。因此，培训是很重要的资源要素，比如辅导、专业发展或其他正式的培训项目。分析人员应该详细说明，培训过程中实际花费的时间与项目设计的培训时间之间的差异，培训师在进行培训之前需要的准备时间，以及多长时间之后需要再培训。此外，教师们也可能需要一年以上的培训，因此还必须了解这些教育干预措施能否长期实施，以及教师能否在岗位上工作较长的年限。这样的情况下，成本负担就会分散到多年之间。

4.2.3　设施

设施是指进行干预所需的物理空间，可以包括项目实施、培训、举行会议或存储物资的空间。用于教育干预的设施空间一般包括教室、办公室、储物间、游戏或娱乐设施区，以及其他所需场地。无论场地使用是否需要花费项目预算，都应该详尽地记录并描述使用的所有设施空间。要详细列出设施空间的大小、特征以及其他对确定其价值而言比较重要的信息。例如，为学生配备白板和笔记本电脑的教室与配备课桌的标准教室就完全不同。对于任何与其他项目联合使用的设施，都应记录下该设施分配给本干预项目使用的比例。

当项目使用的空间由学校或学院以实物形式提供时，很难获得有关设施的信息，并且往往也难以估算建筑面积以及实际所使用的空间。因此，了解一间标准教室的大小或有关生均面积的规定会有一定帮助。此外，对于项目设施空间这类要素，除了所使用空间的大小与类型之外，还需要考虑设施的运营及维护费用，这些与设施的性质相关。

4.2.4　设备和材料

许多教育干预措施的重点是改变学校的教学策略，还有一些干预措施着力于改变课程内容。这些干预措施可能需要新的书籍、手册、计算机和软件。广义上，还应该包括室内陈设、教学设备和干预需要的材料。还可能有一些附加的设备和材料，如计算机及其附加设备、视听设备、科学辅助设备、打印机、电话、互联网接入设备、打印耗材、办公设备、纸张、商业测验以及其他消耗品。应注意的是，对这些设备和材料，也要分别标注出哪些是专门分配给此干预项目使用的，哪些是与其他活动共享的。

根据干预项目设计的不同，计算机对于项目总成本来说可能是重要（高成本）或不重要的资源要素。如果项目需要专用的计算机、特定的处理器或特定大小的屏幕，那么必须在估算成本时考虑到这些特性。而如果是在机房中使用标准计算机，则在数据收集过程中需要注意计算机的数量和计算机用于该项目的时间。

有些材料的使用时间会超过一年，如书籍、软件及教学辅助材料。因此，有必要了解这些材料在通常情况下的使用寿命，以及在项目进行期间的使用时长或预期的使用时长。这些信息对于计算该材料的年化价值很重要，下一章中将对此进行探讨。

4.2.5 其他项目投入

一些教育项目还会为参与的学生提供交通、奖品、食物或奖学金。教育项目越来越多地采用新兴的方式对学生进行行为干预。因此，资源要素中还可能包括在学生达到出勤率或完成率之后给予的经济激励或物质奖励（Barrow et al.，2014）。与此类似，干预措施中也可能会用奖金或其他激励措施改变教师行为（Fryer，2013；Jackson，2014）。像这样额外的资源要素在不同干预项目之间差异很大，因此这类要素实际上涵盖的范围可以比较灵活，目的是囊括无法包括在前文所述类别中的所有资源要素。其他例子还包括，项目赞助机构所提供的各种附加责任保险，或者利用当地大学进行培训的成本。对这一类别中的所有要素，都应分别明确陈述其用途。

一般来说，确保干预措施可以实施或正确实施还需进行一定的投入，可能包括人员、设施或材料。这些投入被用于项目设计、过程监控，以及确保学生遵从干预措施。此外，这些投入还可能包括项目评价所需的资源。一般来说，如果要复制样板干预措施的效果，也应该将必要的投入包括在分析中。在复制和研究过程中，如果并不需要与原项目最初设计有关的一些要素，可以将其省略。同样，也可以忽略对项目实施和效果没有贡献的项目评估要素。但是在某些情况下，项目评价可能需要通过评估收集干预组和对照组在项目中的行为反馈数据，这样的评估要素就不能忽略了。然而，如果评估活动中的监控可能影响项目的实施，从而对效果产生影响，比如确保项目按计划实施的监管，那么此种要素就应该包含在成本分析中。

4.2.6　用户投入

这类资源要素包括用户及其家庭需要付出的各种资源。用户指的是干预措施的服务对象。例如，如果一项教育干预措施需要学生家庭提供学生交通、书籍、制服、设备、食物，或其他学生服务等，这些就属于用户投入类资源要素。某些干预措施的成功可能主要取决于这些要素，而其他措施中这些要素可能没有影响。例如，大多数针对大学生的教育项目都要求学生自己支付教科书和其他学习资源的费用，而这些投入能够促进干预措施产生效果。为了准确描述复制一个教育项目所需要的全部资源，成本分析中需要包含用户投入这类资源要素。

学生的时间投入也是需要考虑的要素，因为学生可能会因此放弃另一项活动。例如，参加暑期学校或课外项目的学生可能需要放弃原本可以兼职赚钱的机会。通常情况下，如果某项干预措施的服务对象为 18 岁以上成人，就需要考虑参与项目所需放弃的工资，以此来衡量项目参与所需时间投入的价值。

例 4.2　高瞻佩里学前教育项目的资源要素

20 世纪 60 年代，研究者在密歇根州伊普西兰蒂以学业失败高风险儿童为对象开展了一项著名实验。一些儿童被随机分配到干预组参加学前教育项目，对照组儿童不参加该项目。该项目旨在为学业失败高风险儿童提供高质量的学前教育环境，包括每个工作日上午 2 小时的课程和每周 90 分钟的教师家访。史蒂文·巴尼特（Steven Barnett）通过一系列的收益成本分析比较了该项目的成本与收益（在后续的例 7.1 中将会讨论完整的评价结果）。

成本分析是基于资源要素法进行的。通过全面梳理整合与项目有关的出版物，以及对参与过项目的教师和管理人员进行采访，评价者得出了一份资源要素清单。成本要素主要包括以下几类：

- 教学人员。项目每年雇用四名教师。除工资外，还要考虑附加福利，如退休金，以及雇主缴纳的社会保险税。

•管理与支持人员。除教师外，该教育项目的运行还需要项目管理人员，包括一名特殊服务主管。

•设施。项目在伊普西兰蒂公立学区的设施中进行，因此，学区现有的物理设施，包括教室空间，是该项目利用的一个重要的成本要素。

•设备。为了布置幼儿园教室，项目组专门购买了一些设备。

•课堂用品。包括儿童的日常零食和儿童使用的其他教育耗材等。

•发展性筛查。在项目开始之前，对大量儿童进行测试和访谈。根据家庭收入和学业失败的风险决定哪些儿童有资格参加项目。

•学区管理。项目在伊普西兰蒂公立学区内实施，与预期一致，学区为项目实施承担了许多费用，包括维护费、水电费以及一般管理人员和非教学人员的支持费用。

•用户投入。项目中家长的付出几乎可以忽略，他们无须交费，而且所有的课堂用品都是免费的（此资源要素计在课堂用品类中）。家长们住得很近，都在步行范围之内，也不会有额外的交通费。家长唯一可能的付出是偶尔进行的家访中与教师谈话花费的时间，而家访完全出于自愿，有些家长选择不参加。

上述清单为列举资源要素提供了一个关键的起点，但重要的是如何更详细地说明每种资源要素的确切性质和数量（巴尼特在进行成本研究时做了详细说明）。例如，教师的资格情况（如教学经验、教育年限、培训经历）怎样？布置教室使用了哪些设备（如书桌）？每种设备用了多少？尽可能详尽地列举资源要素能够帮助我们在成本分析中省去很多麻烦。第 5 章将会讲到，很难给定义模糊的资源要素赋予可靠的价值。最后还应记住，要将大部分的注意力放在最终成本估算中占比最大的资源要素上，比如，教师可能是最主要的资源要素。

资料来源：改编自 Barnett（1996，pp. 19—25）。

4.3　资源要素信息的来源

　　收集资源要素数据的第一步是确定需要收集信息的地点样本。抽样可以采用和效果研究相同的抽样框。一般来说，需要从能够收集到效果数据的所有地点收集资源要素数据。如果效果评价的抽样框可以代表干预措施发生作用的总体情况，那么该抽样框也可以代表干预措施的成本情况。当然，不应仅从少数几个地点收集资源要素的信息，尤其是当干预措施的实施在不同地点之间存在较大差异的时候。

　　资源要素信息可以有多种来源。这些来源包括与干预措施有关的报告和描述说明，对工作人员和参与者等信息持有者的采访，还包括直接观察。根据从项目开发人员、管理人员、以往的评估以及其他研究中获得的信息，可以先列出资源要素清单的草稿。这些信息来源包括由项目人员或外部人员撰写的有关项目的一般性说明、预算和支出报表、网站、以往研究人员做的项目评价报告、内部备忘录或电子邮件，以及其他许多信息来源。评价人员要像出色的侦探那样，在可获取的信息中努力找出每一个可能有用的证据。在一些情况下，最开始的搜索就可能涉及大量的文件，对成本分析人员而言是非常艰巨的任务；而在另一些情况下，可能缺少相关文件，甚至无法获得项目工作人员的配合，这同样会使评价人员陷入困境。在筛选可用信息时，不应假设这些信息已经包含了项目实际使用的全部资源要素。事实上，项目的说明文件有时可能会忽略重要的资源要素类别（例如家长或志愿者的投入），或者对某些资源要素的使用方式存在过于乐观的预期（例如教师培训课程）。但对这些信息的全面审查将为评价人员提供相关背景资料，以确立研究的总体目的。

　　在研究之前了解项目包括哪些内容，除了有助于进行研究设计外，还可以帮助研究团队设计数据收集工具，从而将数据收集整合到评价研究的过程中，而不是将数据收集当作独立的部分。这样就可以结合具体情境下的差异来开展评价研究。例如，如果能够预计到项目在不同地点的开展情况有所不同，那么在设计数据收集策略时就要重视描述资源要素在数量和细节特征上的变化。

有关资源要素最全面、最详细的信息，可以从实施干预措施的人员处获取。包括干预项目的设计人员，项目的主管和行政人员，校长、教师和助教等学校人员，以及学生家长。在某些情况下，比如项目参与者是成年人或年龄较大的孩子，直接访谈项目参与者也会很有帮助。在访谈时，评价人员应该注意确认访谈得到的信息是否与文件中的信息相同。例如，该项目实际上使用的是三名全职教师还是一些兼职教师？项目在实际开展中，是否如项目网站信息所述，每周进行一次培训，还是培训频率更低？在任何情况下，都应该关注干预措施在实际使用中的资源要素，而不是在理想情况下应该使用的资源要素。

访谈还可以获得相关背景信息、资源要素的使用方式以及人员方面重要的质性数据等丰富的数据。通过半结构化的访谈，研究人员可以探讨某个项目实施场所与其他场所存在成本差异的可能原因，以及一些项目工作人员承担的特殊的工作职责，并了解项目中有哪些方面或活动是非项目规定的内容。由于访谈的数据很丰富，受访人员可能需要花费大量时间整理并提供数据，而研究人员则需要大量时间来收集和分析访谈获得的质性数据。此外，现成的访谈提纲不太可能适用于每项研究，因为每项干预措施在使用的资源要素、使用时长和干预规模等方面都各有不同。当然，也有一些适用性更广泛的访谈提纲（参见 Hollands et al.，2013；Levin et al.，2012；Rodriguez，Bowden，Belfield，& Scott-Clayton，2014）。

如果访谈是主要的数据来源，则有必要在干预措施实施的同时进行访谈。如果在项目结束后很久才进行访谈，受访者就会很难记住所有重要信息。而且在项目结束后，也很难联系到所有的核心工作人员。

调查是从项目实施者处获取资源要素数据的另一条途径。调查是获得可量化资源要素数据的最好方法。可获得花费在一项任务上的时间、服务的学生人数或提供的书籍数量等数据。如果可用于访谈的时间有限，最好先通过调查收集尽可能多的数据，然后再根据需要进行访谈以获取更详细的信息。

数据收集的另一种方式是观察。研究人员观察项目的实施，可以记录资源要素的使用，既不需要分散项目实施人员的注意力，也不需要让项目实施人员专门为评价研究投入额外的时间。在观察的过程中，研究团队能够更加了解资源要素，从而将其他地方没有提及的资源要素加入列表，如公告板、显示器、书籍或提供给学生的奖品。场地也很重要，尤其是场地的质量特别好或者特别差（需要维修）时。评价人员可能会实地观察开展阅读项目的多个班级，从而确定资源要素的实际使用情况。如果项目设计要求每名学生都有单独的练习册，那么是否班上所有学生实际上都有练习册？如果项目规定课堂授课时间为 50 分钟，那么这一点能否被研究人员的课堂观察证实？

在通过阅读、访谈和观察等方式收集信息时，要比较各个来源信息之间的一致性和差异性。最终，希望能够通过各种信息来源之间的三角验证（triangulation），整合形成一份合理的成本资源要素清单。（当项目的研究方案之间存在差异时，三角验证就更为重要了。）当使用多种信息来源都可以证实同一结果时，我们对研究结果的信心更强。当信息来源之间存在显著不一致时，我们应该更仔细地探查。但这些不一致通常不会轻易得到解决。例如，干预措施的实施在不同的项目地点采用了截然不同的两套方案，而不同方案又使用了不同的成本资源要素。在这种情况下，可以对具体所采用的成本资源要素进行几套假设，在此基础上报告几个版本的成本分析结果。

只要对干预措施的效果开展了评价，作为评价研究的组成部分，相应的资源要素就有可能并且理论上应该被记录。也就是说，只要在评价过程中可以观察并记录构成干预措施的"处理方法"，就能够识别干预措施中使用的资源要素。确定资源要素的过程必须是一个系统的过程，而不应是一个随意的过程。记录干预措施的质性观察人员也可以使用资源要素法来识别和详列资源要素。我们认为资源要素法是估计成本的首选方法，因为它在数据收集过程中不会造成时间滞后，从而有利于准确识别资源要素。在对教育干预措施进行系统评价的同时，最好收集资源要素信息，以便后期对其成本进行估计。

4.4　结　　论

经济评价的目的是对旨在实现特定结果或产生经济利益的干预措施的成本进行识别与分析，从而帮助决策。为了成功估算出达到一定效果所付出的成本，我们必须仔细识别干预项目实施过程中所使用的全部资源要素。资源要素法提供了一种识别和详列资源要素的标准化方法，因此我们可以估计干预措施的总社会成本。这个过程的关键是要根据干预措施的实施情况来如实记录资源要素，无论干预措施是按计划实施，还是有不同的版本变化，抑或是实施中有临时调整。因此，最好是在项目实施的过程中进行数据收集。这样的数据收集更有可能是有效的，获得的数据更有可能是精确的，用于成本分析的数据局限性也比较小。

在下一章中，我们将对该方法进行进一步的解释，描述如何使用质性和定量数据为资源要素赋予货币价值，以及如何估算成本并对其进行分析。

◎ 讨论题

1. 与其他估计成本的方法相比，资源要素法有哪些独特之处？

2. 设施的成本如何确定？

3. 何种情况下在分析中省略一些资源要素是合适的？

4. 确定关于资源要素的哪些信息是最具挑战性的？请描述你会用什么样的数据收集工具来获得关于资源要素的必要细节，包括具体的调查和（或）访谈问题。

◎ 练习题

1. 某校长不满意所在学校的数学教学。她与教师们讨论了这个问题，大家相信将新课程与在职培训两者结合起来会改善这一问题。

　　a. 实施这样的改革可能需要哪些资源要素？

　　b. 你会向校长和教师询问哪些问题以获得关于这些资源要素的额外信息？

2. 指出下列项目需要哪类资源要素，并尽量提供更多细节。

　　a. 一项同伴辅导项目即将开展。六年级的学生每周会花 2 小时辅导在阅读或数学方面没有取得足够进步的三年级学生。学校会为这一安排提供一间专门的房间，也会请家长志愿者协调小老师的辅导时间。小老师们会在开学的前两周接受一次 10 小时的培训，一名在同伴辅导方面有经验的教师为小老师提供培训。

　　b. 一所中学考虑为男生和女生组建足球队，拟全面参与校际比赛。

　　c. 某学区考虑为有语言障碍和听力障碍的儿童在本学区内设立教育项目。在此之前，这些儿童会被送到由县政府资助的专门课堂上进行学习。

　　d. 一家能够容纳 100 名儿童的早期教育中心正在建设。这些儿童之前在小学里的学前班学习。

3. 一位大学院长提议将经济系的终身教师全部替换为兼职教师，但是指导、授课和服务的工作量将维持之前的水平。这样的变化会如何改变经济系所需要的资源要素？

第5章 确定资源要素的价值

◎ 目标

1. 提出确定各类资源要素价值的方法。

2. 说明资源要素价格的信息来源。

3. 调整通货膨胀并表示为货币的不变价格。

4. 阐述将资金流折算为现值的方法。

前面几章描述了用于成本估计的资源要素法，并阐述了识别与详列资源要素的原则和步骤。本章会确定每一种要素的价值，以便能够对干预措施的总成本进行估算。

到目前为止，我们应该已经对教育项目或干预措施所需的资源要素有所了解。然而，仅仅知道必需的资源要素还不足以据此估算成本。我们需要确定这些要素的价格。资源要素的价格反映了将这些资源用于某教育项目时所放弃的其他机会可能产生的价值。本章将详细介绍资源要素定价的方法和主要信息来源。确定好每一种要素的价格后，将各要素的单价乘以数量后汇总即可计算出成本。要注意的是，在进行这一计算之前，所有的货币价值都要以同一时间的特定货币（如美元）的价值表示。因此，我们会描述如何根据通货膨胀和贴现的需要对价格进行调整。

5.1　确定资源要素价值的方法

确定资源要素货币价值最常用的方法是使用市场价格。根据经济学理论，当某一商品或服务的市场处于完全竞争状态时，市场建立的商品均衡价格即代表该商品的价值（Dorfman，1967）。使用市场价格还有两个优点：可得性和简便性。教育干预措施使用的很多商品和服务（包括工作人员、设施和设备等）都存在合理的竞争性市场，因此这些资源要素的市场价格可以直接用来确定相关投入的成本。

如第 3 章所述，资源要素并不总是来源于竞争性市场。有时，某些要素尽管有市场，但市场并不符合完全竞争的标准，比如，只有很少的买方或卖方，或市场存在其他不完善的方面。这种情况下，现有的市场价格无法准确反映获得额外一个单位资源要素的成本，因此必须对市场价格进行调整才能更恰当地测算成本。例如，假设一个有才能的项目主管目前一年的工资福利合计为 8 万美元，但是像这样有才能的人很少。如果要在多个新地点利用这样的人才来复制某种教育干预措施，那么在确定干预措施所需的成本时就必须考虑人才稀缺性对人才要素成本的影响，即随着该项目对这种人才需求的增加，获得额外一名此类人才的成本可能会显著增加。

另一种情况是，某些要素可能根本没有明显的市场价格。例如，某学区决定将某处旧设施租借给新开展的项目使用。因为这栋建筑设施是很久以前买的，近期没有相关的资金交易，所以这类设施没有明显的市场价格。这种情况下需要确定的是假如存在市场时该资源要素的价格，或是找出并使用最相近的市场价格作为替代。对不存在明确的竞争性市场价格的商品进行价值估算所得的价格称为影子价格（Boardman et al.，2011）。为了估计成本，市场价格和影子价格都可以用来确定资源要素的价值。

在市场价格不能准确反映真实成本时，则需要对市场价格进行适当调整。当要素缺乏供给弹性，如出现人才稀缺的情况，需求的增加会导致要素价格的提高。因此，必须确定干预措施如何影响资源要素的需求，以及这种需求变化会如何影响市场价格。大多数的教育成本分析是不需要对要素的市场价格进行调整的，因为很多教育干预措施只计划进行一次。在一次干预的情况下，某种要素的使用一般不会影响到市场。而如果要大量复制干预项目，干预措施的资源要素需求就可能会增加到足以提高其市场价格的程度。

当没有市场价格时，就必须估算影子价格。例如，一座学校旧楼可能没有特定的市场，但是有多种方法可以确定其影子价格。让六年级学生辅导一年级学生，这样的辅导服务可能没有明确的市场价格，但也许有办法衡量六年级学生花费自己的时间辅导一年级学生的社会成本。我们可以询问："如果六年级学生把时间花在学习上或其他方面上，会有多少价值？"例如，如果我们发现花时间辅导一年级学生的六年级学生比没有辅导任务的同伴用于学习的时间更少，那么就可以用如下方法来确定这种辅导服务的影子价格：估计出能够使有辅导任务的六年级学生的学习成绩维持在与没有辅导任务的同伴相同的水平所需要投入的成本。每种对资源要素影子价格进行估计的情况都有其独特的困难和挑战，不过好在教育成本分析中并不需要经常估算影子价格。

有了这些总体原则，就可以进一步讨论确定各类资源要素价值的方法了。

5.1.1 特定价格与期望价格

在对各要素的价格进行具体估计之前，分析人员必须决定所需估计的价格是哪种价格。有两种选择：特定价格（site-specific price）与期望价格（expected price），或者称作本地价格（local price）与通用价格（national price）。特定价格是教育项目在开展地实际需要面临的价格，比如，适用于某学区的工资水平或大学所在地的教授工资等级表。而期望价格是指如果在全国范围内实施该项目则预期需要支付的平均成本。特定价格和期望价格可能会有很大的差异。

人们可能会认为，分析人员肯定会收集并使用本地价格，毕竟这才是学校在实施教育项目或教育干预措施时真正要面临的价格。然而，选择使用何种价格实际上要取决于分析的目的和受众。

事实上，支持使用通用价格或期望价格的理由很充分。如果要比较不同辖区内几个项目的成本，或计划将一个地方的某个项目推广到其他地方，那么就应采用通用价格。使用通用价格能够使分析侧重于因资源利用不同而产生的成本差异，而不是因当地市场条件不同而造成的成本差异。比如，如果使用当地价格，在高消费城市环境下的每一项干预措施，其成本效益都会低于在较低消费的郊区环境下的干预措施。此外，商品或服务的实际价格，或者教育干预措施使用的人员工资，都会受"随机噪声"（random noise）的影响，而使用通用价格可以消除这种影响。分析人员通常认为项目的作用或影响是根据其预期的分布通过"估计"得到的，从概念上讲，价格也是一样的，也是从其预期分布中"估计"得到的。

不过，使用通用价格也有弊端。首先，使用通用价格虽然利于项目成本在全国范围内推广，但通用价格并不代表任何一个辖区的实际成本，因此，对于政策制定者来说，使用通用价格的意义并不大。其次，并非所有的要素都有通用价格。人员要素是教育干预中成本最大的一类要素。政府机构（如美国劳工统计局）和其他大型机构（如工会）一般会开展大规模调查，对不同职业中不同资质水平（包括教育水平和经验）人员的平均工资进行估计。尽管如此，这些调查可能依然难以囊括特定教育干预措施所需要的所有人员要素，也可能无法完全考虑人员要素的资质或所处工作条件方面的差异。这就要求分析人员对与干预所需要素最接近的价格做出假设，或者根据教育水平、经验、工作条件等因素对价格进行调整。最后，设备、材料和消耗品这些要素可能不存在基于大型调查得出的通用价格。相对而言，这并不是大问题。一方面是因为，通常来说这些要素只是教育干预措施成本中很小的一部分，在这些要素上，即使有很严重的估价错误，对教育干预措施成本最终的估计结果来说，也不会造成很大偏差。另一方面是因为，这些要素在不同地区之间的价格波动远小于人员与土地的价格波动。因此，这类要素中的许多商品，都可以用国家和互联网供应商的定价代表其通用价格。

　　另一种选择是使用本地价格或特定价格，即干预措施涉及的各要素在当地市场的价格。本质上，使用本地价格的优缺点与使用通用价格的优缺点恰好相反。优点是，所估计的最终成本与在特定情况下干预项目的实际实施联系更紧密，因而能为当地决策者在考虑复制或扩大干预项目时提供更多的信息依据。条件允许时，还可以使用个体工资和其他要素的具体价格，比使用通用价格所需的假设更少，避免了通用价格无法反映每种要素的精确价值这一不足。然而，特定价格可能会因为涉及隐私而难以获得，可能会受与实施干预措施无关的随机因素的影响，也可能难以推广到其他情境。

　　在不同价格之间进行选择时，分析人员需要考虑哪种价格对成本分析所面向的受众人群来说能够提供更多信息。无论如何，分析人员务必明确指出所采用的价格是通用价格还是本地价格，这一点很重要。

5.1.2　根据地区调整通用价格

　　鉴于项目推广方便或前文所述其他原因，分析人员可能已经选用了通用价格，而此后又希望估算在某一地点复制实施项目所需的成本。这种情况下，可以使用地理价格指数（geographic price index）来大致判断通用价格在特定情境下的适用程度。用来调整通货膨胀的消费者价格指数（consumer price index，CPI）就是基于地理价格指数构建的。需要注意的是，用地理价格指数调整通用价格只能为估算本地价格提供粗略的参考，因为地理价格指数将项目涉及的所有要素价格进行了同等程度的调整，而实际上项目内部不同要素的价格在地区间的变化可能有所不同。例如，房屋租金在大城市和其他地区会有很大的差异，而电脑的价格则会比较一致。此外，地理价格指数还忽略了替代效应。例如，在汽油价格相对较高的地区，父母可能会选择少开车而多使用公共交通工具，这改变了要素的组合方式而使得总成本更接近全国平均水平。使用地理价格指数可以初步提供一个合理的近似值，反映通用成本在当地情境中的变化。

在现有的几种地理价格指数中，可比工资指数（comparable wage index，CWI）与 K－12 教育领域最为相关。可比工资指数是洛里·泰勒（Lori Taylor）、马克·格兰德（Mark Glander）和威廉·福勒（William Fowler）为美国国家教育统计中心构建的。官方的可比工资指数在 2005 年之后就没有更新，但是洛里·泰勒本人仍在更新该指数（网址为 https：//nces. ed. gov/edfin/adjustments. asp）。为了使得工资在不同地区之间可比，可比工资指数基于某一地理区域的生活和设施成本，用不在教育领域工作的大学毕业生的工资，来估计与全国平均水平相比大约需要支付给教师多少工资（Taylor & Fowler，2006）。由美国经济分析局（Bureau of Economic Analysis）计算的地区价格平价（the regional price parity）是另一种地理价格指数。该指数基于消费品价格，在各州之间、州内大都市和非大都市地区之间，比较生活成本（Atten，Figueroa，& Martin，2012）。

5.2　为资源要素赋予货币价值

利用上一章所述资源要素法（包括访谈、调查、观察、分析项目资料等）收集数据时，为了能够准确评估每种要素的价值，不仅要包括项目所需资源要素的数量，还要包括资源要素特点的描述性信息。分析人员对资源要素的描述越详细，对这些资源要素的估价就越准确（见例 5.1）。接下来，我们将讨论对数据的要求，以及在为各类资源要素赋价时，这些数据如何能够帮助选择采用通用价格还是本地价格。

分析人员可能需要为每种资源要素分别搜索价格。除此之外，分析人员也可以使用现有的价格数据库，如教育收益成本研究中心（CBCSE）开发的成本计算工具——CostOut（见附录 B）。该工具基于网络，可以帮助分析人员区分资源要素及其价格，并将对总成本的估算与决策框架相关联。此外，该工具还包括一个数据库，将教育价格分为人员、设施、材料、其他四类价格，并特别展示了美国中小学和大学教学人员工资的详细信息。该工具还可以用于调整通货膨胀和价格贴现（见下文的讨论）。

　　使用上述能够对现有价格进行汇总的工具有几个优点。首先，价格的来源渠道具有独立性优势，能降低研究者在选择价格时可能存在的偏倚。其次，分析人员从价格清单中选择价格，能更容易了解到价格可能的变化（特别是采用时薪与采用月薪所带来的价格变化），并可以用不同的价格进行敏感性检验。再次，既有的数据库还会对搜索一些难以明确的价格（如学校场地的租金）或提出假设（如大学建筑等资本资产的预期年限）有所帮助。最后，以既有的其他研究为基础，还能增强不同政策选项之间的可比性。

5.2.1　人员

　　人员成本通常在教育干预总成本中占有很大比重，因此，估算人员成本需要投入大量努力，要尽可能准确地估算该成本。大多数人员服务是通过市场购买的，因此市场交易的数据是首选。当一个工作岗位使用市场工资与福利水平可以吸引到岗位所需的具有相应教育水平、经验和其他特点的人才时，工资和福利的货币价值也就是此类人员的成本。

　　该确定成本的过程背后的假设是存在市场，且市场上有很多寻求雇员的雇主和需要工作的人才。在任何一个时间点，市场动态将使雇用某岗位人员所需支付的工资和附加福利水平达到市场水平，市场水平的工资和福利则代表该岗位人员的成本。可用的数据库包括美国劳工统计局的国家工资调查（National Compensation Survey），美国教育部国家教育统计中心开展的学校与员工调查（Schools and Staffing Survey），以及附录 B 中的其他资源。结合这些数据库所提供的有关岗位性质及其所需资质与培训等要素数据，可以估算特定岗位的全国平均薪资水平。需要注意的是，不同学区、不同教学情境下招聘人才的价格还会受到工作条件和其他因素的影响（Chambers，1980）。因此，即使存在特定类型人才的一般性市场，具体分析中也应该考虑就业情境的差别。例如，特别困难的工作条件可能需要较高的工资才能吸引到符合条件的人才。此外，在全国调查中，工资和福利的点估计数值往往取的是平均数或中位数。而特殊情况下还可能需要使用工资与福利分布中的其他数据，比如第 10 百分位数或第 90 百分位数，或利用整个分布来分析不确定性。我们将在第 11 章中进一步讨论不确定性。

人员价格由市场确定这一假设背后的一个重点是，价格反映的是市场情况。在美国的大都市区，通常有许多学区在同一个人才库中争夺人才，比如一些大都市区参与竞争的学区接近百个，在更大范围的地区甚至会有几百个。但农村地区不太会有这样的竞争规模。许多国家对教师工资做了规定，将其固定为特定水平，该水平只由教师资质决定。因此，首先必须确定竞争的程度，才能明确人员的价格是由市场决定的，还是由其他因素决定的。

如果采用本地价格或特定价格进行分析，每个人的工资和福利水平通常可以从学校的工资单或支出数据中获得。工资水平的计算需要包含所有附加福利，如由雇主缴纳的社会保险、其他退休金计划、健康保险、人寿保险，以及雇员享受的额外补贴（公用车辆等）。在许多情况下，附加福利用工资的百分比表示，实际操作中是将某一固定比例的工资用于各项福利。通常，这些福利并没有直接统计在工资中，而是统计为"雇主补偿成本"的一部分（参见美国劳工统计局的雇主补偿雇员成本，相关网站为 www.bls.gov）。通常，工资的 30％ 左右会被用于附加福利。这种情况下，只需要取得工资数据，再加上工资的一定比例作为附加福利，就可以计算人员的成本了。

教育干预通常需要鼓励志愿者的参与，志愿者可以包括家庭成员或者是认为干预措施会产生良性结果的人。所有的志愿者时间都涉及机会成本（见第 4 章），应该根据机会成本来估计志愿者时间的价格。也就是说，志愿者的价值与志愿者所提供服务的市场价格相对应。因此，如果志愿者有资格且愿意担任助教，就可以通过助教的工资和福利来确定项目志愿者的价值。这种方法比根据志愿者的个人收入来估算志愿者的价值更好。例如，无论父母是高薪的外科医生，还是家庭主妇（夫），父母做志愿者工作每小时的成本应当相同。志愿者的工资和附加福利数据可从美国劳工统计局获取。在某些情况下，所有志愿者可以使用统一的工资标准（参见 www.independentsector.org）。

在有特定类别人员实际支出数据的情况下，很容易确定人员成本。另一些情况下，比如在提出新的干预措施时，并没有明显的可以用来评估成本的支出数据，就有必要估算人员所提供服务的市场价值。例如，在估算项目期望成本时，可以使用来自其他既有干预项目或市场的数据来为每种类型的人员计算期望成本。

5.2.2　培训

有些项目要求人员在项目实施前接受与项目有关的培训。培训可能是简要的，如用半天时间为教师提供一个有关新阅读课程或软件的研讨会；也可能是全面深入的，如以阅读恢复（Reading Recovery）教学为主题对教师开展为期一年的培训（Hollands et al.，2013）。我们将培训作为人员要素的一个特殊的子集，因其需要仔细考虑以下三点。第一，如果培训是一般性的培训，适用面足够广，就可能提高人员在实施干预项目中的工作效率，由此增加市场上对这些人员有需求的其他工作机会的雇用工资，也就是说，如果要聘请能够替代这些人员的具有同样资质的人员，所需工资也要增加。当然，许多教育干预的培训都是针对具体项目量身定制的，这种情况下培训对市场工资的影响相对次要。第二，需要避免重复计算。例如，如果一项培训为期一周，但分析中全职教师的工作时间已经包含了此段时间，则不应再将其计为培训时间。同样，如果教师由于参加培训而无法教学，则涉及教学时间的重新分配，那么这段时间应被视为学校的机会成本，应该按照教师这段时间的工资和福利计算成本，或者也可以根据当天聘请代课教师的费用来计算成本。但两者不能同时计入成本。第三，许多培训可以被视为长期的人力资本投资，其成果会在多年后表现出来。干预项目可能持续多年（在本章最后讨论），也可能持续一年甚至不到一年，但在未来会重复实施。在这种情况下，如果将培训的全部成本归于干预项目的第一年，就会高估该年的培训成本，而低估其后几年的培训成本。要准确计算培训成本，就要基于培训的有效时长（需要根据项目持续的时间进行估计）或培训适用于项目的预期时长，得到年化成本。也就是说，要考虑每次培训之后多久会因人员损耗或进修课程的更新而需要安排下一次培训。本节后面讨论的设施成本的年化方法也适用于培训成本的年化。

5.2.3 设施

就设施而言，有两种可能性。第一种可能是租赁，这种情况下市场价格比较明显：如果使用本地或特定价格，则可以直接从支出得到；如果使用通用价格，则可以根据租赁类似设施的全国平均价格得到。当租赁设施只有一部分用于干预项目时，可以根据分配给干预项目使用的设施所占比例来确定干预项目设施的成本现值。例如，如果一栋建筑有 25％ 的面积用于干预项目，那么该空间每年大约 25％ 的成本就应该计入干预项目。

然而，在许多情况下，设施是赞助机构提供的，而不是租赁的。也就是说，它们是由赞助干预项目的学区或大学以前购买或建造的。在没有财务交易的情况下，如何确定某年内设施的价值呢？最简单的成本估算方法是用类似设施的成本代替。也就是说，虽然可能不存在租赁学校场地的市场，但成本可以根据租赁类似场地的市场价格确定。在收集有关设施要素的数据时，除占地面积和使用时长外，还要注意设施是否有特殊功能，这可能影响设施的建设成本或租金率。这可能包括具有专门用途的场地，如体育馆、礼堂、科学实验室，或有特殊建设要求的场地。因为对安全性要求更高或受到教育特有规章制度的约束，教育项目租赁学校场地的成本可能会高于租赁商业场地的价格。

若使用本地价格，则需要当地房产中介帮助做出适当的估算，因为估算者需要对场地的大小、使用年限、结构、升级改造和设施等方面有全面的了解。对当地房产市场有一定了解的人可以综合这些信息对空间的租赁成本进行估算。

估算设施价值的另一种方法是，通过考虑折旧和剩余价值（或未贬值价值）的利息来计算年化成本。估算需要以下三个方面要素的知识：设施的重置成本、设施的使用年限，以及为了投资该设施而放弃的其他设施可能获得的利率。

设施的重置成本表示建造类似设施所需的成本。如果设施只有一部分用于干预项目，则应估算整个设施中用于干预项目部分的比例及其相应的成本。或者，也可以用单位面积的成本乘以用于干预项目的设施面积来估算设施成本。可从有关学校建设的行业组织出版物中获得教育设施重置成本的全国平均估计值，包括土地购置和建造新设施的成本。

折旧是指一年内"消耗"设施的量。本质上，计算折旧成本要先确定设施的使用年限，再用总重置成本除以使用年限，最后得到折旧成本的估计值。例如，如果设施的使用年限为30年，那么就相当于每年大约"使用"了三十分之一，折旧成本则为其重置成本的三十分之一。

然而，折旧成本并不是所涉及的唯一成本。设施未贬值部分所代表的是对该设施所投入的资源，这些投资原本还可以用在其他方面。而利用这些资源来建造设施的同时，就相当于放弃了其他投资及其可能带来的收入和服务。损失掉的机会成本可表示为投资的潜在最佳替代项目所能获得的利息收入。也就是说，其他使用这些资源的方式将产生经济回报，其大致等于利率乘以设施投资中未贬值部分的价值。

这就是成本的第二个部分，即所放弃的若将资源用于其他方面可能带来的投资收入。例如，假设将一笔数额等于设施未贬值部分价值的资金存入银行账户，银行又出于其他目的将其贷出，这样的投资会有一个利率。由于对设施未贬值部分的沉没投资（sunken investment）代表某种机会的丧失，我们需要计算该沉没投资所产生的成本。因此，设施年化成本的第二部分可以通过将利率应用于设施未贬值部分（考虑了其折旧后剩余的设施）计算得到。

总而言之，可以通过以下几步确定"既有"设施的年化价值：确定设施的重置成本及其使用年限；用重置成本除以使用年限，得到每一年的折旧成本；将未贬值部分的价值乘以适当的利率，得到将资源投资于设施未贬值部分的机会成本；每一年的折旧成本加上每一年未贬值部分的机会成本就得到设施的总年化成本。

虽然上述过程是计算设施和设备年化成本的一个有效方法，企业也会用它估计设施和设备的年化成本，但对于社会投资来说，这种方法有一个严重问题——很显然，这样的成本估算主要取决于设施的使用年限。因为未折旧部分越大，机会成本就越高。然而，无论设施新旧，所得到服务的价值可能不会随年份增长有显著不同。为此，有人尝试通过估算折旧成本与设施使用年限期间未折旧部分的利息之和的年平均值来得出年化成本。

虽然有计算设施年化成本的公式，但表 5.1 可提供一种更简单的方法供分析人员使用。该表表示不同利率下不同使用年限设施的年化系数（annual-ization factor）。例如，假如某设施有 20 年的使用年限且利率为 5%，则年化系数为 0.0802。只需用这个系数乘以设施的重置成本，就能得到年化成本。假设设施的重置成本是 10 万美元，那么年化成本就大约是 8020 美元。在干预项目只使用设施的一部分时，只要根据干预项目所使用的设施的比例计算出这一部分的重置成本，就同样可以应用该表进行后续的计算。

表 5.1　不同使用年限和利率水平下设施和设备成本的年化系数

使用年限	利率					
（年）	1%	3%	5%	7%	10%	15%
1						
2	0.5075	0.5226	0.5378	0.5531	0.5762	0.6151
3	0.3400	0.3535	0.3672	0.3811	0.4021	0.4380
4	0.2563	0.2690	0.2820	0.2952	0.3155	0.3503
5	0.2060	0.2184	0.2310	0.2439	0.2638	0.2983
6	0.1725	0.1846	0.1970	0.2098	0.2296	0.2642
7	0.1486	0.1605	0.1728	0.1856	0.2054	0.2404
8	0.1307	0.1425	0.1547	0.1675	0.1874	0.2229
9	0.1167	0.1284	0.1407	0.1535	0.1736	0.2096
10	0.1056	0.1172	0.1295	0.1424	0.1627	0.1993
15	0.0721	0.0838	0.0963	0.1098	0.1315	0.1710

使用年限	利率					
（年）	1%	3%	5%	7%	10%	15%
20	0.0554	0.0672	0.0802	0.0944	0.1175	0.1598
25	0.0454	0.0574	0.0710	0.0858	0.1102	0.1547
30	0.0387	0.0510	0.0651	0.0806	0.1061	0.1523
40	0.0305	0.0433	0.0583	0.0750	0.1023	0.1506
50	0.0255	0.0389	0.0548	0.0725	0.1009	0.1501

注：年化公式为 $a(r, n) = \dfrac{r(1+r)^n}{(1+r)^n - 1}$ ，其中 r 为利率，n 为使用年限（$n > 1$）。

假设可以估算出设施的重置成本和使用年限，那么估算设施的年化成本就只需要选择利率了。而在选择利率方面存在一个基本问题，即对于什么是最恰当的利率水平，经济学家也没有达成一致。经济学家强烈认为利率应该在0%—11%之间，而3%—7%可能是最合理的利率范围（Barnett，1996；Moore，Boardman，& Vining，2013）。适当的利率选择也与贴现率的选择有关，本章后面介绍多年期项目时将对此进行讨论。应该注意，虽然为了保证一致性和可比性，在单个项目中，折旧率和贴现率通常是相同的，但选择折旧率和贴现率的逻辑不同，因此它们不一定总是相同。

总而言之，设施的年化成本可以通过其年化租赁成本来估算，也可以通过考虑折旧和未贬值投资的机会成本来估算其年化成本。后者的计算可参考表5.1。

5.2.4　设备

估算设备成本的规则与估算设施成本非常相似。租赁设备的年化成本很容易确定。如前所述，对很多种设备而言，采购的本地价格与通用价格一般差异不大，因此从当地购买的实际支出或全国市场（如网络零售商）的价格都可以作为市场价格。还可以使用租赁价值来估算捐赠或借用设备的成本现值。在缺乏这类信息的情况下，可以通过使用表 5.1 中的年化系数，用设备的重置成本来估算设备的年化成本。例如，一件设备的重置成本为 1 万美元，使用年限为 10 年，由表可知，5％利率下的年化系数为 0.1295，则其年化成本约为 1295 美元。这个数值既反映了设备折旧的成本，也反映了由于资金没有以其他方式使用而放弃的收入。一般来说，可以用此方式简便计算设备的年化成本。

5.2.5　消耗品

使用资源要素法通常很难估算消耗品的成本，因为很难详细列出其分类和价格。例如，办公用品可能包括纸张、钢笔、铅笔、墨盒、便笺纸、日历等等。要列出每一项消耗品并确定其市场价格会非常费事。此外，这类消耗品成本在总成本中的占比通常不到 5％，因此对其成本的估算误差不会对总成本造成很大的影响。例如，某一类别要素的成本只占总成本的 5％，如果在这类要素的成本估算上出现了 20％的误差，则对该类别要素成本估计的误差最终只会导致在总成本估计上 1％的偏差。但是，如果在人员成本的估计上产生了 20％的误差，最终就会在总成本的估计上产生 15％的偏差，因为人员成本占到总成本的 75％。也可以说，在不同类别要素的成本估计方面出现同样程度的估计误差对于总成本估计偏差的影响不同，误差出现在估计人员成本上面所产生的影响是出现在估计消耗品成本上面所产生影响的 15 倍。

因此，可以简单地将各种消耗品的支出总额相加，得到消耗品的估计价值，即成本。除非消耗品在干预成本中占比很大，一般情况下不会考虑其细节。

5.2.6　用户投入

确定用户投入成本的方法取决于项目涉及的用户投入类型。这里的用户投入表示必须由用户提供的要素（如交通），而不包括向用户收取的费用，因为收取费用所代表的是一种融资机制（第 6 章将展开讨论）。一些教育项目可能会提供交通工具，但无论由谁提供，一定要考虑到该要素的价值，这一点很重要。

确定交通成本的常用方法是直接计算其花费。例如，如果父母为了让孩子到达学校，必须为其购买自行车、防护头盔和其他设备，交通成本就可以根据设备成本的计算方法来评估。设备的重置成本可以通过表 5.1 转换为年化成本。如果设备（如自行车）用于上学的时间仅为其使用时间的 10%，那么成本就可以估算为其年化成本的 10%。

如果父母开车送孩子上学，则可以通过估算里程和父母的时间价值来计算每年的成本，汽车租赁公司会估算每英里的汽车运行成本。由于汽车不太可能只是为了送孩子上学，因此只应考虑由送孩子导致的额外里程的运行成本，如汽油、机油、轮胎、维修，而不应考虑"固定"成本，如折旧、利息、保险。可以与当地企业联系并确定每英里行车里程的偿付金额，如每英里 50 美分。如果用全国平均水平，可以使用国税局里程费率标准，2016 年为每英里 54 美分（参见 https：//www.irs.gov）。父母开车接送孩子的时间成本可以采用雇用校车司机等交通服务提供者所需成本来近似估计，即同样时间支付给司机的工资和附加福利。

如果孩子是乘坐公共交通工具上学，那么交通系统中每位乘客的平均成本是最合理的估计成本。每个公共交通系统都会有这样的成本估算。通常，乘客只支付了部分成本，其余部分由纳税人支付。但成本估算需要的是总成本。可以在后续阶段再进行成本分摊。

例 5.1　确定高瞻佩里学前教育项目资源要素的价格

上一章的例 4.2 介绍了学前教育项目中产生成本的几类资源要素。确定资源要素后就需要确定每一种要素的价格。采用密歇根州伊普西兰蒂的本地价格进行分析。为了计算该项目在 5 年期间（1962—1963 学年至 1966—1967 学年）各年的成本，成本分析采用了多种方法和数据。下面简要说明对某一学年（1962—1963 学年）总成本的估计：

• 教学人员。全体教师的工资直接来源于伊普西兰蒂学区的会计档案。当时，社保和退休金账户占工资的比例是由行政部门决定的，我们可以用该比例计算附加福利的成本。

• 管理与支持人员。他们的工资数据来自伊普西兰蒂公立学校的年度审计报告和预算。但只能获得一个学年（1968—1969 学年）的成本数据，因此把这些数据用于对过去几个学年的成本进行估算时，需要根据通货膨胀进行调整。

• 设施。这些设施归属于学区，且在学前教育项目之前和之后都在使用。因此，分析人员不应用其总价值来计算每年的设施成本，而应根据本章之前介绍的方法计算利息和折旧的年化成本。利率定为 3.5%，并假设设施每年因贬值而损失其总价值的 3%。（研究人员还使用了其他几种利率水平进行成本估算。在下一节中，我们将讨论关于如何选择利率的问题。）

• 设备。该项目使用了多种设备。与设施一样，因为设备使用年限超过一年，需要计算年化成本。利率同样设定为 3.5%，假设设备每年因折旧而损失其总价值的 10%。

• 课堂用品。该项目每年分配 480 美元用于课堂教学用品，这个数据为课堂教学用品的年度成本。

• 发展性筛查。参与该项目的儿童在入学前接受了发展性筛查。在 1962—1963 学年，该项筛查的成本估算为 234 美元。

• 学区管理。伊普西兰蒂公立学区提供的生活费、公用设施和一般行政支持方面的服务使学龄前儿童受益。在计算管理成本时，评价人员用当地年度审计报告中这些服务的年度支出总额除以在该学区注册学生的总数，由此得出了生均管理成本。再将其乘以参加学前教育项目的学生人数，就得到了该项目的学区管理成本。

用这些价格信息就可以计算高瞻佩里学前教育项目的平均成本和总成本。

资料来源：改编自 Barnett（1996，pp. 19—25）。

5.3 多年期项目的成本

所有的成本分析必须要参照一个时间点。也就是说，我们关心的是干预项目在某一特定时期内的成本（以及收益、效益或效用）。由于教育项目通常以年为单位进行计划，所以通常以一年为基础来估算成本。然而，在很多情况下，教育项目需要持续两年甚至更长时间。当成本涉及两年或更长时间时，就应考虑两个问题——通货膨胀和贴现。接下来我们将对其进行依次讨论。

5.3.1 根据通货膨胀调整成本

在一个持续多年的项目中，每一年都可以进行资源要素分析并估算各种要素的成本。然而，这种分析并不能反映通货膨胀，即由于价格上涨，未来几年的成本可能会更高。考虑到这一点，每年的成本应该调整到统一年份的价格水平。基准年可以任意选择，但一旦选择了某一年，就应该始终以这一年为基准。需要注意的是，即使对于只持续一年的项目，如果用于要素评价的价格来源不同，也需要进行价格调整，以便所有的价格都以同一年的现值表示。没有根据通货膨胀进行调整的成本称为名义成本或当前成本；调整后的成本则称为实际成本。例如，如果将1996年的名义成本调整为2015年的普遍价格水平，此时成本则表示为"2015年实际成本"。

通常，总通货膨胀率可以根据反映某一标准单位的商品和服务价格变化的价格指数计算得出。表5.2展示了一定时期的假想CPI，其中2010年的CPI为100，2010年即为基准年。2012年，CPI为105.8。这表示，从2010年至2012年，某单位商品和服务的价格从100美元上升至105.80美元。

表 5.2　使用假想 CPI 调整成本

	2008 年	2010 年	2012 年	2014 年
CPI	91.8	100.0	105.8	112.5
名义成本（美元）	85.00	100.00	110.00	120.00
2010 年实际成本（美元）	92.59	100.00	103.97	106.67
2014 年实际成本（美元）	104.17	112.50	116.97	120.00

第二行是一系列未考虑通货膨胀因素的名义成本。如果我们要将 2008 年 85 美元的名义成本调整到 2010 年的价格水平（以 2010 年美元货币值计算的实际成本），需用 2010 年的 CPI 除以 2008 年的 CPI，再乘以 85 美元的名义成本，即[①]：

$$85 \times \frac{100.0}{91.8} = 92.59 \text{（美元）}$$

若想把 2008 年 85 美元的名义成本转换成 2014 年的实际价格，计算如下：

$$85 \times \frac{112.5}{91.8} = 104.17 \text{（美元）}$$

利用通货膨胀调整成本还有一种更精细的计算方法，即对不同的要素使用不同的价格指数（而不是统一的价格指数）。例如，尽管人员和设施成本可能会随着时间的推移而增长，但它们的增长速度往往不同。有些成本，如教育和医疗等服务密集型行业的成本，其增长速率往往快于一般通胀率；而另一些成本如技术成本，其增长速率往往慢于一般的通胀率，甚至随时间推移而下降。因此，不同种类的商品和服务有不同的价格指数。

美国的高等教育有如下几个指数。一般来说，虽然劳工统计局的 CPI 能够近似反映价格变化，但考虑特定技术和高等教育的相关规定，有时会需要选择其他的价格指数（Gillen & Robe，2011）。常用的三个指数分别是高等

---

①　本书中的计算结果保留小数位数与英文原版图书保持一致。——译者注

教育价格指数（Higher Education Price Index，HEPI）、高等教育成本调整（Higher Education Cost Adjustment，HECA）和城镇居民消费者价格指数（Consumer Price Index for All Urban Consumers，CPI-U）（每个通胀指数的详细信息参见 State Higher Education Executive Officers Association，2009）。与私人研发的高等教育价格指数（HEPI）相比，高等教育成本调整（HECA）的应用更广。使用 CPI-U、HECA 和 HEPI 计算的通胀趋势有所不同。例如，1993 年至 2008 年的通货膨胀率，根据 CPI-U 计算为 49%，但根据 HECA 计算为 60%，而根据 HEPI 计算为 71%（State Higher Education Executive Officers Association，2009）。因此，根据 HEPI 计算的实际支出增长会比根据 CPI-U 计算的低约 20%。不过，相邻两年间的差异要小得多，且各指数表示的通胀路径是一致的。

5.3.2　成本的贴现

我们还必须根据时间价值调整成本，这个过程称为"贴现"。其基本思想是，将来产生成本带来的负担要比现在产生成本的负担更小。因此，我们需要对将来的成本进行贴现，以便可以与当前成本进行比较。经常有人混淆贴现与通货膨胀的调整，而实际上两者完全不同。即使没有通货膨胀，由于成本分布在不同时间，也仍然需要对成本进行贴现。

我们来设想两个不同的项目。第一个项目第一年会产生 1000 美元成本，而第二个项目第二年产生 1000 美元成本。哪个项目成本更低？我们的第一反应可能是两者的机会成本相同，但其实并非如此。由于第二个项目的成本付出推迟了一年，这一年中我们可以把这 1000 美元投资到其他地方，比如将其存到一个有利息的银行账户里。因此，第二个项目的成本更低，一方面是因为暂时不用的资金可能在其他地方获得收益，另一方面还因为人们更愿意尽快获利而推迟付出，即边际时间偏好率（marginal rate of time preference）为正。基本的规律是，支出成本时，将来支出比现在支出更好；而获得收益时，现在获得比以后获得更好。我们的分析应当反映这一点，因此应该把在未来发生的所有资金流贴现。

　　将货币价值进行贴现的过程非常简单。我们以 5 年期间的三种支出模式为例进行说明。如表 5.3 所示，三种情况下的支出总额都为 1000 美元。方案 A 中，所有的支出都在第一年；而在方案 B 中，每年支出 200 美元；方案 C 中，所有支出都在最后一年。从成本付出的原则来看，方案 B 的成本要比方案 A 低，因为方案 B 中几乎每年都有部分资金可以获得利息。方案 C 的成本是最低的，因为全部存款只有在最后一年才会被用掉，而此前可以将它存在储蓄账户里获得利息。相反，方案 A 在第一年就必须用掉全部 1000 美元，与方案 B 和方案 C 相比，方案 A 所放弃的其他投资选择可能带来的收益更多，因此其机会成本最高。最终，尽管 5 年期间三个方案的总支出都为 1000 美元，但实际上其成本并不相同。

表 5.3　三种支出模式

	方案 A（美元）	方案 B（美元）	方案 C（美元）
第一年	1000	200	0
第二年	0	200	0
第三年	0	200	0
第四年	0	200	0
第五年	0	200	1000
总计（未贴现）	1000	1000	1000
现值（贴现率为 5%）	1000	909	823

　　单独看第二年的情况，我们会更清楚这一点。方案 A 已经用掉了 1000 美元，即同时放弃了 1000 美元的替代投资方案。然而，方案 B 只用掉了 200 美元，还有另外 800 美元可用。例如，如果方案 B 将这 800 美元以 5% 的利率进行一年期投资，它将在该年有 40 美元的额外收入。那么显然，方案 B 的支出模式会比方案 A 收益更多。在方案 C 的情况下，投资者可以在前四年每年赚取 5% 的收益，获得额外的收入。因此，5 年期间同样都是 1000 美元的

账面支出金额，但实际上方案 A 的支出模式最贵，方案 C 的支出模式最便宜。

这个例子所体现的原则也适用于估算社会实体中多年期项目的成本。一般来说，成本在投资周期中付出得越晚，社会实体牺牲的机会成本就越低。因为贴现的过程所考虑的是，推迟成本支出能够提供更长的资金支配时间，所以贴现的方法是通过降低未来支出相对于当前支出对成本的影响来计算并比较不同支出模式的现值。因此，在汇总多年期项目的成本支出时，使用现值可以中和不同时间分配模式所导致的成本估计差异。

现值的计算使用贴现率对将来的成本进行贴现计算。估算将来成本支出现值的公式如下：

$$PV = \frac{C_t}{(1+r)^{t-1}}$$

式中 PV 为现值；C 为成本；r 为贴现率；t 为成本支出发生的年份，成本支出于第一年是 1，第二年是 2，第三年是 3，依此类推。我们以表 5.3 中方案 C 的支出模式为例，说明公式的应用，第五年支出 1000 美元，设贴现率为 5%，则

$$PV = \frac{1000}{(1+0.05)^4} = \frac{1000}{1.216} = 823 \text{（美元）}$$

计算结果表示，5 年后按 5% 的贴现率所支付的 1000 美元，现值约为 823 美元。如果提高贴现率到 10%，则现值约为 683 美元。更高的贴现率表示资源所带来的机会成本更高。我们之后会讨论选择贴现率的标准。一般来说，任何时间分配模式下支出的现值都可以用下式计算：

$$PV = \sum_{t=1}^{n} \frac{C_t}{(1+r)^{t-1}}$$

将该式分别应用于方案 A、方案 B 和方案 C，在 5% 的贴现率下，算得方案 A 的成本现值为 1000 美元，方案 B 约为 909 美元，方案 C 约为 823 美元。也就是说，尽管同样是在 5 年内支出 1000 美元，方案 C 的成本现值最低。

这种贴现方法已经得到广泛认可，因为这符合个人和社会希望尽快获得

资源的倾向。大多数关于收益成本分析的教科书都会对贴现方法进行深入的讨论（如 Boardman et al.，2011）。要注意的是，贴现的概念和方法同样适用于会随时间变化的收益、效益和效用。在接下来的章节中，我们还会在特定的背景下继续讨论。

5.3.3　贴现率的选择

虽然人们普遍认为有必要对将来的成本进行贴现，但对分析中具体应该使用多高的贴现率意见不一。争议的部分原因是确定贴现率的方法有很多。一种方法是用消费者选择储蓄获得的回报反映贴现率，如采用短期国债的利率，即表示消费者现在使用资源时所放弃的储蓄资源可能带来的回报。而另一种方法是用私营企业家投资的平均回报反映贴现率，即表示企业家投资该项目时所放弃的可能通过其他方式获得的收益。此外还应认识到，教育往往是社会投资而非私人投资，因此应该使用社会贴现率，其反映的是社会估值而非私人对未来的估值。由于社会投资期比私人投资期更长，因此社会贴现率一般会低于私人贴现率。还有一种方法，主张使用前面两种私人贴现率的加权平均值。关于不同贴现率的详细探讨可参见博德曼等人的著作（Boardman et al.，2011）。成本分析人员应该重点关注项目资金的来源，确定该机构资金投入的机会成本。

实践中，分析人员会使用 0%—11% 之间的多个贴现率（Barnett，1996）。政府部门也经常会制定不同的标准，如管理和预算办公室、国会预算办公室和政府问责局三个部门对于项目评估中应该使用的贴现率有不同的标准（Boardman et al.，2011），这可能使贴现率的选择更加模糊。有学者认为贴现率最可靠的估计范围为 3%—7%，真实的贴现率可能更接近 3%（Barnett，1996）。在医疗领域，最近一系列的国家指导方针表明 3% 的贴现率可能是最合理的，但也有证据表明存在其他更合理的贴现率（Lipscomb，Weinstein，& Torrance，1996；Neumann et al.，2016）。

文献中存在的分歧表明，评估时选择的初始贴现率应该在 3%—5% 之间。但保险起见，分析人员使用的贴现率范围应该更大，如 0%—10%，这个过程被称为敏感性检验。在该过程中，可以假设不同的贴现率，看关键成本是否会因此而大幅改变。第 11 章中会对敏感性检验展开更详细的讨论。

5.4　结　　论

确定资源要素的价值，需要考虑到所有要素，并用适当的方法来确定其价格。每种要素都应包括在内，即使是没有明显价格的要素，如志愿者时间或临时租赁的学校设施。理想情况下，所有要素都有明确的市场价格，市场价格最能表示社会的支付意愿。然后，将要素的数量分别与其价格相乘。这里强调的是，每一步要分别进行：先详细说明各要素，然后分别确定价格，最后进行成本估算。详细整理要素和确定要素价格应该分开，有三个原因。第一，这种方法与预算数据不同。预算数据中，价格和要素体现在一个数上。如前所述，使用预算数据应该非常小心。第二，这种方法明确记录了各项价格，分析人员为每种要素赋价时，无论选择使用的是通用价格还是本地价格，都应非常清楚。第三，如果只有产品或项目信息，而缺少项目要素或要素价格的详细信息，第三方受众会很难理解和评估该产品或项目的成本。如果缺失项目要素的细目信息，则难以知晓教育项目是如何实施的；如果缺失要素价格的细目信息，则难以知晓项目成本是如何计算得出的。

基于要素及其价格信息，成本的计算就简单明了了。但是，成本报告仍然需要足够明确，才能使决策者直接利用其进行成本可行性分析，或将其作为成本效益分析或收益成本分析的一部分。我们将在下一章中说明如何报告成本以便进行分析。

◎ 讨论题

1. 影子价格是什么？什么情况下应该用影子价格来估算要素成本？请分别举例说明。

2. 在何种情况下要使用资源要素的特定价格或本地价格？在何种情况下要使用资源要素的通用价格或期望价格？

3. 要合理确定人员要素的价格，需要该要素的哪些细节？

4. 通货膨胀和贴现有何区别？

◎ 练习题

1. 假设某设备的重置成本为 1 万美元，使用年限为 8 年，在 15％ 的利率下，其年化成本是多少？

2. 假设你要对一个持续 5 年的项目进行成本估计。对要素及其价格进行仔细计算后得出每年的成本如下：

第一年：11000 美元

第二年：13000 美元

第三年：18500 美元

第四年：10800 美元

第五年：27000 美元

在贴现率为 3％ 和 7％ 的情况下，分别求出这一系列的成本现值。这两个现值的平均值是否等于用这两个贴现率的平均值计算得出的现值？这说明什么？

3. 下面是某青年发展项目的资源要素，请简述你会如何估算这些要素的价格。根据你对教育项目和研究的了解，要获得对市场价格的估计，你会使用哪些来源的数据？另外，请分别说明每种要素的价格是市场价格还是影子价格。最后，还有什么其他信息能使你对所选的要素价格更有信心？

    a. 在学校开展项目的社会工作者

    b. 教师

    c. 父母的时间

    d. 某社区合作伙伴机构捐赠的冬衣和背包

第6章 分析与报告成本

◎ **目标**

1. 结合成本工作表使用资源要素法。

2. 报告总成本和参与者的平均成本来辅助决策。

3. 结合情境分析成本。

4. 阐述成本分析的类型和用途。

前面三章探讨了成本的定义和估算成本的资源要素法，在此之后还进一步讨论了识别与详列要素以及为要素赋价的各种方法。其中，第4章为识别要素和收集数据提供了指南。第5章阐述了为各要素匹配合理价格的方法。本章要将要素和价格结合起来报告成本并对其进行分析，目的是向决策者传达有关教育干预所需资源的信息。

资源要素数据和成本可以以多种形式存储与分析。本书（包括以往版本）所讨论的形式是一个包含干预项目所用各种资源要素数据的工作表。此表方便存储要素的质性和定量数据，并且可以用于计算总成本和生均成本。工作表中的各列和各要素的具体排序可以根据项目类型、受众需求及视角进行调整。本章将展示工作表的一个基本样例，围绕数据的管理与组织开展讨论并提供指南。

6.1　列制成本工作表

6.1.1　成本工作表的基本元素

使用成本工作表列资源要素清单便于呈现出各要素的描述性信息、数量、单位、价格和成本。工作表中还可以包含评价数据，每个干预地点的人口统计学数据，以及要素资金来源数据。此外，工作表可以分为用于分析的工作表与用于报告和展示结果的一览表。工作表非常灵活，可以根据需要进行扩展，也可以采用多个工作表。

表6.1展示的是一个简单的表格样式，可以使用资源要素法列出成本并分析成本。表格包含了要素及其价格信息，分析人员可以据此估算项目成本。

第一列是按类别排序的要素。在第二列中，分析人员可以记下关于要素的重要注释，比如，与价格选择相关的特殊的人员资质，项目使用场地的特征，或敏感性检验中可能会变动的各种假设。第三列记录的是多年期项目中每种要素的使用年份，可以按年"堆"放。多年期项目也可以按年记录数量，比如，第一年、第二年的教师工作时长等。此外，还可以为每一年分别建表，得到分年的项目，以汇总年度项目成本。第四列是要素的数量和单位，也可以使单位单独成列，以便将数量与价格相乘。第五列是影子价格或市场价格。为了避免错误和帮助简化敏感性检验，所列价格应该直接通过定价方法得出，并应经过恰当的通货膨胀调整，且用贴现值表示（见第5章）。本质上，用工作表报告价格是为了在对一种或多种干预项目进行评估时，具有价格可比性。

表 6.1　成本工作表示例

要素	描述、注释和假设	使用年份	数量	价格	成本
人员					
……					
设施					
……					
设备和材料					
……					
用户投入					
……					
其他投入					
……					
总成本					
参与者人数					
人均成本					

有时有必要对要素价格或数量进行适当调整，使两者的单位便于相乘。例如，资源要素的数量可能是以工作小时数表示的，而价格则可能是以年为单位的年薪与福利。在这种情况下，分析人员就需要像计算全时当量（full-time equivalent，FTE）那样，将工作小时数转换成相当于全职工作一年时长的某一比例，也可以把年薪转换成每小时的工资。

最后的第六列是各种要素的成本，即价格和数量的乘积，可用以计算干预项目的总成本。

6.1.2　总成本

根据表中所列要素数量和价格获得总成本只需要进行简单的计算：将每种要素所需数量乘以其市场价格或影子价格得到各要素的总价，然后将各要素总价相加，则可估算出干预项目的总成本。若有必要，这些计算过程在成本变动时还可以进行拆分并进一步分析。本节将讨论这些分析，也会讨论计算过程中对项目参与规模的测量和要素数量单位与价格等所做的重要选择和假设。通过例 6.1 可以了解高瞻佩里学前教育项目的成本（有关该项目的要素和价格见前几章的示例）。

例 6.1　报告高瞻佩里学前教育项目的成本

现在，基于要素清单和价格（见例 4.2 和例 5.1），我们就可以完成高瞻佩里学前教育项目的成本分析了。成本工作表如表 6.2 所示。

表 6.2　高瞻佩里学前教育项目成本工作表①

要素	年化成本（1962—1963 年美元）	年化成本（2015 年美元）
教学人员	28853	226496
管理与支持人员	1134	8902
设施与设备（考虑折旧和利率后的年化值）	2337	18345
课堂用品	480	3768
发展性筛查	234	1837
学区管理	1722	13518
年均总成本	34760	272866
每年人均成本	1655	12993

资料来源：改编自 Barnett（1996）。

注：根据城镇工薪阶层和文员消费者价格指数（Consumer Price Index for Urban Wage Earners and Clerical Workers，CPI-W）调整为以 2015 年美元计算。

该项目一年中为 21 名儿童提供了服务，总成本为 272866 美元（以 2015 年美元计算），参与者的人均费用为每年 12993 美元。注意，这一数额与目前

---

① 根据作者意见，对此表中部分数据进行了修正。——译者注

高质量的学前教育中低收入儿童的平均花费差不多（Barnett，Carolan，Squires，Clarke Brown，& Horowitz，2015）。有了这些成本信息以及项目的持续时长，分析人员就可以了解项目的成本收益或社会效率了。

另一点较为有趣的是，教学人员成本在 1962—1963 年间占了总开支的约83％。这种情况经常会出现在严重依赖教师服务的教育项目中。评价人员在识别要素和为要素赋价时往往缺少时间和金钱。因此，可以按照第 4 章的建议，把成本估计的精力集中到可能会在最后的成本估计中占最重要地位的要素类别上，如人员。

总成本是干预项目所需的所有资源的社会总价值。根据此定义，成本可看作社会为了实施干预项目所做出牺牲的价值，或者说所必须放弃的价值。因此，总成本即是社会在干预项目进行时放弃的将资源要素用于其他地方而产生的机会成本。

对总成本的估计是各项价格和数量的乘积，这一点非常重要。估计总成本是对所有要素及其成本的全面总结，无论要素从何而来或由谁资助。当一项成本效益研究向最初评价所在地以外传播时，必须要包括所有必要的资源要素需求，无论其来源，以便使决策者获悉实施该项目所需的全部资源。

如果研究只限于最初赞助方提供的资金，其结果可能误导在其他地方复制该项目时总成本的估算。虽然报告的是总成本，且应基于总成本解释某种干预措施的效果，但可以记录具体哪些成本由特定实体（如主办学校）提供。研究人员无法预见未来在新地点实施干预项目时所有可能的资金筹措办法，因此分析应该包括对全部资源要素成本的完整报告。例如，某些学区很容易找到志愿者，而另一些学区只能有偿雇用所有人员（关于此场景的讨论，请参见例 4.1）。若前一类学区在其成本分析中因为志愿者不需要财政支出而完全不考虑这项要素的成本，那么需要支付这些人员工资的后一类学区就无法明确其在开展项目时真正所需的要素和成本。因此，应当由成本数据的次级用户自己确定哪些要素必须付费，哪些要素可以来自捐助和志愿者。

6.1.3　生均成本

平均成本由干预项目的总成本除以参与者数量得到。如前所述，这里的平均成本是指每个参与者的成本，而非每单位产出的平均成本。因此，要计算人均成本，分析人员就必须选好作为分母的参与者数量。对于不存在人员损耗或所面向的参与者数量一定的干预项目，可以直接选择观察到的或计划好的参与者数量。

然而，大多数情况下，学生经常会在教育干预项目进行的过程中加入或退出，这与干预项目的设计有关。这会使得对干预剂量（接受了多少干预）的测量非常复杂。多年期干预更容易出现这种情况，因为学生很有可能在两个学年之间搬家或转学。因此，如何选择适当的参与者数量作为分母，取决于决策者要回答的相关问题以及干预项目的设计特征。

这与在分析项目效果时是选择用意向干预（intent-to-treat，ITT）估计还是用实际干预（treatment-on-the-treated，TOT）估计类似。无论通过什么选择方式挑选项目参与者（包括抽签），并不是所有被选中参与干预的学生都会真正参与干预项目。因此，实际接受干预的人数可能与选中的人数有很大区别。如在第2章和第3章中所讨论的，成本分析需要计算实施该项目所需的所有资源，其中也包括分配资源给那些计划参与但实际并未参与的人。从这个角度来看，分析人员应该报告整个ITT样本的总成本，然后除以计划参与项目的人数得出平均成本。（在进行成本效益分析时，分析人员需要注意，不应该用上述平均成本除以TOT的估计值，那样会高估成本效益比。相反，应该用总成本除以ITT估计值和ITT样本量的乘积。如果只有TOT估计值，则应根据实际项目参与者所占比例将其进行加权。如果不清楚存在的是TOT估计值还是ITT估计值，保守的原则是报告使干预项目的成本效益比看起来相对较高的计算结果。）

6.2 报告成本

总成本能够对项目所用资源情况给出总体描述，但为了更好地理解成本变化的原因，有必要对总成本进行分解。评价项目的不同实施地点可能有不同的资源使用方式，或是不同项目在干预开始时所需的投资不同，也可能是某些类型学生所需资源和其他学生不同。接下来会讨论如何更详细地报告成本。对于成本的细化分解方式，将以人才搜索项目（例 6.2）为例进行说明。

6.2.1 地点差异

与其他经济评价领域（尤其是卫生领域）的大规模干预措施不同，教育干预措施常常发生在学校、教室或小型教学组中。"地点"的概念在不同语境下含义有所不同，在随机对照试验中，通常指随机分配发生的分析单元，如学校或教室。很少有干预项目未经较高层面集群而只在个体层面上分配进行。集群会限制对个体水平上资源使用变化的分析，高度个性化的干预措施（如单独辅导）可能是例外。决策者可能更愿意直接了解每个干预地点的成本，在干预地点数量较少的情况下更是如此。此外，分析人员也可能想要分析在多个地点实施干预时资源利用的不同。

很多类型的项目都需要对干预地点的资源差异进行描述，作为补充分析进行报告。如果某一项目在设计时考虑到了适应当地的环境和需求，那么就要记录不同地点在资源分配方面的差异。另一种情况是，如果该项目有严格的规定，那么成本远低于均值的干预地点则可能难以按规定实施项目。在这两种情况下，报告项目实施地点的资源差异能够告知受众有关项目实施和持续进展的情况，以及复制或扩大规模的可能性。

事实上，即便对干预措施有明确的界定和严格的规定，不同干预地点的资源使用也可能存在很大差异。伯威克（Burwick et al.，2014）研究了通过家访来促进儿童发展的项目，以此说明不同机构的单位成本和总成本是如何变化的。通过对 23 个机构进行调查，他们估计出家庭参与的周平均成本在 70—520 美元之间（经调整，以 2015 年美元计算），家庭参与的平均时长在 17—61 周之间（Burwick et al.，2014）。家庭参与家访项目的平均成本在机构间差异很大，范围为 2210—25970 美元（以 2012 年美元计算），不同机构所提供单次家访服务的成本也从 230 美元到 3080 美元不等。考虑到这种程度的差异，低成本和高成本干预地点提供的项目不太可能是等价的。

另一个例子是"阅读 180"，一项旨在帮助有阅读困难的老年人提高阅读理解能力的基本素养干预项目。该项目提供课程和教学材料，面向全体、小群或单独的老人开展基于计算机的教学。学乐出版社（Scholastic）是项目的开发者和出版商，在项目实施的细节上，为学区提供了清晰的指导意见，如干预时间和班级规模等方面。尽管项目开发人员给出了明确的指导，但对三个干预地点进行成本调查后发现，不同地点实际实施项目的班级规模、人员和技术利用方面有很大差异。如表 6.3 所示，平均成本和总成本因干预地点不同而存在显著差异（Levin et al.，2007）。

如果研究涉及非常多的干预地点，分别报告每个地点的成本会不方便，难以一一说明。这种情况下，分析人员可以构建成本在不同干预地点的分布，测试不同干预地点之间的成本差异是否具有统计学意义，并研究不同地点的平均成本等汇总统计信息对决策者的意义。这些将在第 11 章关于不确定性的分析中进一步讨论。

表 6.3   "阅读 180"项目的总成本和平均成本

		地点 1	地点 2	地点 3
人均成本（美元）	人员（教师）	420	1250	90
	人员（管理员、技术员、协调员）	70	530	80
	设备/材料（电脑、执照）	330	200	180
	其他（专业发展、代课教师等）	0	10	10

续表

	地点 1	地点 2	地点 3
平均成本（美元）	820	1990	360
学生数量（人）	6701	1080	2400
总成本（美元）	5494820	2149200	864000

资料来源：改编自 Levin et al.（2007）。

注：经调整，以 2015 年美元计算。

　　如果有足够多的干预地点与关于资源要素、实施情况和样本特征等方面的详细信息，分析人员可以使用多元回归等统计技术"解释"什么是造成干预地点间成本差异最重要的因素。可能的因素有样本、要素类别的组合和背景因素（本书中不对随机成本函数展开讨论，读者可以参考 Kumbhakar & Lovell，2000；Gronberg，Jansen，& Taylor，2011）（有关保育中心的成本研究，请参见 Blau & Mocan，2006）。成本较高的干预地点可用于为更需要帮助的学生提供服务，因为其相较于成本较低的干预地点有更多的工作人员，能提供的服务也更多。解释和报告成本变化及可能造成这种变化的因素时一定要谨慎。即使具体干预地点是否被选入实验组是随机分配确定的，项目实施、背景环境和样本特征等细节也通常不是随机的，可能与其他未观察到的因素相关，而这些未观察到的因素可能是造成干预地点间差异的原因。

6.2.2　时间变化

　　有很多多年期项目具有相对稳定的年化成本，这种情况下可以以年为基础计算成本，并将之后几年的成本贴现为项目开始实施当年的现值（如第 5 章的讨论），从而获得总成本。在考虑长期项目的成本时，需要考虑两个重要问题。

　　一个问题是，长期项目往往会在不同年份投入不同数量的资源。每年的项目实施都可能涉及不同的要素，因此成本也不同。例 6.2 的人才搜索项目简单说明了这一点。学生参加项目长达六年，因此该项目每年的生均成本仅为交付成本的六分之一。另一个例子是为年轻人提供纪律训练以及学业和个人支持的准军事训练项目——国民警卫队青年挑战项目（National Guard Youth ChalleNGe Program，NGYCP）。该项目为期18个月，第一阶段是需要住宿的夏令营，第二阶段是后续的学业和个人支持。对于每个学生来说，住宿阶段的费用明显高于后续阶段（Perez-Arce，Constant，Loughran，& Karoly，2012）。

例 6.2　报告人才搜索项目的成本

人才搜索项目是为了满足本地需求而设计的。作为联邦三重奏计划最初开展的项目之一，人才搜索项目为学生提供一系列的服务，旨在提高学生的理财知识，指导他们申请中学后教育的经济资助，使他们进一步接受中学后教育。该项目根据服务的年级、使用或提供的材料，以及学术能力评估测试准备或短期访问大学校园等需求，进行相应的调整。

鲍登（Bowden，2014）用资源要素法计算了人才搜索项目九个地点的成本，其平均成本汇总如表 6.4 所示。人才搜索项目是劳动密集型的，需要投入大量各种工作类别和工资水平的人员。此外，还有设施、材料、交通和实物等投入。九个地点一年的成本总计为 4958820 美元，共 7084 名学生，年生均成本约为 700 美元。

表 6.4　人才搜索项目成本表（一学年）

要素	类别	成本（美元）
人员	人才搜索项目人员：主管	850870
	人才搜索项目人员：顾问（A 级）	1051390
	人才搜索项目人员：顾问（B 级）	932690
	人才搜索项目人员：其他	572910
	人才搜索项目人员：学生助理	42480
	人才搜索项目人员：职业发展人员	23110

续表

要素	类别	成本（美元）
人员	学校人员：校长/教师	44690
	学校人员：辅导员	121350
	学校人员：其他	35520
	志愿人员	14100
设施	主办学院	189250
	学校场地	71970
	向人才搜索项目收取的间接费用	247670
材料/设备	人才搜索项目场地	118450
	辅助设备	19750
其他投入	交通	162570
	人才搜索项目的其他投入	101430
	其他实物投入	358620
年总成本		4958820
年生均成本		700

资料来源：改编自 Bowden（2014）。

注：成本为九个干预地点的总成本；所报告的成本调整为以 2015 年美元计算，保留到十位。

这些成本数据的分析结果中有几个有趣的地方。700 美元的年生均成本明显高于联邦给人才搜索项目的生均拨款经费（Bowden，2014），学校和学院对项目的资源资助不容小觑。更重要的是，这个成本远远低于人才搜索项目干预的成本。学生一般要参加六年的课程，因此，有必要报告成本随时间的变化。鲍登估计每名学生的干预总成本为 3630 美元（具体干预地点对参与者完全干预到 18 岁的平均成本，以 2015 年美元值和 3% 的贴现率计算）（Bowden，2014）。这个数据表示的是决策者想要通过人才搜索项目额外支持一名学生所增加的相关成本（也可以用于成本效益分析和收益成本分析）。

此外，人才搜索项目不同地点的成本模式也存在显著差异。有的地点每年只用 470 美元，有的地点则需要 790 美元，也就是说，后者比前者多出约

114

三分之二。有的地点人员成本占总成本的 56％，而有的地点该比例为 81％。最后，不同干预地点利用实物资源的程度也不同，各地点实物资源占总资源的比例从 7％到 39％不等，平均为 17％。九个地点年参与者从 610 人到 1100 人不等，这种项目规模上的差异可以部分解释上述成本模式上的差异。

另一个问题是项目进行过程中的成本变化。项目开展的过程中，项目负责人会学习如何以更低的成本提供服务（学习曲线），如随着时间的推移调整项目，将项目规模扩大或缩小以面向不同群体，根据经验提高项目效率，通过其他方式改进项目等。因此，分析成本随时间的变化有助于分解总成本。项目成本随时间下降的一个实例是 4R 项目。该项目通过在课堂上讲解与社会和情感发展相关的文学作品，在读写教学中融入了社会和情感教育。朗等人（Long et al.，2015）估计，以 2015 年美元值计算，实施该项目的九所学校第一年的成本为 829020 美元，第三年成本下降到了 687420 美元。他们认为这约 17％的下降可能是因为项目实施越来越熟练，对支持和监督的需求有所减少。

6.2.3　要素类别

政策制定者往往需要知道干预项目成本所包含的资源要素类别。对要素类别的分析可以与其他分析一起进行，确定特定的要素组合是否与成本的高低相关。还可以结合成本效益分析来确定是否有一些项目或干预地点的效率更高，即以较低的成本达到了类似的效果。按要素分类的成本分析也可以在某一个项目的不同地点、不同子项目或不同年份之间进行。虽然所使用资源要素的分布与成本之间可能不是因果关系（例如，某地点或干预项目出于未知原因所用人员相对较多而材料较少，而该未知的原因才是既影响成本又影响效益的因素），但描述资源要素分布对制定政策有重要参考价值。无论是使用计算机辅助教学、慕课，还是其他形式，了解技术能否及如何用来提高教育项目的效率和生产率一直是一个重要的问题（Levin & Woo，1981）。通过对成本的详细分析，可以确定不同项目间各要素类别的资源分配有何差别。再结合成本效益分析，即可发现效率更高的项目实施方式。

有效教育策略资料中心（What Works Clearinghouse）列出了多个表明早期识字对低龄读者读写技能有在统计学上显著正面影响的项目，对这些项目进行成本效益分析发现，各项目在设计、目标受众、资源利用和效果方面存在很大差异。这种差异表明，分要素类别分析成本可能有助于理解项目的运作方式。该成本效益分析研究者认为，在解释结果时要格外谨慎，因此研究者在结果指标和目标人群不尽相同的七个项目中，仅挑选出目标人群相似的项目进行比较。快语（Fast ForWord）和阅读恢复（Reading Recovery）两个项目都面向一年级的阅读困难者。尽管两者目标相似，但使用的方法有本质的不同。快语项目注重技术使用，而阅读恢复项目注重教师培训。因此，快语项目每增加一名学生的增量成本只有 310 美元（以 2015 年美元计算），其中 70％用于材料和设备，只有 26％用于人员；而阅读恢复项目的生均增量成本为 4500 美元（以 2015 年美元计算），其中 93％用于人员（Hollands et al.，2013）。

6.2.4　项目规模

116

很多情况下，利益相关方关注项目参与者的平均成本，平均成本可以用来估算在既定规模下复制干预项目的成本（关于学前教育项目的规模扩大，参见 Temple & Reynolds，2015）。利益相关方还可能会关注边际成本，即为更多的参与者提供服务所增加的成本。边际成本可以为项目的扩展成本和规模经济提供有益借鉴。

理论上，分析人员能够计算出每个教育干预项目的边际成本。然而，由于项目通常是在学校或教室进行的，项目边际成本的具体所指可能并不明显。边际成本可能与平均成本有显著不同。对于一个报名并不火爆的体育项目来说，主要要素是教师和体育馆，那么该项目多一个学生的边际成本几乎为零；而一对一辅导项目的边际成本可能相当高。举例来说，幼儿园同伴协助读写策略（Kindergarten Peer-Assisted Literacy Strategies，K-PALS）增加一个学生带来的边际成本可能比正确阅读（Corrective Reading）项目低得多，因为前者是以大班的形式提高孩子的早期读写能力，而后者是以小组辅导的形式帮助那些年龄大一些但早期读写能力还不过关的孩子（Hollands et al.，2013）。边际成本函数也可能是非线性的，或者有明显的不连续性。如果一个项目是在一间教室里给 25 名学生上课，边际成本可能相当于人均成本。然而，如果再来 5—10 名学生，就可能有必要将学生分成两个班，这种情况下边际成本就会远高于平均成本。

6.2.5　群组差异

利益相关方还可能想要了解成本如何随人口统计亚组发生变化。例如，项目开始前的摸底测试中成绩不好的学生在参与干预项目时可能需要更多资源，如更小规模的小组或更大力度的干预。针对来自不同家庭收入水平或不同性别的学生，项目设计上的干预目标和干预方法也可能不同。只有当大量干预地点采用不同干预方法服务不同人口统计学特征的学生，且数据足够详细时，才能够分解出干预项目的群组成本差异。一般来说，很难获得关于个别学生或不同群组学生成本的详细数据。然而，若存在这类数据，这些分析是有用的。

117

6.3　在赞助方之间分配成本

一般情况下，资源要素并不会全部由单一机构提供，如学区或大学，资源投入还可能来源于联邦和州政府机构的支持。志愿者也会为一些干预项目贡献人力，以贡献服务的方式承担许多成本。我们不仅需要知道各种干预措施的总成本，还需要知道学区、家长、州政府、联邦政府、私人机构等赞助来源对总成本的贡献各是多少。当学区需要比较各项干预措施的优劣时，很可能会只会考虑学区自身所承担的成本，而不是各干预措施的总成本。同样，分担成本的其他赞助方最关心的也是自己所承担的成本。实际上，成本和效果均应该从与干预结果利益相关的不同赞助方或赞助团体的角度来分析（Bryk，1983），各方对不同干预措施的排名在很大程度上可以反映该赞助方的感知成本（以及可感知的效果和收益，这部分会在稍后讨论），而非整个社会的成本。因此，我们不仅要估算干预项目的总要素成本，还要估算每个赞助方或利益相关方的干预成本。

表 6.5 列举了一份能够报告各利益相关方成本分配的工作表样例。此工作表可以满足两个目的。第一，它可以用于报告干预项目的总要素成本，如第一列和第二列所示（与表 6.1 所展示工作表中的信息相对应）。第二，此表还可展示出计划或实际的干预成本如何在不同利益相关方之间分配。

表 6.5　展示不同利益相关方成本分配的工作表样例

要素	总成本	项目主办方的成本	其他政府机构的成本	其他私人组织的成本	学生和家长的成本
人员					
……					
培训					
……					
设施					
……					
设备和材料					
……					
用户投入					
其他投入					
总要素成本					
使用费					
现金补贴					
净总成本					

工作表第三列至第六列用于列出不同赞助方所承担的成本。第三列表示主办方的成本。例如，如果某干预项目的主办方是一个学区，这一栏就会写学区的名称。第四列列出的是政府机构承担的各项成本。第五列是志愿者、慈善基金会、教会和私人捐款等私人来源的成本。可以根据分析的具体需要调整表格，比如，可以为不同级别的政府或不同的政府机构等亚组另外增加列。第六列是必须由学生及其家庭承担的成本。例如，一些项目的参与要求学生及其家庭负责书籍、设备和上学所用的交通工具。工作表最后还有一些附加行，用于记录使用费和现金补贴，对总成本进行调整。

6.3.1　分配要素和成本

要确定各赞助方需要承担的成本，首先要确定每个赞助方将提供哪些要素。可以根据各实体所提供要素的情况，将第一列中每个要素的成本分别填入第三列至第六列中。注意，将估算的成本分配给各赞助方时，并没有进行额外的成本估计，只是分配现有的成本。这有点类似于先给合伙投资人估算好一块地产的成本，再将成本分配给各个合伙人承担。干预成本的多少和由谁来承担干预成本，是两个在分析时相互独立的问题。工作表第二列已经考虑了全部要素的价值，即干预项目的总成本。

我们以人员成本为例说明这一过程。由学区承担的人员成本填在第三列，由州政府或联邦政府承担的成本填在第四列，社区志愿者的成本填在第五列，以此类推。设施、设备和材料等要素投入也同理。可以通过计算第三列至第六列每种要素的成本之和是否等于第二列中该要素的成本，来判断填入各项成本的过程是否准确。

6.3.2　分配现金补贴

为了确定各赞助方的净成本，还需要进行综合计算。各赞助方除了提供资源要素外，也可以提供现金及款项以补贴其他赞助方所购买的要素，比如，学生及家庭参加项目需要缴纳的使用费。此外，各赞助方也可向主办学区提供现金补贴或资助。这些交易以使用费和现金补贴的名义列在工作表的后几行，用于表示补贴或现金从一些赞助方流向主办学区。这些补贴将减少学区的净成本，同时增加其他赞助方的成本。要注意，使用费、补贴和其他现金流动并不构成要素或成本，因为它们不会影响总成本，只会影响成本在承担者之间的分配。

使用费是参与者为了参加项目所需支付的现金费用。例如，学校可能会对一些课外活动（如体育活动）收费，大学也可能对许多活动或学院选项收费。学生和家长支付使用费的情况下，就需要将总使用费与第六列下面的总要素成本相加。由于这些款项会转到主办学区，因此需要在第三列下面减去相同的金额，表示学区承担的净成本会有所减少。资源要素的总成本没有改变，只是赞助方之间的分配发生了改变。

从其他政府机构获得现金补贴、补助金和捐款也是用类似的办法处理，第四列下的总要素成本要加上这一部分。第五列私人组织来源的现金补贴也是同样。这些现金支出显然是增加了这些赞助方承担的成本，因此会增加其净成本。由于补贴转移到了主办学区，因此应该从学区的要素成本中扣除这一部分，也就是减少学区的成本，即学区的净总成本低于学区直接提供的要素成本。

6.3.3　计算各赞助方承担的净成本

记录了这些现金转移后，就可以计算学区和其他利益相关方的净成本了。表 6.5 的最后一行表示的是净总成本，即各赞助方"最终"承担的成本。每个赞助方的净成本都是该赞助方的全部要素成本减去从其他赞助方收到的现金补贴，或加上支付给其他赞助方的现金款项。这样一来，不仅可以得出干预项目的总要素成本，即全部的社会成本，还可以将其划分成各赞助方所承担的部分。

　　该表的设计是通用的，也就是说，它适用于对任意一组赞助方进行分析，例如不同经济情况的家庭或同一级政府内不同的机构。决定要分析哪些赞助方的一个重要原则是，了解哪些赞助方会影响决策，并会通过提供资源要素或现金补贴来承担成本。

　　总之，不仅要知道干预项目的总成本，还要知道这些成本在不同利益相关方之间的分配。表 6.5 所示的工作表有助于分析人员识别资源要素、估计要素的成本及干预项目的总成本，并在各主要赞助方之间分配成本，使得各利益相关方都能够评估自己在各种干预方案下需要承担的成本。当然，这样的成本分析应该对考虑范围内的每一种干预方案进行分析。对每个利益相关方而言，结合各个方案的效益信息后的成本分析，还可以用来确定所提议的各种干预方案能够在多大程度上满足自身需要。

　　对于多年期项目，成本的分配可能会随时间而改变。项目开展早期，主办方可能会从基金会或政府方面获得资助，资助能够激励主办方改革创新。但在将来的某个时刻，随着捐助机构将注意力转向其他方向，基金会或政府资助可能会撤出。因此，必须仔细审查其他赞助方向主办方所提供要素与现金补贴的分配情况，并确定在所关心的分析时期内，这种资助是否依然存在。如果资助情况可能会随时间发生增减，那么在考虑各利益相关方的成本，以及用这些信息来评估哪个备选干预方案更好时，就应该考虑这些变化。

　　现实情况下，构建和分析成本工作表最简单的方法是使用电子表格软件（如微软的 Excel）。表 6.1 和表 6.5 中的每种要素及其成本都可以输入电子表格的对应位置。第二列的每一行中都可以输入公式，使其等于第三列至第六列中每种要素成本之和。第二列至第六列的下面几行，也可以通过公式计算出每个赞助方的总要素成本和净成本。在电子表格中分析成本有很多优势。例如，能够对数据做一些小调整，如改动某要素对于某赞助方的成本后，电子表格会自动用公式计算新的总成本。这在进行敏感性检验时也非常有用。此外，加入新的要素类别（行）或新的赞助方（列）来扩展工作表也非常容易。例 6.3 中给出了阅读伙伴（Reading Partners）项目的完整工作表。

CostOut 工具（见附录 B）就有许多这类功能，该工具由教育收益成本研究中心授权，不向用户收费。

例 6.3　确定成本的承担者

接下来，我们以阅读伙伴项目为例说明资金筹措和费用分配。阅读伙伴是一个为学校提供受过培训的教师志愿者的项目，其目标是帮助那些有阅读困难而所在学校又资源有限的学生提高阅读成绩。该项目需要大量资源，因为其采用一对一辅导的形式，所以需要大量人员投入，而这些人员又需要培训、监督和设施空间。确定这些资源成本如何在不同赞助者之间分配非常重要。

为了计算复制阅读伙伴项目的成本，雅各布等人（Jacob et al.，2016）使用资源要素法估计了所需的所有资源，无论这些资源是由外部实体资助的，还是以志愿者或实物形式提供的。阅读伙伴项目安排非常复杂，资源有各种来源。项目获得了学校资源、志愿者、阅读伙伴项目办公室和美国志工团的支持。每所学校都向阅读伙伴项目支付了一定的费用，以资助部分人员和材料等资源。此外，美国志工团还为阅读伙伴项目提供了一笔补助金，用于美国志工团成员的部分费用。阅读伙伴项目还收取了服务费。

表 6.6 对此做了简单的归纳。每名学生的费用为 3720 美元，资金来源有如下四个方面。按生均净成本计算，最大的贡献者是志愿者，价值为 1570 美元。虽然从表面上看，阅读伙伴项目办公室贡献的总额最多，为 1750 美元，但这笔钱还包括了学校和美国志工团的捐款。值得注意的是，在实施该项目所需的全部资源中，学校贡献的比例相对较小，只有 20%。因此，如果能够获得志愿者等外部要素的支持，阅读伙伴项目对某些学校来说就是一个低成本的选择，只需 730 美元就可以在资源不充足的情况下帮助参与者获得良好的成效。该项目对学校来说非常合算，因为 80% 的净成本来自其他渠道。

表 6.6   阅读伙伴项目成本分配表

要素	生均成本（美元）	成本分配（美元）			
		学校	志愿者	阅读伙伴项目	美国志工团
阅读伙伴项目员工	710			710	
美国志工团成员	960			960	
学校员工	90	90			
志愿者时间及交通	1570		1570		
设施	310	310			
材料和设备	80			80	
成本	3720	400	1570	1750	0
服务费		330		−330	
美国志工团资助				−280	280
生均净成本		730	1570	1140	280
生均净成本比例（％）		20	42	31	7

资料来源：Jacob et al., 2016）。

注：经调整，以 2015 年美元计算。

6.4 分析成本决定因素并推广成本

6.4.1 背景因素

前几节讨论了如何报告所估计的成本才能尽可能全面地提供信息。在此基础上，还需要向政策制定者解读成本估计的结果。

成本估计是一种项目评价方法，干预项目的成本估计也在很大程度上取决于评价所处的背景。根据所面向的具体人群和分析的目的，分析人员和决策者可能希望将试点干预项目推广至更大范围，在现有和未来可能的地点推广干预项目，甚至调整或拓展项目的实施方式。推广和拓展过程中，要谨慎考虑将某一项目的评价结果进行合理外推时所需要的假设。这需要对最初产生评价结果的背景有清楚的了解，在某种程度上类似于评价干预有效性时所使用的外部效度的概念。

背景因素就像随机对照实验中的调节因素，可能会影响项目的实施（以及资源要素）或成本。这类因素包括项目参与者的人口统计学特征，先前的学术与非学术表现及相应干预需求的同质性，可能对所需资源要素及其价格造成影响的当地市场条件（如规模和竞争性）等。有了足够数量和多样化的干预地点作为样本，就可以实证估计背景因素对成本的影响了。但如果干预地点数量有限或各地点成本相似，那么就只能尝试性地进行推测。

需要注意与评价的背景因素有关的几个方面。在成本分析中，要素或价格（或两者都有）可能会因背景环境而异，价格比要素更有可能随环境变化（不考虑项目是否能忠实设计实施）。基于电脑和互联网的教育要素可能会迅速降价，一是因其计算能力快速提升，二是因其能容纳更多的学生来分担固定成本，如高等教育中的慕课（参见 Bowen et al.，2014）。然而，教育干预是劳动密集型项目，不太可能会有过多的技术变革，因此各种要素变化也不会很大。例如，同伴辅导的小组规模不可能变化太大，因此在各个学校之间同伴辅导这一要素可能非常相似，但其有效性可能取决于辅导员的才能、经验以及其他可衡量和不可衡量的特征。

另一个背景特征是可以使用多少实物资源和外部资助资源。某些学区可能会获得很多家长支持，这些家庭可以贡献时间并直接提供资金等支持。各学区获得外部资金的途径也各不相同，可能是国家补贴，也可能是慈善捐赠。应该根据表 6.5 所示的工作表向决策者说明在不同的背景下可能需要哪些资金支持。

最后，教育评价通常采用基于群组的视角，即只关注某一群组的学生。某一群组的成本不一定与项目的年度成本相同。例如，大学为学生提供咨询。第一年咨询会很频繁，但在随后几年，咨询频率会随着学生咨询需求的减少而降低。咨询服务的年度预算应包括为不同年级的学生（大一新生和非新生）

提供咨询服务。这种情况下，某年级学生在整个大学期间接受咨询服务的成本应与年度咨询服务成本不同，不能简单地用第一年的成本乘以学年数得到整个大学期间的成本。分析人员必须非常清楚成本估算所涉及的学生群体和服务强度。

6.4.2　诱发成本

为了清楚起见，我们将成本表示为实现一个项目所需的所有资源。然而，一个项目可能在项目本身结束后还会对资源分配产生影响。如第3章所述，这些项目结束后发生的成本被称为诱发成本，或收益成本分析中的负收益。无论其确切分类如何，都应该考虑诱发成本，以便从长期角度了解一个项目的全部资源含义。例如，一个旨在提高基础课程完成率的社区学院项目可能会使未来学期的成本更高，这与成功完成基础课的学生后续学期继续学习的比率有关。虽然完成课程和其他相关成就是教育干预的正向结果，但这样的结果对资源产生的影响也应该被考虑到（关于服务中介干预的进一步讨论，参见 Bowden et al.，2016）。只了解一个项目的成本信息而忽略其诱发成本信息，对决策者没有帮助。例如，如果只考虑项目成本，学校也许能负担得起为需要帮助的高中生提供导师指导的项目。但是，如果学校意识到随着学生年级的提高将不得不提供更多的指导，就可能发现它们实际上负担不起该项目。成功的改革可能会因为未来的资源限制而被削弱（参见社区学院的成本研究，Belfield et al.，2014）。

我们以城市连接（City Connects）项目为例来说明如何报告诱发成本。城市连接项目的目标是帮助学校更加系统地减少可能妨碍学生学习的校外因素，具体实现方式包括由一名或多名受过培训的全职协调员评估每名学生的各种需求，建议他们接受由学校及社区伙伴机构提供的跟进服务，以及监督学生的学习进度并根据需要修改服务计划。评价研究发现，该项目能有效提高学生成绩（Walsh et al.，2014）。显然，该计划有两个要素：需求评估和根据需要调整的附加服务。这两个要素都需要计算成本。鲍登等

人 （Bowden et al.，2016） 使用资源要素法计算了每名学生接受城市连接项目需求评估的成本。然后，研究人员据此评估了附加服务的成本。成本如表6.7 所示。

表 6.7 城市连接项目的平均成本和诱发成本

	（1） 核心项目与 无附加服务	（2） 核心项目与 全部服务	（3） 核心项目与 预期的附加服务
核心成本 （美元）	1570	1570	1570
服务费 （美元）	0	7680	3090
总成本 （美元）	1570	9250	4660

资料来源：改编自 Bowden et al. （2016）。

注：经调整，以 2015 年美元计算，使用幼儿园时期现值，贴现率为 3.5%。

城市连接项目的核心成本 （需求评估和一些直接服务） 是每名学生 1570美元。然而，诱发成本很难估计，因为哪些服务是项目范围内的而哪些服务又是附加于项目产生的，并不是很明显 （根据评价的背景信息也同样无法确定在没有进行项目时学生会接受哪些服务）。因此，鲍登等人 （Bowden et al.，2016） 根据学生使用服务的信息来估算服务费用。为了进行比较，研究人员还估算了假设学生能够在放学后获得一组综合服务的成本 （而不是根据学生需求提供的服务）。第三种情况是，城市连接项目并不会干预学生所接受的服务。如表 6.7 所示，这些诱发成本差异显著。显然，如果城市连接项目不改变学生接受的服务，则诱发成本为零，项目总成本为 1570 美元。然而，如果学生接受了一系列新的综合服务，成本将为 7680 美元，城市连接项目的总成本就会比核心项目成本高出约 4 倍，达 9250 美元。对使用服务所产生的诱发成本的最佳估计为 3090 美元，此时每名学生的总成本将为 4660 美元。这些数据比项目基线成本高得多，这一信息对于决策者以及成本效益分析来说非常重要 （参见第 7 章和第 8 章）。

6.4.3　敏感性检验

至此，我们已经展示了估算成本并将其在各利益相关者之间进行分配的总体方法。到目前为止，我们假设成本要素及对其价格的估计都是没有不确定性的。当然，这一假设有待仔细审查。为了估算成本，需要从总体中抽取样本，并基于样本收集数据，因此很可能会出现抽样误差。研究分析人员应该直接考虑成本估计的精确程度。

敏感性检验是检验成本估计精确程度的一般方法。我们注意到，不确定性有两个普遍的来源（更多细节参见第 11 章）。第一个来源是对要素的测量不准确（或者数据收集过程中，一些要素被错误地省略了），因为数据收集可能很困难，并且依赖于受访者或调查对象。分析人员可以通过与类似的干预措施所使用的要素做比较来进行检查。第二个来源是对价格的估计存在误差。这一不确定性可能更容易检验。分析人员只需要为要素选择其他价格（如通过其他价格来源等）替代当前使用的价格，重新计算成本，并与原结果进行比较，看看有多大差别。通过这一过程，分析人员可以得到成本估计的上限和下限。我们将在第 11 章详细讨论敏感性检验。

6.4.4　决策

要将成本应用于决策，最后一个问题是如何将成本分析与决策框架和变革理论整合起来。如前所述，可以确定一项干预的总社会成本以及各赞助方的成本。一般来说，所做决策的类型以及决策者的人选会决定哪些成本数据是相关的。例如，如果进行一项全国性的研究来确定提高计算机素养最有效的方法，通常会考察替代方案的总要素成本及其效益。选择总要素成本的原因是，从国家的角度来看，我们通常更关心的是国家资源最有效的部署方式，而不是资源具体赞助方的成本。不过，在国家层面上，我们也可能会关注联

邦政府和各州之间、公共部门和私营部门之间如何分担成本。

　　然而，如前所述，赞助方通常关心的是各自成员的成本、收益或结果，而不太关心总要素成本。通常，地方学区、州政府或家长团体会希望评估每种方案给自身带来的成本、效益及收益。实际上，由于成本和收益分配方式的不同，不同赞助方可能会对方案有不同的排序。因此，从决策角度进行成本分析的一个主要目的就是提供信息，以便各决策者能够利用这些结果进行决策。

　　一个学校或学区在考虑多个备选项目时，可能会从它们自身的角度看待不同项目的可行性，并将当地的资源背景也纳入分析。这种分析叫作成本可行性分析，分析的问题是决策者是否有足够的资源实施备选项目。这种情况下，不会考虑教育项目可能带来的结果，唯一的问题是从成本的角度来考量备选项目是否可行。要得到这个问题的答案，需要将总资源约束和每个备选项目所需要的总成本进行比较，以及将各赞助方自身的资源限制与其所需要承担的项目成本进行比较。不论是对整体还是对各赞助方来说，如果项目所需成本超过现有资源，项目就不可行。因此，成本可行性分析只是简单地确定哪些备选项目在决策者进一步考虑的范围内。

6.5　结　　论

　　本章讨论了对成本信息的分析，具体说明了如何通过使用工作表整合这些数据，如何分解对成本的估计，以及如何分析不同利益相关方所承担的成本。本章还说明了成本报告和成本分析如何在特定背景下帮助决策者更好地理解教育项目或教育干预措施所需的资源。本章是第 2—5 章所有研究的总结，最终目标是用货币准确表示实施教育项目或教育干预措施所需资源的成本现值。从我们对成本分析的详细描述中可以清楚地看出，仅通过观察干预项目少数主要构成部分的价格，是无法估算出干预项目的货币价值的。

129

　　成本分析很重要，它可以帮助我们了解需要哪些资源，以及学校、学区或大学是否有能力提供这些资源。然而，进行成本分析主要是为了后续可以进行成本效益分析和收益成本分析。接下来的几章将讨论如何评估干预措施的影响，并进行成本效益分析。此后，我们将结合成本分析和对收益的估计来确定教育干预的净现值。当然，进行这些经济评价的前提是对成本进行了准确的估计。

◎ 讨论题

1. 要比较备选项目的成本，可以通过估算多年期项目的总成本来进行比较，而不是采用传统的方法估算其年成本。为什么不能简单地用年成本的总和来计算多年成本？

2. 举例说明在什么情况下成本分析应该基于边际成本？

3. 赞助方之间的成本分配有何意义？你如何看待不同赞助方提供资源要素与以费用和补贴形式进行现金调整之间的区别？

◎ 练习题

1. 假设你要为即将进入劳动力市场的贫困青年开展一个项目。项目 A 可以从联邦政府获得 1 万美元的补贴。项目 B 可以招募志愿者来管理就业登记，还可以在社区内征集工作人员。此外，项目 B 还可以获得某私人基金会 5000 美元的捐款，但该基金会要求学生如果成功找到一份全职工作就需要支付 100 美元。请问，如何用这些数据在不同的赞助方之间分配成本？

2. 假设你正在开办一家学前教育公司，该公司在 10 个地点与 4200 名儿童的家庭签订了服务合同。在每个地点，最大规模的班级人数是 15 人，儿童整周上课，每年上课 180 天。各个地点需要的工作人员包括一名校长、一名兼职行政助理和一名副校长，其全职年薪分别为 6 万美元、3 万美元和 5 万美元。全职教师的工资是 4 万美元。每个地点设施占地 10000 平方英尺①，假设租金与商业用地相同。每名儿童都能得到由州政府直接支付的每天 5 美元的食物补贴，还能得到由联邦政府提供的每天 10 美元的交通补贴。材料费用估计为每名儿童每年 100 美元。最后，父母每年需要做 20 小时的志愿者。创建一个成本工作表，列明学前教育公司、政府机构和其他组织的成本。计

①　1 平方英尺约合 0.0929 平方米。——译者注

算学前教育的总成本和每名儿童的成本。为了更准确地计算，你可能还希望纳入更多的要素以及对价格做一些调整。

3. 有证据表明，学校早餐可以改善教育效果，降低学童的肥胖率。为了增加早餐项目的参与率，某学区想要将学校免费早餐的提供地点由自助餐厅改为教室。不同选择之间有何成本差异？

第7章 效 益

◎ **目标**

1. 定义效益的测量指标。
2. 识别合理的可用于成本效益分析的效益测量指标。
3. 评估与成本效益分析有关的主要识别策略。
4. 描述计算效益的多属性效用函数。

经济评价必须同时考虑干预项目的成本和结果。通过比较各备选方案的成本和结果，可以选择最佳的方案，使在成本支出一定时的结果最佳，或者在结果一定时的成本最小。前面的章节已经介绍了成本及其测量方法。本章将讨论教育干预的效益。在下一章中，我们将这些效益信息与成本相结合，来评价干预项目的总成本效益。

通常，当我们对教育干预项目进行成本效益分析时，一个最直接的问题是：如何测量效益？简单的回答是，与社会科学领域开展影响评价的研究人员测量效益所用的方法相同。也就是说，我们会和开展影响评价的研究人员一样，选择同样的效益测量方法，并应用相同的方法来识别效果。

从这个意义上来讲，评价人员可能会觉得本章的内容很熟悉，因为评价的核心通常就是根据一定的标准确定干预项目的影响。例如，评价人员经常要确定不同课程对学生阅读成绩的影响，或是在职教师培训项目对教师绩效的影响。因此，鉴于评价人员熟悉对结果的评价，本书也不会详述相关的评价设计。在评价、研究设计和计量经济学识别策略（econometric identification strategy）方面，已经有非常好的指导手册（如 Angrist & Pischke，2009；Murnane & Willett，2010；Newcomer，Hatry，& Wholey，2015；Rossi et al.，2004），建议对此感兴趣的读者查阅。

本书的目的更为具体：考查可用于 CE 分析的效益测量指标。经济评价注重获得"正确"的指标来测量效益。从根本上说，任何效益指标都应充分反映干预项目的目标，以便可以在干预项目和反事实之间进行合理的比较。当然，这也适用于影响评价中所采用的测量指标。然而，对于 CE 分析来说，效益必须用一个数表示，以便将其作为分母来计算比值，这就限制了结果测量指标的可选范围。因此，对于更适用于 CE 分析的效益测量指标，我们识别出这些指标的一些特征。接下来，我们对识别效益的主要方法进行回顾：实验法、准实验法和相关性分析。回顾的目的是帮助分析人员确定各种识别策略在多大程度上适用于 CE 分析。最后，我们会描述多属性效用函数。这种通用的方法可以将教育结果表示为数值，反映出决策者的目标。虽然效用函数很少被用于教育研究，但开展该分析可以对政策偏好建模，这一点很重要（Chandra et al.，2011）。

7.1　详述效益

7.1.1　效益测量指标示例

原则上，任何效益测量指标均可用于 CE 分析。事实上，CE 分析的一个优势是可以广泛应用于教育研究的许多领域。

表 7.1 列举了一些干预项目及其用于 CE 分析的效益测量指标。这些是美国的例子，发展中国家的 CE 研究通常会将学生的成绩或受教育年限作为效益测量指标（Dhaliwal，Duflo，Glennister，& Tulloch，2012；McEwan，

2012）。如表 7.1 所示，很多效益都可用于成本效益分析。

表 7.1　用于成本效益分析的效益测量指标示例

研究	干预/政策	效益测量指标
莱文、格拉斯和迈斯特 （Levin, Glass, & Meister, 1987）	同伴辅导	数学和阅读成绩
哈特曼和费伊 （Hartman & Fay, 1996）	推介服务	接受特殊教育服务
王等人 （Wang et al., 2008）	课外项目（三年级）	肥胖（体脂率）
叶 （Yeh, 2010）	教师委员会认证	学生成就
博尔曼和休斯 （Borman & Hewes, 2002）	"全体成功"	阅读和数学成绩
霍兰德等人 （Hollands et al., 2014）	就业工作团（Job Corps）	高中辍学率
鲍登和贝尔菲尔德 （Bowden & Belfield, 2015）	人才搜索	高等教育机会
霍兰德等人 （Hollands et al., 2016）	威尔逊阅读系统（三年级）	字母读写领域

　　除了表 7.1 所列的各种测量指标，还可以用所记录的违纪问题次数、大学毕业生或培训对象的就业人数、完成社区学院学业的学生数等作为效益测量指标。大多数 CE 研究使用学业成绩为效益指标，但不同的研究通常使用不同的度量标尺。哈里斯（Harris, 2009）建议，为了便于比较，在评价干预项目的成本效益时使用科恩效应量（Cohen's effect size）。效应量的选择必须一致，才能进行跨干预项目的比较。如下所述，考试成绩可能是最便于分析的教育效益指标，至少在通常情况下它适用于所有学生。然而，这绝不意味着成本效益分析仅限于使用这类测量指标。事实上，有些测验的结构效度

（construct validity）可能较差。例如，学生在测验中获得高分，却不能表现出相应的能力（McEwan，2015）。尽管如此，从原则上来讲，任何效益测量指标都可以用于 CE 分析。

7.1.2 将目标与效益相联系

CE 分析是进行比较的研究：涉及两个干预项目的对比或一个干预项目与现状的对比。重要的是，我们是将苹果与苹果进行比较，即互相比较的两个干预项目可以相互替代，并且可以根据所选用的效益指标对这些干预项目进行合理的排名或比较。

为了具有可比性，所选的效益指标应尽可能反映替代方案的主要目标。例如，旨在提高阅读成绩的项目应选择合适的阅读测验作为效益测量指标（Hollands et al.，2016）。评价预防辍学项目应采用所挽救的潜在辍学学生的数量或完成各年级学业的学生数量作为效益测量指标。评估体育教育项目的效益应采用能够测量参与者特定体育技能提升程度的指标。测量指标应足够全面，能涵盖相关的各个方面（例如，如果速度和灵活性都受到影响，那么两者都应包含在内）。这可能有一定难度，因为很多教育干预项目涉及多种教育结果，实现各种目标的方式也不相同。例如，早期识字干预项目的效益应涵盖识字的所有方面，包括理解力、单词拼写和流利程度（National Institute of Child Health and Human Development，2000）。对于社会情感学习的干预项目，任何具体的效益指标都需要能够涵盖在行为、态度和品行三个方面表现出的明显变化（Durlak，Weissberg，Dymnicki，Taylor，& Schellinger，2011）。

目标不同的项目会有完全不同的效益指标。因此，在成本效益框架内（甚至是在相对效益框架内）并不容易对其进行比较。例如，我们不能使用 CE 分析来比较预防辍学项目和体育教育项目的成本效益。同样，在严格的意义上，我们也不能将侧重于单词拼写的识字项目与侧重于阅读理解的识字项目进行比较。（一种可能的替代方法是将效益转换为经济指标，并按照第 9 章和第 10 章的描述进行 BC 分析。）CE 分析强调各种干预项目之间的可比性。因此，不同评价研究所测量的结果必须相同，这一点很难做到。不同研究所测量的概念各不相同，即使测量的概念相似，量表也可能不同。霍兰德等人（Hollands et al.，2016）在对有效教育策略资料中心批准的识字项目研究进行回顾时发现，其中的 32 个项目有积极作用。然而，早期识字的结果分为四个不同的方面（单词拼写、流利度、理解力和总体阅读成绩），每个方面都包含多个子类别。很少有研究使用相同的量表，如基本早期识字技能动态指标（Dynamic Indicators of Basic Early Literacy Skills，DIBELS）。

效益测量指标可以是最终结果的中介指标。但这些指标也应直接与项目的目标相关（Weiss et al.，2014）。由于各种原因，例如缺少数据这样的简单原因，评价人员可能只能获得中间结果的测量指标。例如，塔托、尼尔森和卡明斯（Tatto，Nielsen，& Cummings，1991）在比较斯里兰卡三个教师培训项目的成本效益时，使用了教师对科目主题和教学方法的掌握程度这一中间结果，虽然这三个项目的最终目标都是改善课堂教学和学生学习。同样，哈特曼和费伊（Hartman & Fay，1996）比较了在宾夕法尼亚州实行的向儿童推荐接受特殊教育服务的两种方法，所比较的效益是接受某种干预服务的儿童人数，前提是这些服务能改善学习困难。实际上，教育中的许多"最终"结果可能仅仅是中间结果。例如，学业成绩本身往往不是最终目标，之所以常被用作最终结果，是因为其对工资或参与社会事务的能力可能存在影响。

效益测量指标应考虑效益是何时产生的（Harris，2009）。例如，可以快速提高考试成绩的干预项目比那些较慢达到相同效果的干预项目更为可取。因此，与成本一样，效益应折算为现值。

举例说明这个问题。想象一下，我们正在进行 CE 分析，比较三个为期五年的高中预防辍学项目。效益的测量指标是每个项目在特定年份里成功挽救的辍学人数。在没有贴现的情况下，三个项目成功挽救的辍学人数相同，但时间有所不同：方案 A 在第一年挽救潜在辍学学生的数量是 100 人，但在项目第二年至第五年中成功挽救的学生数量为 0 人。方案 B 每年成功挽救的潜在辍学人数为 20 人。方案 C 挽救的辍学人数也是 100 人，但都出现在第五年年末。如果效果不经过贴现，那么我们可以认为三个方案是同等有效的，因为三个方案挽救的辍学人数都是 100 人。但很明显的是，考虑效益的话，方案 A 最吸引人，而方案 C 最不吸引人。合理的效益测量指标是贴现后的辍学率。该指标是根据前面章节所描述的现值公式计算得到的。在此示例中，如果贴现率为 5%，可进行如下计算：

$$PV_A = \sum_{t-1}^{n} \frac{E_t}{(1+r)^{t-1}} = \frac{100}{(1+0.05)^0} = 100$$

$$PV_B = \sum_{t-1}^{n} \frac{E_t}{(1+r)^{t-1}} = \frac{20}{(1+0.05)^0} + \frac{20}{(1+0.05)^1} + \frac{20}{(1+0.05)^2}$$
$$+ \frac{20}{(1+0.05)^3} + \frac{20}{(1+0.05)^4}$$
$$= 91$$

$$PV_C = \sum_{t-1}^{n} \frac{E_t}{(1+r)^{t-1}} = \frac{100}{(1+0.05)^4} = 82$$

式中 PV 为现值，E 为效益，r 为贴现率，t 为效益产生的年份。贴现后，方案 A 的效益比方案 B 高 10%，比方案 C 高 22%。

哈里斯（Harris，2009）提出了针对干预项目在特定年级和给定持续时间实施的贴现因子。然而，贴现效益的教育成本效益分析比较少见（一个例外可参见 Caulkins，Rydell，Everingham，Chisea，& Bushways，1999；健康领域的文献中贴现效益更为普遍，参见 Weinstein，Torrance，& McGuire，2009）。一般来说，这是因为效益通常仅在单个时间点衡量（如完成高中学业的百分比），而不会随时间累积衡量。比如，评价人员可以获得 18 岁时未完成高中学业的学生所占的百分比，但不清楚他们是什么时候辍学的。另外一个原因是，尚不清楚要采用何种贴现率。效益的贴现率不一定与成本的贴现率相同。健康领域的一些研究者认为，对结果进行贴现应采用低贴现率，只有这样，政策决策才不会对预防性干预项目不利（Brouwer，Niessen，Postma，& Rutten，2005）。

总之，基本的要求是，测量的效益应该准确反映干预项目的目标。这对于任何影响评价都非常重要。测量指标应该是合理有效的，也就是说，应与要反映的基本概念密切相关；还应该是可信的，即重复应用于相同的群体时能得出相同的结果。原则上，任何能完全反映项目目标，并能充分比较不同项目以帮助决策的测量指标，都可以用于成本效益分析。

7.1.3　单一的效益测量指标

除了与目标匹配外，CE 分析还有一个特殊要求，即教育干预的效果应采用同一指标来表示。指标单一是为了方便将效益表示为 CE 比的分母。

如果干预项目只有一个目标，那么这一要求是合理的。此外，还需要干预项目不在其他领域产生次级效益（secondary effect），无论次级效益的产生是有意的还是无意的。当然，这些假设通常是不现实的。大多数教育干预措施会同时产生多重结果，这些结果需要用多个效益指标来衡量。例如，我们希望比较学校对如下措施的投入：延长小学的每日在校时间与缩小班级规模。延长在校时间可能会提高考试成绩并增加学生的体育锻炼；缩小班级规模可能会提高考试成绩并提高教师满意度。用单一指标表达这些结果不太容易。另一个需要强调的例子是，已有研究发现社会情感学习干预项目会影响社交技能、态度、亲社会行为、学生品行及学业成绩（Durlak et al.，2011；Sklad，Diekstra，De Ritter，Ben，& Gravestein，2012）。进行 CE 分析必须用单个效益指标合理表示干预项目的这些结果。

即便是在干预项目既定目标范围有限的情况下，多重结果的问题也很重要。可以假设有三个独立的项目，每个项目都专注于提高新移民的英语能力。每个上学日，各项目都会在不同程度上将孩子带离他们的正常上课环境。即使项目成功提高了孩子的英语水平，一些课堂知识的缺失也可能会在其他方面产生影响（也许是负面的）。对于这样的情况，评价人员应该测量各方案所涉及的重要的预期和非预期结果。

对于多重结果，效益测量可以是预期概率的加权组合。例如，可以为想要完成学士学位教育并且正面临选择是否要进入社区学院的学生提供干预项目（参见 Agan，2014；Bailey，Jaggars，& Jenkins，2015）。学生可以选择直接进入四年制大学，他们获得学士学位的概率是可以估计的。学生也可以选择进入社区学院，这些学生中只有一部分人会转入四年制大学，转入四年制大学的学生中有一部分人最终会毕业。将转学比率和学业完成概率两者相乘，可以计算出学士学位完成率。由此，我们可以根据一组加权概率计算不同就学路径的预期学业完成率，对大学选择干预项目的预期学业完成率进行比较（Shapiro et al.，2015）。

如果没有直接的方法可以将多个结果合并为一个测量指标，还有几种间接的方法。首先，评价者可以对每个效益测量指标进行单独的 CE 分析。分析可能会得出这样的结论——某种方案因在多个指标上均有较好的成本效益而成为首选方案。也就是说，这种方案与其他方案相比，可以用更低的成本使学生在数学成绩与阅读成绩上均达到给定的目标。这样的情况下，使用这种方案显然是得到明确支持的。

然而，也可能是一种替代方案在提高数学成绩方面更具成本效益，而另一种方案在提高阅读能力方面更具成本效益。这种情况下，评价者可以仅仅给出各 CE 分析的结果，并清晰描述需要权衡的内容。如果干预效果有效的情境不同，例如 CE 结果可以按性别、种族或社会经济地位分类表示，也可以使用上述方法进行类似处理。在一项 CE 分析中，莱文和他的同事（Levin et al.，1987）比较了四种干预项目的成本和效益：（1）同伴辅导；（2）计算机辅助教学；（3）缩小班级规模；（4）增加教学时间。分析表明，同伴辅导在提高数学成绩方面所用成本最少。同伴辅导也是提高阅读成绩最具成本效益的方案，计算机辅助教学在此方面排名第二。各个决策者可以利用这些数据，根据他们自己的优先级做出不同的投资决策。

评价人员也可以采用 CU 分析。在 CU 框架中，以不同效益测量指标对父母、管理人员或其他受众的重要性作为权重，将不同的效益测量指标加权组合成为单一的效用总指标，即决策者对价值的主观评估。权重可以采用主观估计方法，这就要求评价人员进行分析时咨询主要利益相关方，并仔细考虑分析服务的主要受众群体。也可以使用更严谨的方法估计权重，比如，采用正式的结构化问卷从主要利益相关方处获取信息。这种分析可能得出，某一学区的父母对数学成绩的重视程度要比对其他教育结果的重视程度高。后文将对效用函数和单一效益测量指标（效用量）的建立进行具体阐述。

采用单一指标测量效益的要求显然会对 CE 分析的应用造成较大的限制。（重申需要注意的一点，该要求不会对 BC 分析造成限制，因为 BC 分析用货币作为计量单位。由于货币可交换，也可进行数学运算，因此只要影响可以用货币表示，对任何影响都可以进行 BC 分析。参见第 9 章和第 10 章。）具有多重效益的干预项目并不总是能够将效益简化成单一的数值。对于这种情况而言，CE 分析是不合适的。

此外，在评价教育干预项目时使用过多的结果是有风险的。项目评价会经常声称干预项目在多种结果上都能起到促进作用，包括儿童健康、社会情感发展、学习方法、语言发展、认知和常识等，如生命早期育儿干预（the Parenting for Life Early Childhood Intervention）。这种综合性的评价可能会得出非常有价值的信息，比如，发现促进儿童发展的具体调节变量或作用机制。然而，当多个结果在统计学上显著时，决策者可能很难在这个项目和其他早期儿童干预项目之间做出选择。奥卡姆剃刀理论（Occam's razor）的优点在于，简单的想法更易于检验（如对于改善儿童健康来说，育儿项目比教师职业发展更具成本效益），也更易于反驳或接受，从而更易于传达给决策者。

7.1.4　对效益测量指标的评估

对于什么是最好的效益测量指标（或者需要从多少个领域选择效益指标），我们终归是无法给出答案的。效益测量指标的选择是否恰当，取决于所评价的干预项目及其目标。尽管如此，一些效益测量指标仍优于其他指标，好的效益测量指标具有一些特征。

理想情况下，效益测量指标应该可以表示为比率，或为连续值。例如数学测试，学生的得分可以在 0—100 之间，80 分是 40 分的两倍，是 20 分的四倍。这样一来，干预项目无论是将测试分数从 20 分提高到 30 分还是从 80

分提高到 90 分，都无关紧要，因为这两种情况都提高了 10 分。同样，对于社区学院的学生来说，他们中的大多数都没有完成学业或拿到文凭，其效益的测量可以是累积的学分数量（Bailey et al.，2015）。对于这些学生来说，24 个学分是 12 个学分的两倍，比 23 个学分多 1 个。在发展中国家，受教育年限也可能是合理的效益测量指标，受 10 年教育可视为受 5 年教育的两倍。然而，评价人员可能会指出，让每名学生完成初等教育（每人完成 6 年学业）比提高学生累积受教育年限的总和（例如，一半孩子完成 4 年的学业，另一半孩子完成 8 年学业）更为重要。

虽然测试成绩是常用的测量指标，但是用于 CE 分析时也需要谨慎解读。布鲁姆、希尔、布莱克和利普西（Bloom，Hill，Black，& Lipsey，2008）与利普西及其同事（Lipsey et al.，2012）对测试成绩的结构性效度进行了详尽的讨论。他们指出了一些要点：首先，不仅要报告干预后的后测成绩进步，也要报告相对于基线或反事实的成绩进步。某项干预可能带来了后测成绩的提升，但后测成绩可能仍然低于基线成绩。另一项干预项目的后测成绩进步可能较小，但所有后测成绩均高于基线。在前一种情况下，所有分数都在下降；在后一种情况下，所有分数都在上升。其次，成绩的进步可能会随学校年级的提升而显著降低：从一年级到二年级，数学成绩的进步量大小通常为 1；从高二年级到高三年级，数学成绩的进步量大小几乎为 0（Lipsey et al.，2012）。对于一年级学生，0.25 的数学成绩进步量算是中等大小的；而对于高二学生来说，这个程度的进步则是巨大的。最后需要说明的一点是，有许多不同的成绩指标可供选择，而指标的选择取决于背景。

对于 CE 研究，分析人员可能更喜欢使用年级当量（grade equivalent，GE）分数（Lipsey et al.，2012）。年级当量分数表示学生的学业水平：5.3 表示该学生的学业水平相当于完成五年级前 3 个月学习的学生。例如，缩小班级规模的政策使每名学生的年级当量分数从期望值 5.3 提高到 5.6，即每名学生增加了 3 个月的学识。决策者也许可以将这个指标大致等同于一学年的资源指标。因此，如果学校在课堂教学上花费 1.2 万美元使每名五年级学生在所有学科进步了 9 个月，那么决策者只有在缩小班级规模政策的成本少于 4000 美元的情况下，才会对该政策感兴趣。

与测试分数或其他连续量表相比，二分或离散的效益指标的政策含义可能没有那么清楚。例如，通过导师指导干预项目来提高高中毕业率，很多原本就会毕业的学生也会获得干预资源，还有很多学生虽获得干预资源但仍未毕业。如果效益测量指标是新增毕业学生的数量，对于上述两组学生来说，效益会被认为 0。只有边际新增毕业生数才能用于测量效益。然而，无论如何都会毕业和无论如何都不会毕业的学生都有可能从干预项目中获益，即使这些收益并没有被计算在内。如果用比值比（odds ratio）表示二分类效益指标，则可能十分难以解释。例如，如果基线完成率为 70%，则 1.22 的比值比（高中毕业率提高 22%）表明产生了大量的新毕业生。但是如果基线完成率是 20%，那么同样的比值比就表示只产生了少量新毕业生。

这些问题之所以非常重要，是因为 CE 分析需要考虑所有学生的所有资源（我们将在第 9 章中讨论一个示例）。假设有一个针对 100 名学生的高中导师指导项目，影响评价显示高中完成率从 50% 提高到 60%，即产生了 10 名新毕业生。但实际上，干预项目为 100 名学生分配了资源，而对于其中的 90 名学生来说，效益为 0，因为其中有 50 名学生即使没有干预也会毕业，而另 40 名学生无论干预与否都不会毕业。举第二个例子，使用比值比的变化来衡量效益，也是同样的逻辑。成本效益分析应用于二分变量的结果时，干预项目的目标群体和辍学的基线发生率都非常重要。如果仅向 50 名有辍学可能的学生提供指导项目，那么成本大约是原来成本的一半（具体还取决于规模经济）。因此，基线发生率不同的项目，其成本效益的结果会显著不同。

总之，在能够对应项目目标的情况下，评价人员可以从多种效益测量指标中进行选择。从根本上讲，CE 分析应使用最能体现干预项目目标的概念来测量效益。

7.2 识别效益的方法

7.2.1 实验法、准实验法和相关性分析

在确定了效益的测量指标之后，下一个任务是要确定干预项目是否成功地改变了这些效益测量指标。我们尤其需要确定每种备选方案与效益测量指标之间是否存在因果关系。缩小班级规模会提高数学和阅读成绩吗？课后辅导班项目能降低攻击性行为的发生概率吗？

通常，这涉及比较备选方案的干预组与对照组在效益测量指标上的差异。进行这种比较有很多评价设计或识别方法。从本书的目的出发，我们将评估设计分为三类：(1) 实验法；(2) 准实验法；(3) 相关性分析。

实验法将受试者直接分配到对照组和一个或多个干预组，对照组成员不参加被评价的教育方案。对对照组的估计构成了干预组在不进行干预的情况下所能达到的基线，最终得到对效益的估计，即把教育方案或政策应用于干预组之后，干预组和对照组在效益测量结果上的差异。因为受试者被随机分配到对照组或干预组，各组在初始点上是等同的，所以任何后续结果差异都可以归因于干预措施的实施。

随机分组是实验研究的先决条件，也是确保对照组和干预组等同的最佳方法。（完整讨论参见 Cook et al.，2014；McEwan，2015；Smith & Glass，1987。实验法在健康科学成本效益分析中的应用参见 Greenberg，Rosen，Wacht，Palmer，& Neumann，2010；Neumann，Greenberg，Olchanski，Stone，& Rosen，2005。）随机分组可以确保两组在实施干预措施之前基本等同，因此我们可以排除分组不对等或选择偏倚对研究效度造成的重要威胁。实验法在评价各种教育干预项目的教育研究中逐渐普及。一项著名的实验是关于班级规模的（Mosteller，1995）。近年来，越来越多的实验检验了为大学生提供的指导项目（Butcher & Visher，2013）、辅导项目（Bettinger &

Baker，2014），以及大学奖励金项目（Barrow et al.，2015）的效益。

准实验法依赖干预项目面临的随机差异来确定干预项目的影响。既可以使用基于连续变量局部随机的断点回归设计来确定干预的差异，也可以使用基于外生性差异的工具变量设计来确定干预的差异（参见 Schlotter，Schwerdt，& Woessman，2011）。准实验法不是基于干预措施的随机分组，仍然会受到一些选择性或内生性偏倚的影响（参见 Heckman & Urzua，2010；Imbens，2010）。但是，近年来准实验法逐渐得到广泛应用（Angrist & Pischke，2009）。典型的例子有：使用学校规则或群体人口的外生变化来识别班级规模带来的影响（Angrist & Krueger，1999；Hoxby，2000）；利用义务教育法的外生变化确定额外受教育年限的效果（Oreopoulos，2006）；基于与当地大学的距离决定是否重返大学（Kane & Rouse，1995）；以及利用额外信息获得高质量教育的经济价值（Figlio & Lucas，2004）。

相关性分析基于回归分析控制协变量或限制性相对较小的匹配估计量（Imbens & Wooldridge，2009）。在比较接受过干预（如更多教科书或新课程）和未接受过干预的学生时，我们对学生特征（如前测分数或社会经济地位）进行统计控制。如果控制的因素是完整并准确的，则可以充分排除组与组之间不等同的风险，但是通常会存在许多潜在的观察不到的影响因素，使组与组等同这一假设受到质疑。

对许多教育研究主题来说，应用相关性分析相对比较容易。然而，即使应用匹配估计量，进行完整而准确的控制仍是一个很高的要求。还有很多未观测到的学生特征也会影响结果，如动机、家庭财富、能力。如果接受干预的学生在这些特征上与未接受干预的学生有所不同，那么就很难区分是干预产生的影响导致了结果的差异，还是两组学生之间本来就存在的特征差异导致了结果差异。统计软件可以解决组间不等的问题（Greene，1997；Wooldridge，2000），比如，有专门程序可以对选择进入干预项目的过程进行建模，或者将不可观测特征带来的偏倚限制到一定范围内（如 Altonji，Elder，& Taber，2005）。但是这些程序并不一定总是或者完全消除偏倚。尽管如此，至少从 1966 年科尔曼报告（Coleman et al.，1966）以来，已有成千上万的研究使用非实验数据和多元回归分析来评估教育干预项目[①]。其中包括 CE 分析特别关注的"生产函数"研究（Choi，Moon，& Ridder，2014）。这些研究试图以回归模型中已观测到的资源变化来推断学校资源与学生成绩之间的因果关系。自汉纳谢克（Hanushek，1986，1997）以及格林沃尔德、赫奇斯和莱恩（Greenwald，Hedges，& Laine，1996）等人开展研究以来，美国有关教育生产函数的研究一直饱受争议，没有确切的结论（Hanushek，2003）。对于发展中国家的相关情况，参见格力维、汉纳谢克、胡姆佩奇和拉维纳（Glewwe，Hanushek，Humpage，& Ravina，2013）的详细综述。

对于这些方法，本书只是简短地进行介绍。每一类方法都有大量的方法论研究提供支持，确保研究设计能够被正确应用（Angrist & Pischke，2009；McEwan，2015）。本书的重点并非介绍这些方法，而是旨在帮助正在考虑进行成本分析、CE 分析或 BC 分析的研究人员画出重点，说明各种评价设计相关的属性。

7.2.2 用于成本分析的识别策略

进行成本分析的经济学家需要考虑几个因素。最显见的一点是，对于成本分析来说，最合理的识别策略即是最能确定干预效果的识别策略。如果该方法可以有效确定干预方案的作用结果，那么所得结果可以与成本信息结合起来进行 CE 分析或 BC 分析。

经济评价有充分的理由选择实验法，不仅因为实验法是因果关系或内部效度的"金标准"，还有很多其他原因。

首先，通过实验研究，通常会得到更多关于干预细节的信息。这些信息可以使分析人员更容易估算实施干预项目所需的资源。正如第3至第5章所

---

① 举个例子，很多文献比较了私立学校和公立学校的学生学业成绩（Coleman et al.，1966；Lubienski C. A. & Lubienski S. T.，2013）。将孩子送入私立学校的家庭的社会经济地位通常较高，因此有必要控制这种差异。但是，即使对此进行了控制，私立学校的学生也可能在某些重要但未被观测到的方面有所不同。或许他们的家庭更注重教育，因而用难以观测到的方式帮助孩子在家学习。因此，使用相关性分析可能会混淆私立学校对学业成绩产生的影响与家庭资源所产生的影响。

述，收集成本信息实际上远非易事，主要是因为对干预项目的说明通常会非常宽泛。因此，对于 CE 分析而言，能够有干预实施的详尽信息是巨大的优势。评价可以灵活实施的教育干预项目时，这一点尤其重要。例如，"阅读恢复"或"全体成功"之类的识字干预项目包括许多组成部分和水平层次。"阅读 180"之类的项目，在不同干预地点的实施方式有很大不同。"阅读伙伴"之类的项目涉及多个合作机构。当这些教育干预作为实验研究项目的一部分开始实施时，最容易计算得出实际所使用的资源。

实验法的第二个优点是，分析人员可以直接获得对照组和干预组的对比信息，这种对比信息对于 CE 分析至关重要。分析人员或许可以估算某项改革相对于现状所带来的效益值，还可以估算该改革的净成本。然而，对照组所使用的资源通常很难估算。例如，在一项帮助学生完成高中学业的课后干预项目中，生均成本约为 4000 美元，且干预效果可以通过准实验研究精确确定（例如，使用项目在不同地方的可得性所具有的外生性变化作为课后补习的工具变量）。但是，对照组获得的资源可能并不明显，例如一些学生可能在上其他课后课程，一些学生可能在上青年培训课程，也有学生可能在兼职。应用准实验法和相关性分析时，通常不会收集到此类信息，很大程度上是因为这种信息并不可得。

对照组的信息对于 CE 分析（以及所有经济评价）来说至关重要。如前面所述，对"全体成功"项目的成本分析表明，这个项目的增量成本非常低，因为大多数学校已经为学生分配了类似的项目资源（Quint et al.，2015）。"全体成功"项目与其他项目的实质区别是项目资源的分配方式，而不是资源数量。列举干预组和对照组的相关资源信息，才能对这种区别提供最好的说明。

与实验法相比，用准实验法获得的结果进行 CE 分析可能会更加困难。通常，可以很好地定义干预，但不能很好地定义反事实。因此，相对于对照组，干预组的增量成本很难计算。相关性分析显然也面临这一困难，若其结构效度偏低，则可能更难计算干预组的增量成本。

实验法的第三个优点是可以很好地应对不依从和损耗问题。对于成本分析而言，识别应该接受干预却未接受干预的学生（不依从者）和仅部分依从干预的学生（损耗者）十分重要。我们预计的是，不依从者不会收到任何资源，从而成本为零。因此，实际干预组的总成本应低于意向干预组的总成本。与此类似，仅部分依从干预的人的成本要比完成整个项目的人的成本低（且成本与对照组的成本相近）。实验法通常可以清楚地区分这两者，因此可以更准确地估算干预成本。

这些考虑对于生产函数研究尤为重要，这些研究旨在表明投入与教育产出之间的关系。通过观察发展中国家的情况，格力维等人（Glewwe et al.，2013）找到了 79 项高质量的生产函数研究。这些研究的结果用测试成绩表示，其投入包括多种潜在的学校资源的测量指标（其中一些研究采用实验法）。采用计票法对结果进行汇总，每个估计结果均用正负号和统计显著性列出（参见 Glewwe et al.，2013）。对于大多数资源测量指标而言，这是非常合理的。提供更多的书籍明显可以提高学生的学习成绩，教室家具（如桌子）、基本基础设施（电力、建筑结构和图书馆）和基本教室材料（如黑板）等的改善也可以提高学生的学习成绩。类似地，分配给教师更多资源可以提高学生的学习水平，这些资源可以反映在教师的教育水平和经验当中，也可以直接反映在他们的工资上（Glewwe et al.，2013）。生师比对效果的影响不大，在 101 个对生师比的估计中，只有 30 个在统计学上显著且符合预期（更高的比例会损害学习成果）。但是，在某些国家，可能更常见的是将学习成绩较差的学生分到较小的班级，或是由于生源地学生缺乏，将农村偏远地区的学生分配到较小的班级。总体而言，这些结果表明，根据理论和常识，增加资源确实可以提高学习结果。

但将这种证据纳入 CE 框架并不容易。首先，每项投入的成本（如桌子或电力）是未知的，如果没有直接的调查研究，可能很难估算。其次，即使投入成本已知，我们也无法知道学校是否将资源分配到其他成本投入中。具有特定投入（如黑板）的学校可能会牺牲未完全测量的其他投入（如书籍）。它们可能是资源水平有所不同，而不是付出更高的投入。最后，这些资源的测量指标与金钱成本不同。最突出的例子是生师比。有人可能会认为一所生师比低的学校拥有相对更多的资源。但是，很可能该学校的管理人员或图书馆资源较少。对于检验设备对教育成果影响的生产函数研究，我们需要分摊设备维护的价值（Cellini，Ferreira，& Rothstein，2010；Duflo，2001）。通常，由于很难确定成本和效益，如果要借用生产函数研究中的结果估计成本并计算 CE 比的话，我们必须谨慎。

总之，对于经济评价而言，尤其重要的一点是，确定干预效果的方法也同样适用于确定干预和反事实的成本。

7.2.3　元分析的证据

社会科学领域的研究人员越来越多地使用元分析技术来估计效益。通常，可能有成百上千个研究探讨教育备选方案与成就（例如成绩）之间的因果关系。单项研究的结果可能会有很大的差异。不借助其他分析技术，很难从整体文献的研究发现中提取有意义的结论。因此，许多研究人员使用元分析来评估备选方案的平均效应量，通常用于支持有关其效益的主要结论（参见Borenstein，Hedges，Higgins，& Rothstein，2009；Cooper，2009）。

教育研究的许多领域都运用了元分析，范围涵盖了在班级内部按能力分组和缩小班级规模等方案（参见 Ahn，Ames，& Myers，2012）。我们在这里不讨论元分析的方法（Valentine，Cooper，Patall，Tyson，& Robinson，2010）。我们考虑如何使用元分析来测量效益并将其用于 CE 分析。

与我们上述目的相关的是，是否可以将元分析对测量指标的总结与成本数据结合起来，从而对不同的教育备选方案进行 CE 比较？CE 分析是否有必要或更应该使用综合元分析得出的效益估计结果，而不是单一的效益估计结果呢？

将元分析结果纳入 CE 分析需要谨慎（Levin，1988，1991）。元分析可估计一类干预（如计算机辅助教学、按能力分组或辅导）的多个不同项目的平均结果。然而，CE 分析从根本上讲是向决策者提供有关某些项目或政策是否值得实施的具体信息。元分析只能大体判断各种政策在一般情况下是否有效。

当我们试图纳入成本时，问题就变得更加严重了。在前面的章节中，我们讨论了明确定义备选方案、详细说明资源要素以及仔细估算各要素成本的重要性。但是元分析里的效益值基于许多不同项目的混合，排除了理论上或实践上的任何能够确定具体项目相关成本的可能性。效益值并不适用于具有特定资源要素的可实施的项目方案。想象一下对为小学生提供的成人辅导项目进行元分析。在实践当中，每个项目都可能以不同方式实施辅导服务。一些项目可能聘请在职教师课后花时间辅导，而另一些项目可能以最低工资聘请当地非教职成年人进行辅导，还有一些学生的父母自愿辅导孩子。面对资源利用的这种差异，很难定义单个项目的要素和成本。

此外，元分析的效益估计是在控制评价研究的特征之后进行的。评价研究的特征分为几类：单位、干预、监督、背景和方法（Ahn et al.，2012；Cooper，2009）。其中一些特性几乎可以肯定会与干预的成本相关。例如，单位可以指示学生的成绩和干预的规模，干预可以包括干预的持续时长，而背景可以包括干预的地点。每一类都会影响干预的成本。因此，控制干预持续时长在某种程度上是控制成本。

在严格的条件限定下，使用元分析的结果是可以接受的。总体而言，不应将元分析的结果整合到 CE 分析中，除非是对单一干预项目的重复试验且元分析的结果并非来源于控制资源后的模型设定。如果不同研究正好全都对同一干预项目进行了评价，那么用"平均效益"解读政策可以被接受。当干预项目完全相同时，不同研究中的干预项目就更可能有相似的成本要素。例如，某一干预项目（如一个"打包"的阅读项目）即使是在很多不同的环境下实施和评价的，也可能会使用规定数量的材料、物理空间、时间和人力资源。不过我们始终有理由对此持怀疑态度，因为实际项目实施过程中会有各种情况出现。此外，元分析可以作为敏感性检验的一部分，用来估计干预效果的上限和下限。

7.3　效用分析

通常，单一效益测量指标不能完全描述项目的结果，也不能真正反映政策制定者的偏好。

如前所述，一种技术解决方案是对每种效益测量指标开展独立的 CE 分析。如果所有分析都得出相同或相似的排名，那么结果不一致的问题就并不明显。更有可能出现的情况是，分析得出的结果不同，那么决策者仍然需要掌握一些可以作为资源分配决策依据的信息。

从理论上讲，更基本的解决方案是推导出效用函数。这个函数可以体现对于决策者来说不同教育结果增长的相对价值。效用分析是一种简便的方法，可以描述父母、学生或教师对各种可能的结果的偏好或满意的相对强度。效用可以适用于任何效益测量指标。效用函数的目的是映射决策者偏好。

难点是，对每种备选方案的效用都需要进行准确的估算，即确定包含所有结果的效用函数（数学表达式）。如果两个结果截然不同，这个任务将变得更加复杂。例如，缩小班级规模可以提高阅读成绩和改善外化性行为。为了确定效用函数，研究人员开发了决策分析技术，但这些技术尚未在教育中得到广泛应用。本节将对一些最直接的方法进行回顾。首先，我们将概述多属性效用理论，方便我们基于该框架组织讨论。接下来将回顾效用估计方法，并讨论谁的偏好（或效用）应该被测量。

尽管效用理论（也称成本效用理论）与多重结果的干预项目密切相关，但在教育研究中很少进行 CU 分析（Ross，2008）。因此，在讨论效用时，我们关注的是方法论，而不是已发表的研究。相比之下，CU 分析在健康领域的研究中得到了广泛实践，这主要是因为关于如何测量效用已经达成了共识（Neumann et al.，2015）。

7.3.1　多属性效用理论

多属性效用理论（multiattribute utility theory）的名称看似复杂，但它其实是一个相当直观的概念。一个教育项目会产生多种类别的结果：学生成绩、学生和教师的态度等。在每一类中，我们还可以想象各种子类别。例如，学生成绩可以分为数学、阅读、科学成绩等。效用理论的文献将每个子类别或效益的测量指标称为"属性"。在接下来的讨论中，我们将使用"属性"这个术语。利益相关方可以从每一个属性中获得效用或产生偏好。多属性效用理论提供了一系列方法，可以实现：（1）量化具体属性产生的效用；（2）将每个属性的效用进行组合，得出效用的总体测量指标。通常可以用多属性效用函数完成这两个任务。

假设我们已经对某一教育项目的属性进行了详尽的分类和评价。可以将属性表示为：x_1，x_2，x_3，$\cdots$，x_m。这些属性用自然单位进行测量。例如，成绩的提高可能用百分制分数、测试题目的数量或学习进步的当量月数来表示。为了进行 CU 分析，我们需要用常见的效用量表来表示每个属性。也就是说，我们需要描述与属性变化（如一定的成绩提高、学生态度的改善等任何属性的变化）相应的偏好强度。

我们需要估计一系列单属性效用函数：$U_1(x_1)$，$U_2(x_2)$，$U_3(x_3)$，$\cdots$，$U_m(x_m)$。它们分别代表属性 x_1 产生的效用、属性 x_2 产生的效用等等。在下一节中，我们将具体说明如何将属性转换至效用量表。

获得单属性效用函数之后，下一步就是将它们组合形成效用的一个总体测量指标。通过使用多属性效用函数实现整合。备选方案（及其 m 个属性）的总体效用表示如下：

$$U(x_1，\cdots，x_m) = \sum_{i=1}^{m} \omega_i U_i(x_i)$$

总体效用只是单个属性所产生效用的加权和。为了具体说明这一点，我们可以假设某一备选方案的结果可以用三个属性完全描述：

$$U(x_1, x_2, x_3) = \omega_1 U_1(x_1) + \omega_2 U_2(x_2) + \omega_3 U_3(x_3)$$

在对三个单属性效用函数求和之前，将每个函数乘以权重（ω_1、ω_2 和 ω_3）。一般情况下，所有属性的权重之和为 1（$\omega_1 + \omega_2 + \omega_3 = 1$）。每个权重反映每个属性对利益相关方的相对重要性。例如，如果 $\omega_1 = 0.80$，$\omega_2 = 0.10$，$\omega_3 = 0.10$，则利益相关方的总体效用主要由属性 x_1 决定，而另外两个属性的重要性较低（且相等）。下面我们具体说明如何从利益相关方处得到权重。

这种多属性效用函数是可加的：涉及将单个属性的加权效用简单相加。对于大多数人来说，这种函数比较直观，可以有效地应用于多种情况。例如，如果属性是阅读、数学和科学成绩，那么研究人员可能会将这三者看成可以累加的认知收益。然而，可加的效用函数是有限制条件的，它假设每个属性对应的偏好是相互独立的。但这种假设或许不切实际，因为家庭可能会希望孩子在所有学科都获得一定进步，而不是只有一科获得较大收益。

在得出总体效用之前，还有两个步骤。第一，我们需要依据常见的效用量表转换效用水平，以表示对属性的偏好程度。也就是说，我们需要定义函数 $U_1(x_1)$、$U_2(x_2)$ 等，准确描述属性每增加一个单位所关联的效用。第二，我们需要确定权数 ω_1、ω_2 等，反映每个属性在总体效用中的相对重要性。为了实现这一目标，以下各节将探讨决策分析领域的学者发明的一些方法。

7.3.2　评估单属性效用函数的方法

本节介绍几种评估单属性效用函数的方法：比例评分（proportional scoring）、直接法（the direct method）和可变概率法（the variable probability method）。为了更好地展示每种方法，我们假设一些效益数据。假设我们刚刚评价了四个独立的计算机辅助数学教学项目。四个项目（A、B、C 和 D）均根据单一属性——数学成绩——进行评价。测试包含 25 道题，结果如表 7.2 所示。接下来，我们会根据同一个效用量表对这些属性得分进行转换。

表 7.2   四个计算机辅助数学教学项目评价的假设数据

项目	数学成绩（分）
A	4
B	20
C	12
D	16

比例评分

第一种方法是比例评分，根据常见的效用量表将属性进行简单线性重调。可以通过图表方式或数学方式完成调整。在图 7.1 中，我们提供了比例评分的图示。每个数学成绩（从最低的分值到最高的分值）都绘制在 x 轴上。y 轴上的效用范围为 0—100。效用范围的低值和高值是任意给定的，即我们可以将端点设置为任何值。对每个属性的效用评估必须采用相同范围的量表（并最终合并为单一效用测量指标）。

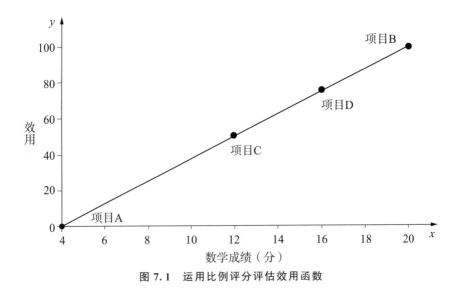

图 7.1   运用比例评分评估效用函数

如图 7.1 所示，数学成绩最低分的效用设为 0，最高分的效用设为 100。

散点所连成的直线表示提高数学成绩会增加的效用。在此例中，数学成绩每增加 4 分会使效用提高 25。当然，这只是我们的假设。我们没有直接的证据表明人们的偏好确实存在这种线性关系。还有一种可能的情况是，当数学成绩较低时，小幅度的提高会导致效用的显著增加，但是当数学成绩较高时，提高相同的分数所增长的效用却不如前者。这需要用曲线效用函数而非线性效用函数表示。我们随后会考虑这种可能性。

我们可以通过数学方法得出相同的效用值，无须借助图形。公式非常简单：

$$U(x) = \frac{x - 最低分}{最高分 - 最低分} \times 100$$

当数学成绩为 12 分时（备选方案 C），应用公式可得出效用值为 50（可以通过查看图 7.1 进行验证）：

$$U(12) = \frac{12 - 4}{20 - 4} \times 100 = 50$$

从某种意义上来说，比例评分并不是真正的方法，因为它不依赖于利益相关方所表达的偏好。它只是假设属性的增加与效用之间有线性（成比例）相关关系。

直接法

如果不采用比例评分，我们也可以从利益相关方那里直接获得不同属性变化带来的效用。最简单的方法是直接法。应用直接法需要在相关属性量表上确定最低值和最高值。在这个例子中，数学成绩最低是 4 分，最高是 20 分。像前面一样，规定它们在效用量表上分别对应一个最低值（0）和一个最高值（100）。然后，要求受访者以这些极值为参照，直接对中间水平属性的偏好进行评估。在我们的示例中，中间水平是与中间备选方案相关联的数学成绩。相比而言，这个方法对于评估其他可能出现的成绩也很有帮助。我们可以对教育专业人员或父母进行一项调查，请他们为数学测验所得分数赋值。假设这个过程出现以下结果：

$U(4) = 0$(任意赋值)

154

$U(8)=40$（相对于任意赋值的判断）

$U(12)=75$（相对于任意赋值的判断）

$U(16)=95$（相对于任意赋值的判断）

$U(20)=100$（任意赋值）

155 　　数学成绩及其相应的效用如图 7.2 所示。研究人员可以使用可视化方法在散点上绘制一条平滑的曲线。许多研究人员也会使用统计方法得出一条最贴合数据的曲线。本例中的数据表明，数学成绩与效用之间是非线性相关关系。当数学成绩提高时，往往效用也会增加，但效用增加的速度减缓。当然，根据调查的情况，效用函数可以采取多种不同的形态（以上示例的基本框架参见 von Winterfeldt & Edwards，1986；Gray et al.，2011）。

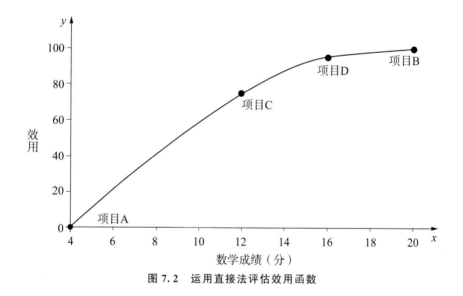

图 7.2　运用直接法评估效用函数

可变概率法

　　可变概率法要求利益相关方对某一属性的不同数量进行偏好评估。与直接法相比，它需要进行另一种类型的思维实验。假设可以在两个不同选项之间进行选择：如果选择冒险，一旦获胜就会获得最高的属性得分（本例中是指数学成绩为 20 分），而失败就获得最低分（数学成绩为 4 分），获得最高分

和最低分的概率分别为 p 和 $1-p$；如果选择不冒险，则肯定可以获得给定的
中等水平数学成绩。现在我们先将中等成绩固定为 12 分。图 7.3 的决策树表
示了这种冒险选择。

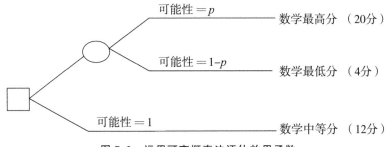

可能性 $=p$　　数学最高分 （20分）

可能性 $=1-p$　　数学最低分 （4分）

可能性 $=1$　　数学中等分 （12分）

图 7.3　运用可变概率法评估效用函数

　　为了评估中等水平成绩的效用，需要个体选择一个使得选择高风险方案
（可能有高收益或低收益）和低风险方案（有中等收益）无差异的概率（p）。
例如，假设初始概率为 0.99。也就是说，个体将面临两种选择：（1）有 0.99
的概率获得最高分，同时有 0.01 的概率获得最低分；（2）一定能获得中等
分。此时，许多人可能会觉得有风险的选择最有吸引力。

　　假如我们假设的初始概率是 0.01 而不是 0.99 会怎么样呢？在这种情况
下，大多数人可能不会选择冒险，因为吸引力很小。相反，他们可能更偏向
于选择一定能获得中等分。

　　当 p 为 0.99 和 0.01 之间的某一个值时，个体有可能对这两种选择的偏
好没有差异。在图 7.3 的情况下，假设概率为 0.60 时，个体对两种选择的偏
好无差异，那么我们可以将这个概率解释为数学成绩为 12 分时的效用（效用
量表的端点设置为 0 和 1）。为了采用与先前示例相同的效用量表，我们将
0.60 乘以 100，得出效用为 60。将上述过程重复用于不同的数学成绩，可以
产生这些数学成绩所对应的效用。这些结果也可以用类似图 7.1 和图 7.2 的
图示来表示。

7.3.3　评估权重的方法

在为每个属性定义了单属性效用函数之后，我们需要用某种方法来获得总体效用中每个属性的相对权重或"重要性"。直接法和可变概率法是两种常见的方法。

最简单的直接法要求个体根据属性的相对重要性将 100 点分配给各属性。假设个体认为数学成绩大约占总体效用的一半，则将 100 点中的 50 点分配给数学成绩。计算机能力是第二重要的属性，分配 30 点。最后，学生满意度获得 20 点。为了使三个权重总和为 1，将每个估计值都除以 100，得到权重分别为 0.50、0.30 和 0.20。也可以要求个体按照重要性顺序对属性进行排名，这是直接法的变体。

可变概率法要求个体在两个选项之间进行选择。一个是有风险的选项，有两种可能的结果，例如，所有属性均获得最高测试成绩，概率为 p；所有属性均获得最低测试成绩，概率为 $1-p$。另一个选项是确定的结果，例如，仅一个属性获得最高测试成绩。如果概率 p 为 0.99，那么许多人会选择有风险的选项。如果概率 p 为 0.01，那么风险选项的吸引力就会大大降低。在这两个 p 值之间存在一个概率，使得个体对这两个选项的偏好无差异。这个概率可以解释为这个测试的权重。估计了所有属性的权重以后，它们的总和应为 1[①]。

到目前为止，我们已经介绍了几种评估个体效用的方法。然而，我们还需要明确应该评估谁的偏好。至少可以考虑三类群体：（1）相关社区的整体人群；

（2）直接受到干预影响的人群，如有孩子上学的家庭；（3）小部分人群代表，如教师、行政人员或学校董事会成员。在选择人群时，评价人员还应考虑

[①]　如果总和接近但不等于 1，则可以通过用权重除以权重之和来使其标准化。如果总和不接近 1，则表明可加效用函数不能充分代表个体的偏好（Clemen，1996）。分析人员可能需要使用更复杂的包含属性间交互的效用函数。这些已在上一节中简要提及。有关更多详细信息，建议读者参阅克莱门（Clemen，1996）或基尼和雷法（Keeney & Raiffa，1993）的研究。

CU 分析的结果会如何改善决策或改变实践。例如，如果研究的动机是帮助父母在阅读策略之间进行选择，那么父母的效用就是一个相关的偏好。与我们的总原则一致，CU 分析应该测量的是整个社区的偏好。

偏好可以通过调查得出。[①] 然而，抽样应当谨慎，因为偏好多样性的程度可能难以判断。在教育研究中，几乎没有范例可以用于指导。早期的教育 CU 分析仅得出小部分管理人员或其他利益相关者的偏好（如 Fletcher，Hawley，& Piele，1990；Lewis，Johnson，Erickson，& Bruininks，1994）。最近，罗斯（Ross，2008）发现，在当地学区中，不同类别的专业人士在评价图书馆服务的权重和评分时有很大差异。最后，在一项有关阅读结果的研究中，西蒙（Simon，2011）发现，阅读专家的偏好因学生是普通读者还是阅读困难读者而有所不同。具体来说，与对普通读者的关注点相比，这些专家更重视阅读困难读者的音素意识结果，而不那么看重流利度。如果偏好的组间差异很大，那么效用的测量可能是无效的。

7.3.4　使用效用的测量指标

很少有教育干预项目将效用的测量指标用于衡量效益（如 Ross，2008；Simon，2011）。例 7.1 是一个完整的例子，所关心的是特殊教育项目的结果。

例 7.1　不同特殊教育方案的成本效用分析（第一部分）

159

特殊教育项目的结果很难甚至不可能用单一效益测量指标（或属性）来表示。因此，多属性效用理论似乎特别合适。在此我们描述评估效用的步骤，在第 8 章中，我们会将这些效用测量指标与成本关联起来，进行 CU 分析。

---

① 然而，在某些情况下，我们不可能获得大量社区成员的意见，可能是因为时间紧张或社区调查的成本过高。有两种可能的替代方案。第一，可以评估直接受到干预影响的父母或学生的代表性样本的偏好。第二，可以获得社区的适当代表群体的意见，例如学校董事会成员或当选的市镇和社区组织的官员。另一些情况下，行政人员或教师的偏好可能可以用来确定方案的效用。

　　达雷尔·刘易斯（Darrell Lewis）及其同事（Lewis et al., 1994）比较了三种不同的特殊教育管理架构产生的效用（和成本）。这三种方案是：（a）独立学区（为当地所有学生提供特殊教育服务）；（b）中心学区（主要为低发病率失能学生提供联合服务）；（c）联合学区（各学区共同进行特殊教育）。讨论重点是哪种管理架构产生的效用最高、成本最低。

　　因此，第一步是测量效用。评价人员与包括教师、行政人员和父母在内的利益相关方一起合作确定了判断备选方案成功与否的属性。这些属性在表7.3中逐项列出，分为四类：（1）学生学校生活参与；（2）项目满意度；（3）项目完成者的成绩；（4）项目过程。

表7.3　特殊教育备选方案的效用估算

干预	独立学区方案		
	权重	未加权的属性效用（0—100）	加权属性效用
学生学校生活参与			
获取教育/社会经验机会	0.09	32.5	2.9
参与课外/社会活动	0.07	13.3	0.9
参与主流项目	0.09	80.0	7.2
项目满意度			
父母表示满意	0.05	84.7	4.2
学生表示满意	0.05	48.0	2.4
教师和行政人员表示满意	0.04	82.7	3.3
公众表示满意	0.05	90.0	4.5
项目完成者的成绩			
表现出适当的社会行为	0.06	77.5	4.7
在独立/半独立的环境里生活	0.06	54.0	3.2
有社交和娱乐关系网	0.06	89.9	5.4
参与有意义的职业环境	0.06	88.5	5.3
完成全部学习年限	0.05	100.0	5.0

续表

干预	独立学区方案		
	权重	未加权的属性效用（0—100）	加权属性效用
项目过程			
提供适当的课程结构	0.10	74.7	7.5
为父母提供训练与支持	0.08	59.3	4.7
提供适当的员工支持	0.09	40.0	3.6
总和	1.00		64.9

资料来源：改编自 Lewis et al. （1994）。

同一组利益相关方使用直接法为每个属性分配权重。利益相关方均根据重要性对所有属性进行排名，为最重要的属性分配 100 点。以 100 点为基准，为其余的属性分配相对较小的点数，将所得值标准化后得到权重，权重加总为 1。得到的最终权重在表 7.3 的第二列中列出。

接下来，评价人员访问了学区并进行调查，收集每个属性的效用数据。他们采用了多种量表进行测量。但是，我们必须将所有量表转换成为通用的效用量表，将每个属性的最低效用定为 0，最高效用定为 100。评价人员使用了比例评分来转换属性的得分。表格的第三列列出了独立学区备选方案的未加权的属性效用。

最后一步是将权重和未加权的效用结合起来，得出备选方案的总体效用。为此，评价人员采用了具有可加性的多属性效用函数。用属性的效用乘以其权重得出加权效用，见第四列。然后对加权效用求和，从而得出备选方案的总体效用。该表显示，独立学区备选方案的总体效用为 64.9。未在表中显示的其他计算结果表明，中心学区备选方案的总体效用为 70.4，联合学区备选方案的总体效用为 65.2。

结果表明，中心学区备选方案是最有吸引力的，因为它的效用最高。但重要的是，还需将这些结果与成本估计结合起来，以便确定哪种备选方案能够以最低的成本取得既定水平的效用。我们将在第 8 章中介绍 CU 分析。

资料来源：改编自 Lewis et al.（1994）。

质量调整生命年（quality-adjusted life year，QALY）是一种非常普遍且广为接受的效用测量指标。一年中健康状况都为良好时的质量调整生命年为 1，随着健康状况逐渐变差，质量调整生命年逐渐降为 0。评价健康干预项目通常是看项目对预期寿命的影响，也就是说，某种干预手段能够延长多少年寿命。预期寿命虽然能有效评价一些干预项目，但不能反映个体寿命延长所获得的生活质量或满足感。两种干预手段可能都可以延长两年的寿命，但是如果其中一种干预会使个体能力严重受损或丧失，那么这种干预显然不太可取。估计干预手段产生的质量调整生命年必须估计生活质量权重，生活质量权重可以反映对不同健康状态的满意度。生活质量权重可以通过多种方法获得，例如标准博弈法（standard gamble method）或时间权衡法（time trade-off method）（关于这些方法的综述，参见 Weinstein et al.，2009；Whitehead & Ali，2010）。由于质量调整生命年在健康科学领域受到认可，越来越多的研究人员采用质量调整生命年作为评价教育干预项目的一种方法。例如，莫宁、菲谢拉、坦克雷迪和费兰克斯（Muennig，Fiscella，Tancredi，& Franks，2010）估计高中毕业生会比高中辍学学生多 2.4 个质量调整生命年。舍尼、道、米勒和帕穆克（Schoeni，Dow，Miller，& Pamuk，2011）根据教育水平估计了一系列提高教育水平所增加的质量调整生命年，也发现高中毕业生比高中辍学学生有更大的质量调整生命年增长。因此，特别关注儿童健康的教育干预项目可以依赖质量调整生命年这一成熟的效用测量指标。

最后，尽管缺乏明确可供教育研究人员使用的效用测量指标，但值得注意的是，许多效益测量指标都是主观性的。例如，大学评级是各属性的数学组合，其中权重也来自调查信息，学生参与度指数是学生的观点反馈，而教师和教学能力通常也是以学生的评价为基础的（Pike，2004；Spooren，

Brockx，& Mortelmans，2013；Webster，2001）。这些测量指标是人为创建的，应根据它们对决策者偏好反映的准确性程度来进行评判。当效益没有明显的效用测量指标时，分析人员需要自行开展调查，得出哪些结果是最有价值的，以及如何为不同结果赋予权重。

7.4   结   论

为了开展 CE 分析，本章围绕什么是好的效益测量指标进行了回顾。这与在 BC 分析中使用影响评价的方法是类似的，但包含一个非常特别的步骤，即将效果转化为货币价值。我们将在第 9 章中谈及这个问题。

我们不能低估选择合适的效益测量指标的难度和采用不当效益测量指标的风险。如果效益测量指标不合适，那么浪费时间和资源进行准确的成本测量和严格的评价设计是几乎没有意义的。也就是说，我们讨论的大部分内容是关于效益测量本身的影响因素，这是所有影响评估的重点。效益测量必然要充分反映干预项目的目标，并且能用单个数据表示（即使这个数据可能是多个概念的组合或从效用函数中得出的）。效益的测量最好能用连续的量表解读。

最好用实验法来估计所测量的效益。但是我们应注意到，这并不是因为实验法更可靠或具有内在有效性。相反，这是因为实验法能够收集更多有关干预实施的信息，从而能够收集到有关干预项目的成本信息，以及反事实情况下的信息。

有了有效、可靠且有意义的效益测量，我们可以将其与成本信息结合起来计算 CE 比。这是下一章的主题。

◎ **讨论题**

1. 在 CE 分析中，选择效益测量指标应该依据什么标准？

2. 项目效益测量的有效性有哪些潜在威胁？哪些估算和测量方法可以用来克服这些威胁，这些方法有什么局限性？

3. 什么是元分析？为什么元分析在 CE 分析中的应用可能会受到限制？

◎ **练习题**

1. 作为学区的一名分析人员，你需要回顾项目对提高高中学习成绩的证据。你找到一些研究（见表 7.4）。

表 7.4　一些高中干预项目

项目	干预组规模（人）	相对于对照组，干预组高中毕业率增长的百分点（个）
人才搜索	3930	10.8
就业工作团	3940	17.0
工作启动（JOBSTART）	1028	15.1
新机遇（New Chance）	1240	9.2
国民警卫队青年挑战项目	596	19.8

你会如何表示这些结果以将其用于 CE 分析？你推荐哪个项目？还有哪些效果信息可能有用？

2. 你需要对一系列中学数学项目进行 CE 分析，每个项目都经过了实验评价，将其项目效果与标准数学课程进行比较，评价中采用了不同的测验量表。表 7.5 总结了其结果。

表 7.5　一些中学数学项目的结果

项目	样本	测量	结果
阿尔法数学 （Alpha Math）	两组六年级数学班学生	州数学评价的进步效应量	0.1[**]
一流代数 （Acing Algebra）	四组八年级数学补习班学生（低于年级水平两年）	项目评价的进步效应量	0.25[***]
西格玛！ （Sigma!）	三组六年级数学班学生（正常年级水平）	标准数学测验的进步效应量	0.15[*]
第一代数 （Primed for Algebra）	三组七年级学生（低于年级水平一年）	标准数学测验的进步效应量	0.08

注：$*\ p \leqslant 0.05, **p \leqslant 0.01, ***p \leqslant 0.001$。

在 CE 分析中你会比较哪些项目？你不建议在 CE 分析中比较哪些项目？为什么？进行比较时你还会考虑哪些因素？

3. 在针对社区学院学生经济激励项目的实验研究中，巴罗等人（Barrow et al.，2014）估计了如表 7.6 所示的结果（均具有统计学意义）。

表 7.6　社区学院学生经济激励项目结果

	两个学期后的基线	项目效果
任何课程的参与率（％）	49.6	15.0
已选的总学分（分）	4.9	1.2
已完成的大学学分（分）	2.1	0.9
已完成的总学分（分）	2.8	1.1

请问哪种测量最适合 CE 分析？

第8章 成本效益分析

◎ 目标

1. 将成本与效益表示为一个比率。

2. 解读 CE 比。

3. 提供 CE 分析过程的示例。

4. 回顾教育成本效益方面的研究证据。

CE 分析是一种比较分析：它帮助评价备选政策，从而确定哪种政策能够以最小的成本实现决策者的目的。因此，本章将成本分析和效益方面的证据合并形成一个指标：CE 比。估计出成本和效益之后，就很容易根据这两者为每种政策选项计算出一个比率。然后，可以对这些比率进行排序，以确定哪些选项能够以最低的成本获得一定的效益，或者能够以一定的成本获得最高的效益。不过，很明显，一些研究并未详细解释这样的排序是如何运用于比较的，这给对结果进行恰当解读和对各种政策进行恰当比较造成了困难。

我们首先对 CE 比进行定义，并提出一个基本示例来说明 CE 分析。接下来，我们介绍一些可以用于 CE 分析的其他指标。虽然 CE 比在数学表达上很简单，但我们仍需要对其进行详细解释，才能有助于决策的改进。干预的效益本身可能很容易解释，成本在其相应的背景框架下也容易解释，而把两者结合起来进行解释却并不那么容易。不应该将 CE 指标理解为对成本或效益的描述，而应理解为这两个概念如何互相联系从而使决策者了解有关效率的问题（在发展中国家背景下的相关讨论参见 Dhaliwal et al.，2012；McEwan，2012）。因此，我们详细讨论如何解读与解释 CE 分析的结果。最后，我们回顾教育 CE 分析的研究证据，主要是从整体的角度讨论相关经验，而不是讨论具体的发现。阅读本章需要注意的一点是，分析的一个前提假设是成本和效益已经通过严谨的方法精确地估算出来了。当估计值具有不确定性时应如何进行分析，将在第 11 章讨论。

8.1 成本效益比

CE 比是成本除以效益所得出的结果。成本数据的收集需要运用资源要素法，我们已经在第 5 章中进行了介绍。对于效益，理论上可以使用任何教育效益的测量指标，但是必须是同一变量，且效益的识别必须使用合理的研究方法，这些内容也在第 7 章中进行了讨论。成本和效益应该用相同的计算单位来表示，如生均成本和生均效益。

关于如何恰当地结合成本和效益，有两个关键且相互关联的因素。第一，成本的测量必须和效益的测量结果直接相关。也就是说，计算成本（包括诱发成本）所基于的资源即是产生所测量效益的资源。这种联系有时并不明显，比如，项目在不同人群中实施，而有效益的证据只出现在其中一组学生中。第二，干预的成本为干预项目超出未进行干预时所需成本的增加部分，效益结果也是如此。这是将 CE 比正确解读为增量成本效益的必要条件。

有了这些前提条件，用数学方法来计算成本效益比就很简单了。在计算 CE 比（CE ratio，CER）时，用所选干预方案（下标 T）相对于其反事实（下标 C）的成本（C）除以其相对效益（E）如下所示：

$$CER = \frac{C_T - C_C}{E_T - E_C} = \frac{\Delta C}{\Delta E}$$

这个比率可以解释为产生额外一个单位的效益所需的成本。大多数干预或项目的 CE 比，是用 $CER = \dfrac{C}{E}$ 这个简化版公式来报告的。这是因为效益通常测量的是与基线水平对比的增量（如学业成绩增长的效应量）。然而，需要认识到，简化版本质上是从完整版推导出来的：这个比率是成本的净增量，即项目或干预方案和反事实的成本之差，除以项目效益的净增量而得到的结果。我们将在之后讲到，这个比率的计算需要仔细斟酌，因其需要小心解读。

一般情况下，决策者会选择产生同样单位效益时所需成本最低的方案。因此，我们需要将备选方案根据 CE 比从小到大进行排序。产生相同效益的情况下，成本最低的方案即为最具成本效益的方案。实际上，这个比率就是产生一个结果的代价，付出最小的代价即是最理想的。

举一个基本的例子，用 CE 分析比较提高数学和阅读成绩的各种方法。在 20 世纪 80 年代大量的 CE 分析中，莱文、格拉斯和迈斯特（Levin, Glass, & Meister, 1987）对被普遍支持的四种提高低年级学生数学和阅读成绩的方案进行了 CE 分析，比较了这些项目与常规教育的成本和效益。（尽管这些政策方案现在的效益和成本可能和例子中的情况完全不同，但这些政策方案至今依然存在争议。）四种方案分别为：（1）延长在校时间（延长 1 小时，半小时学习数学，半小时学习阅读）；（2）计算机辅助教学（每天进行 10 分钟的训练和操作）；（3）跨龄同伴辅导（五年级或六年级的学生帮助低年级学生）；（4）缩小班级规模。对于每一种方案，每个学生的年均成本都是通过资源要素法估算的，以保证方案的成本与其所提高的数学和阅读成绩相对应。

各方案的成本和效益见表 8.1。成本最低的干预是每班减少 5 名学生和延长在校时间，成本最高的干预是跨龄同伴辅导。以数学和阅读成绩的标准差（效应量）为单位分别表示每种干预的效益。跨龄同伴辅导的效益最高，而缩小班级规模和延长在校时间的效益最低。

表 8.1　四种干预方案的成本、效益以及成本效益比

干预方案	数学			阅读		
	成本 （美元）	效益	成本效益比 （美元）	成本 （美元）	效益	成本效益比 （美元）
延长在校时间	176	0.03	5870	176	0.07	2510
计算机辅助教学	343	0.12	2860	343	0.23	1490
跨龄同伴辅导	611	0.97	630	611	0.48	1270
缩小班级规模（从 30 人 至 25 人）	181	0.07	2590	181	0.04	4530

资料来源：改编自 Levin et al.（1987，表 1 和表 2）。

延长在校时间：新教师评价研究（Glass，1984）。计算机辅助教学：训练与练习（Ragosta，Holland，& Jamison，1982）。跨龄同伴辅导：国家项目（Glass，1984）。缩小班级规模：对 14 个关于缩小班级规模实验评价研究的元分析的证据（Glass，1984）。

注：根据城镇工薪阶层和文职人员消费者价格指数（CPI-W）调整为以 2015 年美元计算。CE 比保留到十位数。

表 8.1 第四列和第七列的数据为用每种干预的成本除以其效益所得的各学科 CE 比，表示学生取得一个单位成绩进步所需的年化成本。例如，对于每年取得额外一个单位数学成绩上的进步，延长在校时间的成本大约为 5870 美元，而如果采用跨龄同伴辅导，取得相同的进步只需要大约 630 美元。事实上，延长在校时间在提高数学成绩方面的成本效益不到计算机辅助教学或缩小班级规模的一半。而最具成本效益的方法是跨龄同伴辅导，只需要约九分之一的资源就能在数学上达到与延长在校时间相同的效益。对于阅读，不同的干预也有不同的成本效益。取得额外一个单位阅读成绩上的进步，采用延长在校时间所需的成本大约是跨龄同伴辅导的两倍（两者分别为 2510 美元和 1270 美元）。但对于提高阅读成绩，最不具成本效益的干预方案是缩小班级规模，学生在阅读上取得特定进步的人均成本约为 4530 美元。

8.2　其他成本效益指标

8.2.1　成本效用比

如第 7 章所述，可以通过直接估计效用函数来测量效益。虽然效用指标是人为给定的，但如果测算方法合理的话，它可以更精确地测算出干预项目是否达到目标。

估计好效用（U）后，用每种方案的成本（C）除以所估算的效用即可得出成本效用比（CUR），如下所示：

$$CUR = \frac{C}{U}$$

$$CUR = \frac{C_T - C_C}{U_T - U_C} = \frac{\Delta C}{\Delta U}$$

CU 比可以解释为，与对照组（C）相比，干预组（T）所获得一个单位效用的成本。与 CE 分析一样，将每种方案的 CU 比按照从小到大排序，比率最小表示这个方案在获得相同效用时所需的成本最低。CU 比和 CE 比可直接类比（Detsky & Naglie, 1990），在报告和解释时，所需注意的方面也是相同的。进行敏感性检验（将在第 11 章讨论）的方式也相同。

例 8.1　不同特殊教育方案的成本效用分析（第二部分）

在第 7 章的例 7.1 中，我们曾提到过，达雷尔·刘易斯及其同事（Lewis et al., 1994）评价了三种提供特殊教育的方案。

根据多属性效用理论，评价者计算了每种方案的整体效用。同时，评价者还用第 3—6 章所讲的方式估计了每种方案的成本（Lewis et al., 1994）。他们用一个表格列举了每种方案的所有活动和服务，通过查阅管理记录和咨询学校员工，来识别、测量和估算出提供服务过程中所用全部资源的价值，再用所估计出的每年总成本除以登记人数得到每年的人均成本估计。

利用效用和成本信息，可以直接计算 CU 比。如表 8.2 所示。

表 8.2 特殊教育方案的成本效用比

	独立学区方案	中心学区方案	联合学区方案
每年生均成本（美元）	51060	26380	24490
整体效用	64.9	70.4	65.2
成本效用比（美元）	787	375	376

资料来源：改编自 Lewis et al.（1994）。

注：经调整，以 2015 年美元计算。

用成本除以效用即得到三个 CU 比。这些比率可以解释为增长一单位整体效用所需的年化生均成本。学区必须为学生提供特殊教育服务。因此，对于这些比率，更适合根据它们的相对排序进行解释，也就是说，决策者更关心哪种方案是最具成本效益的，而每单位效用的具体成本值并不那么重要。从这些结果中可以很明显看到，独立学区方案是三种方案中最没有吸引力的。它不仅成本比另外两种方案高，而且整体效用更低，它的 CU 比是最高的，为 787 美元。另外两种方案在成本和效用上略有差别，但是它们的 CU 比几乎是相同的，分别为 375 美元和 376 美元。从成本效益上来看，这两种方案都比较有吸引力。当 CU 比相同或相近时，做决策就需要考虑其他方面，比如实施方案的难易程度或者资金约束。

资料来源：改编自 Lewis et al.（1994）。

8.2.2 效益成本比

有些人选择用另外一种方式将成本和效益结合起来。比如，用每种方案的效益（E）除以相应的成本（C），得出效益成本比（ECR），如下所示：

$$ECR = \frac{E}{C}$$

$$ECR = \frac{E_T - E_C}{C_T - C_C} = \frac{\Delta E}{\Delta C}$$

对效益成本比的解释是，消耗一单位成本（通常为 1 美元）所能获得的效益。比如，这个比率可以表示每消耗 10 万美元资源所获得的效益。我们需要将方案根据效益成本比的大小进行从大到小的排序，并选择每单位成本所获效益最高的方案。如果决策者的预算是有限的，效益成本比可以帮助决策者了解特定的预算能"买"到多大的效益。

如果解读得当，根据 CE 比和效益成本比所得出的结论应该是相同的。卫生健康领域的 CE 研究均计算 CE 比，这也是国家开展相关研究的指南中认可的方式（Gold，Siegel，Russell，& Weinstein，1996；McGhan et al.，2009；Neumann et al.，2016）。而教育方面的研究通常会将两种比率都计算出来，因此研究者在解释这些研究结果的时候要注意正确解读。为了使操作标准化并且避免歧义，最好报告 CE 比。

8.2.3　基于期望值的成本效益比

对于 CE 分析来说，效益的测量指标必须是单一值。但该指标仍然可以通过估计期望值的方法推算出来。

用一个简单的例子来解释推算过程。某大城市学区的负责人认识到高中辍学率过高。学区决定在下一年实施项目以帮助降低辍学率，但还需要一个详细的计划。目前有两个主要选择。在前一年，学校已经成功实施了项目 A，它帮助 95 名学生免于辍学，成本为 20 万美元，学区有信心复制上一年项目实施的效果。另一个选择是本地大学正在推行的一个旨在减少辍学的创新项目（项目 B）。成本分析显示项目 B 的成本是项目 A 的一半（10 万美元）。然而，它的效益是不确定的，项目 B 的结果有几种可能性：（1）非常成功，成功帮助 170 名学生免于辍学；（2）部分成功，成功帮助 75 名学生免于辍学；（3）略微成功，只成功帮助 5 名学生免于辍学。在与项目设计者和学校教师讨论之后，校长估算三种结果发生的概率大约分别为 0.15、0.60 和

0.25。那么学区负责人应该如何利用这些信息在项目 A 和项目 B 中做出选择呢？

第一步是总结决策树上的可用信息（参考第 7 章）。假设我们选择项目 A，那么我们有一个较为确定的结果，也就是减少 95 名学生辍学，CE 比约为 2105 美元（200000÷95＝2105）。而在项目 B 中，我们以三种结果发生的可能性为权重，对三种结果计算加权和作为期望值，如下所示：

$$0.15×170＋0.60×75＋0.25×5＝71.75$$

由计算可知，项目 B 结果的期望值为 71.75，那么项目 B 的 CE 比约为 1394 美元（100000÷71.75＝1394）。项目 B 的 CE 比比项目 A 少 700 多美元，这意味着项目 B 每减少一名辍学学生所需的资源更少。通过这个例子可以看到，利用期望值来计算效益是一种直接的方法。成本计算也同理，如果有相关的信息，可以通过相同的方式来计算成本的期望值。

8.2.4　混合成本效益比

有时，评价人员可以得出部分结果的货币价值，但不是全部所涉及的结果都可以货币化，在这种情况下，评价人员可能需要混合利用 CE 分析和收益成本分析，估算的成本可以根据可能的货币收益进行调整。混合成本效益比的分子是成本（C）减去货币收益（B），而分母则是之前给出的效益（E），如下所示：

$$CER = \frac{C-B}{E}$$

举个例子，假设我们对两个课后辅导项目进行 CE 分析，这两个项目的目的是提高数学成绩。每种方案都会根据其在提高数学成绩上的成本和效益进行评价。在评价过程中，人们意外地发现课后项目减少了社区中蓄意破坏行为的发生。这是一个重要的发现，但是如何在分析中运用这个发现呢？一种可能是对其进行单独的 CE 分析，使用第二个效益指标（如报告犯罪数目的减少）。另一种可能是给减少犯罪产生的收益赋予一个货币价值。这些货币收益应该从项目消耗的成本中扣除。最后再用扣除货币效益后得出的净成本，除以项目在提高数学成绩方面的效益。

　　这种混合的方式虽然合理，但并不经常使用。这种减去货币收益的做法只是一种权宜之计，而且这样的 CE 比难以解释，因为分子是资源的净价值，而不是项目的成本。

8.3　解读成本效益比

　　尽管 CE 比的数学表达式很简单，但仍需要仔细报告和解读，才能对决策者有用。在具体情境下理解 CE 比依然存在许多问题，接下来我们会详细讲解。首先，我们以人才搜索项目为例，简单了解 CE 分析的应用。

　　人才搜索是一个多年期的项目，旨在提高高中毕业率和增加高等教育的入学机会。使用资源要素法，估算人才搜索项目的生均成本现值为 3900 美元（根据不同地点加权）（Bowden，2014）。相比于没有参加人才搜索项目的学生，该项目资源使高中毕业率提高了 8.2 个百分点，预期高等教育的入学率提高了 10.7 个百分点（Constantine，Seftor，Martin，Silva，& Myers，2006）。根据这些信息，我们可以进行 CE 分析。

　　为了便于解读，最好用数量（而非百分比）来表示效益的增加——也就是说，应该采用相对于没有实施人才搜索项目的学校而言，实施人才搜索项目的学校帮助新增加的成功学生数量。（如果用成本除以用增长百分比表达的效益得出 CE 比，该比率很难解释。）这项评价中，有 7146 名学生，其中有 590 名转化为新增加的高中毕业生，有 768 名转化为新入学的大学生。每名学生（不是每名新增加的成功学生）参与期间的成本为 3900 美元，由此，项目运行的总成本为 2790 万美元。

　　CE 分析的结果如表 8.3 所示，CE 比在最后一行。这两个比率可以解释为单位产出的成本（或平均成本）。每名高中毕业生的成本是 47290 美元，每名大学新生的成本是 36330 美元，这是增加一个成功学生所需的全部资源。

通过这个简单的案例研究，我们探讨了理解 CE 比的关键问题。这个过程中，我们假设分析有足够的样本量来准确估计成本，并且能够识别出统计上显著的效益。这里的重点是确保 CE 分析的结果得到正确的报告与解读。

表 8.3　人才搜索项目的成本效益比

	与高中未毕业相比	
	高中毕业	大学入学
参与者（人）	7146	7146
增长的百分点（个）	8.2	10.7
成功学生的数量（人）	590	768
每名参与者的社会成本（美元）	3900	3900
总成本（美元）	27900000	27900000
成本效益比（美元）[①]	47290	36330

资料来源：改编自 Bowden（2014）；Bowden & Belfield（2015）。

注：经调整，以 2015 年美元计算。

分析的关键包括：项目规模以及规模如何影响成本；效益以及所选效益指标对于理解 CE 的合理性；如何解释 CE 比所反映的货币价值。

首先，在比较几种方案的 CE 比时，分析人员应注意方案的规模。规模对成本有影响，项目规模不同，每个参与者的平均成本不太可能相同。理想的情况是，相互比较的各组在规模上大致相似，但在某些情况下，组与组之间存在很大的规模差异。例如，假设一个在城市学区的项目成本为 1 万美元，能够减少 20 名高中生辍学（CE 比为 500 美元）。另一个规模更大的项目成本为 10 万美元，能够减少 160 名高中生辍学（CE 比为 625 美元）。根据我们的决策规则，第一个方案似乎更划算。然而，它的规模也小得多。也许我们会选择将第一个项目的规模扩大，但是我们不能确定它的成本效益。效益可能会因为实施中的问题而被稀释，平均成本也可能会因为规模经济而降低。就

———————————

① 成本效益比保留到十位。——译者注

人才搜索项目来说，所评价的学生总数为 7000 人，但这个数据是从九个不同规模的干预地点汇总而来的。平均成本可能不随干预地点数量的增加而增加，但可能会随每个干预地点参与者数量的增加而变化。这种情况下，分析人员应该仔细考虑，如果某一干预项目的规模发生变化，将会对其效益和成本（以及干预项目的 CE 排名）产生何种影响。因此，最好对相似规模的项目进行 CE 比的计算。

其次，对效益测量指标的合理性进行检验。我们认识到，人才搜索项目的 CE 结果基于成功学生的数量。对于参加人才搜索项目后依然未能高中毕业或未能进入大学的学生，该项目的价值接近于零；同样，对于那些无论是否参加人才搜索项目都会高中毕业或进入大学的学生，这个项目的价值也等同于零。这些项目参与者使用的资源被考虑在内，但是他们从项目参与中的获益却被看作零。这合适吗？答案大概是肯定的，因为这种效益测量指标，即完成高中学业，是作为影响评价的一部分独立选择出来的（见第 7 章）。如果可以从影响评价中排除不成功学生的效益，那么也可以从 CE 分析中排除他们（但是我们承认，即使是没有达到目标的学生，也可能从项目中受益）。

最后，我们应该考虑如何将这些货币价值与项目的背景联系起来。47290 美元很多吗？花这么多钱来确保一个学生完成高中学业，值得吗？从根本上来讲，CE 分析无法回答这个问题。回答这个问题需要我们考虑是否愿意为每一名完成学业的学生支付这项费用，这可能需要 BC 分析。然而，在特定背景条件下回答上述问题也许可行。例如，我们可以将 K－12 教育的成本作为背景信息：2015 年，公立学校在高中四年的生均支出约为 45000 美元（Cornman，2014）。因此，人才搜索项目相当于多花同样额度的钱来保证高中毕业。在绩效拨款的背景下，我们还可以将 47290 美元这一数额与一所学校在高中毕业率上升的情况下获得的额外拨款金额进行比较（或者在毕业率下降的情况下所损失的金额）。如果有机构进行大量的分析，它甚至可能建立一个 CE 的阈值。比如，只要全部资源的成本低于 5 万美元，该机构就有可能愿意资助这个项目来培养更多的高中毕业生。这种方法常被用于一些医疗配给的情境（Neumann et al.，2016）。

值得强调的是，CE 比是帮助决策者从总体上理解效率的一个指标。成本分析用于理解成本，影响评价用于确定效益。成本效益比是一个效率指标。例如，如果增加每单位效应量的 CE 比为 1 万美元，这并不意味着需要增加 1 万美元的额外支出，也不意味着干预将产生一个单位的增量效益。严格地说，这意味着具有该 CE 比干预方案的效率（或成本效益）是 CE 比为 2 万美元的干预方案的两倍。

176

8.4　解释成本效益比

8.4.1　成本效益比的不对称性

CE 比是一个比值，所以比率结果是由负数还是由正数计算得出的也很重要（如果效益为零，该比率无法定义）。大多数情况下，干预需要额外的资源，人们期望其可以产生一些积极的影响。但情况不一定如此，如有些项目可能会产生负面影响或者有资源结余。因此，分析人员在计算比率之前必须检查成本和效益的符号正负情况。

表 8.4 给出的一组假设的项目数据，列举了四种干预方案与对照组学校相比较的结果。四种方案中，方案 A 显然是最具成本效益的方案，它具有较低的成本和正向的影响。CE 比是−500 美元，决策者可以通过实施方案 A 来节省资金。方案 B 是最不受欢迎的方案（成本高、效益为负），但是方案 B 的 CE 比与方案 A 相同。方案 C 和方案 D 的 CE 比相同，但有非常不同的影响。方案 C 成本更高但更有效，这时需要关心的问题是，是否具备负担方案 C 成本的财力；方案 D 成本更低但效益也更低，这就需要考虑能否接受更差的结果。因此，评价人员在报告 CE 比的同时，必须检查计算比率涉及的所有指标的符号情况。

177

表 8.4 成本效益比是负数的情况

方案	增量成本（美元）	增量效益	成本效益比（美元）
A	−1000	2	−500
B	1000	−2	−500
C	1000	2	500
D	−1000	−2	500

　　此外，表 8.4 还说明了在理解 CE 比时的一个更普遍的问题：结果不是连续的，也不是关于零对称的（Briggs，O'Brien，& Blackhouse，2002）。例如，如果方案 B_2 的增量成本为 1000 美元，但其增量效益为 −5，那么它显然比方案 B 更差；但是方案 B_2 的成本效益比（−200 美元）是低于方案 B 的。因此，如果成本效益比有置信区间，且其中分子和分母一正一负时，假设检验就比较复杂。我们将在第 11 章中讨论这种不确定性。

8.4.2　成本效益的平面图

　　一个可以帮助解释 CE 结果的方法是画一个 CE 的平面图。如表 8.4 所示，根据干预成本的高低、效益的高低，有四种可能的结果。我们可以将这些结果表示为象限，创建一个 CE 平面图。

　　该平面图如图 8.1 所示。可以将干预方案与零效益、零成本的现状（原点）进行比较。位于象限 A 的干预方案显然占优势，它们的成本更低，也更有效。位于象限 B 的干预方案是较差的，它们的成本更高，效益也不如其他方案。象限 C 和象限 D 的方案需要进行权衡，表示的是更高的效益需要更多的资源。分析人员可能认为应该根据"不伤害"原则放弃象限 D 中的干预方案。这样的情况下，最好的方案应该在象限 C 中东北方向距坐标原点最远的位置。

　　如图 8.2 所示，使用鲍登和贝尔菲尔德（Bowden & Belfield，2015）分析的九个人才搜索项目干预地点的数据。根据所使用的资源和提高高中毕业率的效益，每个地点都有自己的 CE 比（九个地点的平均 CE 比由"All9"表示）。

图 8.1　成本效益平面图

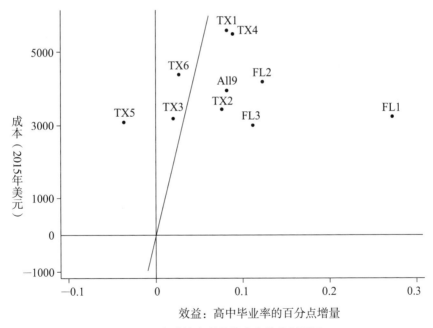

效益：高中毕业率的百分点增量

图 8.2　人才搜索项目的成本效益平面图

资料来源：改编自 Bowden & Belfield（2015）。

图 8.2 中坐标轴将 CE 空间划分为平面上的四个象限。除了一个地点以

外，其他地点都在象限 C 中，与不参与项目相比，它们的成本更高，但也有正向的影响。一个地点在象限 B，它的成本更高、效益更低，因此较差。

CE 平面图的优势在于，我们可以展示支付意愿的阈值。阈值是根据成本和效益计算得出的一个固定的 CE 比。例如，一项成本为 1000 美元、效益为 0.5 的干预方案，与一项成本为 1100 美元、效益为 0.55 的干预方案同样可取，两个干预方案的 CE 比均为 2000 美元。因此，我们可以推广总结，对于任何干预项目，如果通过成本和效益计算得到的 CE 比等于 2000 美元，那它们都是同样可取的。我们在平面上连接给定比率的点，能够得到这个比率的一条线。在卫生经济学中，这个值被称为最大可接受的增量成本效益比（incremental cost-effectiveness ratio，ICER；参见 Gray et al.，2011）。正如前面所讨论的，CE 分析不能为我们提供首选方案的具体价值，因为这是由我们愿意为教育的成果付出多少成本决定的。

这个阈值在图 8.2 中显示为斜率为正的支付意愿线。这条线背后的假设是增加一名高中毕业生的支付意愿为 10 万美元，这条线上的任何一点的 CE 比都是 10 万美元。（这个数可能是由以下研究得出的，例如，每一名高中毕业生在他的一生中将多挣 10 万美元。）这条线将象限 C 分成两个区域。政策制定者会拒绝支付意愿线左侧区域的干预方案。虽然这些干预是有效的，但其成本相对于我们愿意付出的 10 万美元来说过于高昂；或者说，考虑到它们的成本，这些干预方案还不够有效，不能满足我们的支付意愿标准。现在，只有在象限 C 中右侧的干预是可接受的，它们或者是足够有效，或者是成本足够低，符合人们的支付意愿。如果我们做好其产生负面影响的准备，那么支付意愿线也会将象限 D 中的干预分为满足我们支付意愿的干预（支付意愿线右侧的干预）和不满足我们支付意愿的干预（左侧的干预）。因此，支付意愿线减少了可接受干预方案的数量，或者说，缩小了可接受干预方案的范围。（当然，象限 A 中的干预方案总是满足条件的。）

8.4.3　增量成本效益分析

严格地说，每一个 CE 比都要依据干预所达到的产出水平计算。因此，在表 8.1 的例子中，成本为 181 美元的缩小班级规模方案与其效益为 0.07 的数学成绩提升或效益为 0.04 的阅读成绩提升是有关的。如果我们想要的成绩进步量是当前值的两倍，那么我们需要推断，如果数学和阅读的成绩进步提高了一倍（分别为 0.14 和 0.08），需要付出多少成本。可能正好是 362 美元，但也可能更多或更少。

但是，如果我们正在考虑"购买"成绩进步，我们可能想知道达到不同的成绩进步水平所需的成本是多少。此外，如果最具成本效益的干预方案只带来了很小的成绩进步，我们可能会问：是否可以实施另一种效益更高的干预方案，来获得更大的成绩进步（或者是否可以加大首选干预方案的强度）？增加的干预措施将在最初干预方案的基础上实施。最后，政策制定者可能会愿意根据干预方案的成本来评价方案，考虑如果分配更多的资源，可以获得多少额外的成绩进步。实际上，政策制定者可能希望看到的选择是，既能节省预算，又能增长效益。例如，一位校长可能会决定缩小班级规模，她知道这需要更多的资源，但这会提高学生的成绩。她可能会继续考虑是否还需要招聘高质量的教师，这样会继续增加成本，但也会进一步提高学生的成绩。为了做出正确的决策，校长需要知道成本、成绩及 CE 比的变化。

为了解决这些问题，我们可以对卫生领域研究人员用来计算 ICER 的方法进行调整。我们使用表 8.5 所示的模拟数据来演示 ICER。有九个干预方案（S1—S9），按生均成本升序排列，每个干预方案旨在增加考试分数。现在的问题是，当我们的目标是在资源有限的情况下取得最大成绩进步，且随着付出成本的增加，我们会期望取得更大的效益时，如何在不同的干预方案之间进行取舍。

180

表 8.5　增量成本效益比[1]

干预方案	成本（美元）	考试成绩增量	去除特定方案后的增量成本效益比（美元）	
			严格劣势干预方案	轻微劣势干预方案
S9	2520	0.112	22500	—
S5	2680	−0.035	—	—
S3	2770	0.021	—	—
S7	2820	0.140	10710	—
S2	2870	0.077	—	—
S8	3010	0.176	5280	17100
S6	3840	0.190	59290	—
S1	4800	0.211	45710	51140
S4	4830	0.096	—	—

资料来源：改编自 Bowden & Belfield（2015）。

181

　　如果不考虑任何具体的成绩进步，我们可以独立计算每种方案的 CE 比，这是与不进行干预对比得到的比率。因此，S8 是最划算的干预方案（$CER=3010 \div 0.176 = 17100$）。基于"不伤害"原则，S5 直接被放弃，而 S3 是最不具成本效益的方案（$CER = 2770 \div 0.021 = 131900$）。然而，S8 的分数只增加了 0.176，并且 S6 和 S1 两种干预方案产生的成绩进步更大。决策者知道必须尽可能地提高成绩进步，所以可能希望在这几个干预方案之间做出取舍。

　　为了解释这一点，我们假设每一种干预方案都可以用于辅助其他的干预方案，也就是说，可以在 S6 的基础上增加 S9，以产生额外的分数进步（另一个例子可以参见 Boardman et al.，2011）。接下来，我们可以执行表 8.5 第四列和第五列所示的步骤。首先，我们去除那些严格意义上处于劣势的干

---

　　① 根据作者意见，对表 8.5 中部分数据进行了修正。——译者注

预方案，也就是那些比其他干预更昂贵、更低效的干预方案。S5 比 S9 更昂贵、更低效，因此它不被考虑。类似地，放弃了 S3（与 S9 相比），放弃了 S2（与 S7 相比）和 S4（与 S7 相比）。在排除了这些较差的干预方案后，我们计算了 ICER，即每个干预方案相对于下一个成本最低的干预方案的比率。例如，S6 的 ICER 为 $\dfrac{C_{S6}-C_{S8}}{E_{S6}-E_{S8}}$。这些 ICER 在表 8.5 的第四列中给出。现在，要获得 0.176 的成绩进步，应该实施 S8：成本为 3010 美元，CE 比为 17100 美元。即要达到该水平的成绩进步，政策制定者可以通过实施 S8 以每单位 17100 美元的价格"购买"成绩进步（如果用成本效益比较低的干预方案，相当于付出更多成本）。为了进一步提高考试分数，即从 0.176 提高到 0.211，CE 比为 51140 美元。即在获得 0.176 的成绩进步之后，政策制定者将会以 51140 美元"购买"单位测试分数的进步。

通过这些 ICER 值，分析人员向决策者提供一套连续性的结果，基于此，决策者原则上可以选择任何程度的效益。我们再次强调，CE 分析不能决定决策者是否应该为了更高的考试成绩而付出更多的成本。这种分析只是提供了关于资源与成绩权衡的信息，类似于投入与产出领域中的生产与可能性的关系。

8.4.4　诱发成本的成本效益分析

到目前为止，我们只考虑了干预项目实施所需的成本。然而，正如第 4 章和第 5 章所讨论的，许多教育干预可能会产生诱发成本，也就是说，所需要的资源超出了实施项目本身所需的资源。比如诊断性测试，不同的测试结果将产生不同的结果。例如，大学补习或其他的分班考试将会影响学生需要上多少课程、需要上哪些课程，才能获得学分或获得某一专业的文凭。不同的测试结果，以及参加重点学校选拔考试的学生被哪所学校录取，都会诱发并进一步产生潜在的成本。在这些情况下，CE 比应该根据产生效益的所有资源来计算。

举一个城市连接项目的简单例子（Bowden et al.，2016）。正如前面所讨论的，城市连接项目通过设计一套个性化的服务来帮助学生满足学业、社交情感、家庭和健康方面的需求。城市连接项目的生均成本为 1540 美元。然而，学生随后还需要通过社区合作组织（或课后项目）接受个性化的服务，这些服务是未参加项目的学生无法获得的。这些额外服务的成本，即项目的诱发成本，估计为生均 3030 美元。

有证据表明，城市连接项目在提高学生成绩方面是有效的。与非参与者相比，参与项目的学生在英语语言能力和数学方面取得了更好的成绩，效应量增加了 0.39（Walsh et al.，2014）。成绩是在八年级时测量的，也就是说，是在学生接受了城市连接项目和后续诱发的社区合作组织服务之后测量的。因此，这两类费用都应计入成本效益比的计算。

如表 8.6 所示，城市连接项目的 CE 比为 11720 美元。也就是说，八年级学生成绩增加一个单位需要 11720 美元的总成本。但是，如果不包括诱发成本，CE 比就低得多，为 3950 美元。这种巨大差异产生的原因是，项目相关的大部分资源实际上与社区合作提供的资源变化有关。在这个例子中，诱发成本所占比例较大，学校估算的人均成本大大低于实际干预的总成本。如鲍登及其同事的研究（Bowden et al.，2016）所述，许多干预项目可能有诱发成本，这也应该被纳入 CE 分析中。

表 8.6　城市连接项目含诱发成本的成本效益分析

	核心项目与预期的附加服务	核心项目与无附加服务
八年级效应量增量	0.39	0.39
核心成本（美元）	1540	1540
诱发成本（美元）	3030	0
总成本（美元）	4570	1540
成本效益比（美元）	11720	3950

资料来源：效益测量：Walsh et al.（2014）。成本：Bowden et al.（2016）。

注：经调整，以 2013 年美元计算，使用幼儿园时期现值，贴现率为 3.5%。余额保留到十位。

8.5　干预方案成本效益的证据

能够改善教育结果的潜在干预方案范围很广泛（Chandra et al.，2011；Cook et al.，2014；Dhaliwal et al.，2012）。无论是在中小学还是大学，教育生产函数所涉及的各方面都有改革的潜力（从改变对教师的激励到慕课）。学校外的改革也有很大潜力，包括帮助家庭与促进儿童健康的干预。显然，政策制定者需要一套方法来评价和比较这些改革举措。

CE 分析之所以在实践中不断发展，部分原因是为了满足这种需求。霍兰德等人（Hollands et al.，2014）对低年级学生的七个识字干预项目进行了 CE 分析（参见 Ingle & Cramer，2013）。王艳莉等人（Wang et al.，2008）评价了一系列课外项目在减少肥胖方面的成本效益。在对一系列政策的回顾中，叶（Yeh，2010）回顾了一系列政策以及它们在促进学业进步方面的 CE 差异（对"全体成功"项目的 CE 的分析，参见 Borman & Hewes，2002）。尽管如此，教育研究中的 CE 分析仍然进展缓慢，且不总是严格遵照资源要素法开展。而且，这方面文献的基数很小（Clune，2002；Hummel-Rossi & Ashdown，2002）。

值得注意的是，越来越多研究使用实验法对发展中国家的教育干预方案进行评价。正如第 7 章所讨论的，这些方法特别符合 CE 分析的需要。表 8.7 总结了教育干预在提高小学学业成绩上的成本效益（在提高出勤率方面的成本效益，参见 Evans & Popova，2014；Dhaliwal et al.，2012；McEwan，2012；Abdul Latif Jameel Poverty Action Lab，即 J-PAL 的网站信息）。这个案例以及这章中的其他研究，说明了 CE 分析中的一些关键结论。

184

表 8.7　小学干预方案的成本效益比

国家/干预方案	社会成本（购买力平价）（美元）	效应量增量	每单位效应量增量的成本效益比（美元）
印度			
教师出勤激励	21.04	0.150	140
合约教师补习	12.81	0.086	150
计算机辅助教学	89.10	0.013	6850
印度尼西亚			
联系学校委员会（村）	0.69	0.069	10
选举学校委员会（村）	1.95	0.061	30
肯尼亚			
能力跟踪	1.17	0.176	10
教师（小组）绩效激励	2.00	0.046	40
奖学金	35.65	0.190	190
教科书	8.36	0.018	460
缩小班级规模	26.97	0.015	1800
马达加斯加			
关于教育收益的信息	0.43	0.202	<10[①]
菲律宾			
图书馆、教师训练	23.07	0.030	770

资料来源：改编自 McEwan（2015）。

注：在对干预项目进行过多次评价的情况下，选用最高的 CE 比。不论结果计算的精确度如何，均报告 CE 比。CE 比保留到十位。

　　首先，存在多个干预方案可以使用 CE 分析比较。表 8.7 所列干预方案并不是全部，包括教师激励、地方选举、教科书和缩小班级规模。我们尽量不对这些干预方案进行排名，因为各国干预方案的规模和教育环境存在差异。

---

① 根据作者意见，对此处数据进行了修正。——译者注

尽管如此，CE 的差异程度依然是有用的。而且，随着证据基础的增长，我们对采取具有成本效益的干预方案的信心也在增加。其次，最有效的干预不一定是最具成本效益的干预。一些干预方案的效果可能非常有限，但如果它们的成本非常低，则可能具有很高的成本效益。因此，政策建议不应该仅仅基于"什么方案有效"，也有必要知道"成本是多少"。最后，在不同的干预方案中，成本效益存在非常大的差异。在成本和效益之间没有明显的相关性，因此，这两者的比率也不会局限于特定范围之内。见例 8.2。

例 8.2　提高高中毕业率的干预方案的成本效益分析

最近几十年，美国高中毕业率一直不高，超过 2800 万美国成年人没有完成高中学业，而且这些成年人更可能来自弱势群体。提高高中毕业率是国家的优先任务（Rumberger，2011）。现在的问题是如何用最少的资源做到这一点。

霍兰德等人（Hollands et al.，2014）调查了哪些干预方案最具有成本效益。所选的干预方案效益均经过严格有效的方法评价（美国教育部的有效教育策略资料中心确立了相关标准），虽然大多数干预方案没有足够可用的数据来严格估算成本，但可以计算其中五个项目的 CE 比：（1）人才搜索；（2）国民警卫队青年挑战项目；（3）就业工作团；（4）工作启动；（5）新机遇。结果如表 8.8 所示。

表 8.8　提高高中毕业率项目的成本效益比[①]

	仍在上学的学生	已经辍学的年轻人		已辍学的年轻妈妈
	人才搜索	国民警卫队青年挑战项目	就业工作团	工作启动	新机遇
项目规模（人）	3930	596	3940	1028	1240
基线毕业率（％）	71.8	67.3	34.4	29.3	49.5

———————————

① 根据作者意见，对此表中部分数据进行了修正。——译者注

续表

	仍在上学的学生	已经辍学的年轻人			已辍学的年轻妈妈
	人才搜索	国民警卫队青年挑战项目	就业工作团	工作启动	新机遇
干预项目增加的毕业率百分点（个）	10.8	19.8	17.0	15.1	9.1
新毕业人数（人）	423	118	670	155	113
人均成本（美元）	3590	15370	24300	11400	19420
成本效益比（新增一名毕业生的成本）（美元）	33350	77630	142900	75610	213100
每 10 万美元投入增加的新毕业生数（人）	3.0	1.3	0.7	1.3	0.5

资料来源：Hollands et al. （2014）。

注：经调整，以 2015 年美元计算。

干预项目显示的 CE 比有很大不同，新增一名毕业生的成本，从 33270 美元到 212160 美元不等。敏感性检验表明，CE 比随地点和环境的不同而不同。正如研究者讨论的那样，这些对总体结果的解读需要与其背景相联系。值得注意的是，这些干预方案针对的是高中辍学的不同群体。人才搜索项目的目标是那些仍在上学、有辍学危险的学生。新机遇项目的目标是已经辍学的年轻妈妈。另外三个项目针对的是已经辍学的年轻人。每个群体在完成高中学业方面都面临不同的障碍。项目差异反映在毕业率的基线（29%—72%）、增加的效益以及参与者的人均成本上，这些因素都对项目的成本效益有很大影响。尽管如此，这些成本效益比率也为决策者提供了有用的信息，帮助他们了解提高高中毕业率所面临的挑战和资源需求。

资料来源：Hollands et al. （2014）。

事实上，CE 结果可以在多个方面显示出异质性（我们将异质性与不确定性区分开来，后者将在第 11 章讨论）。许多教育项目在实施时对不同群体（如不同性别或种族）的效果不同，因此很可能在不同的情况下产生不同的 CE 比。

奎恩、范蒙德弗兰斯和沃森（Quinn，Van Mondfrans，& Worthen，1984）在 CE 研究中论证了分析学生群体之间效益分布的重要性。研究者比较了犹他州一个学区的五年级数学的两种教学方法的效益和成本：一种是当地开发的个性化教学项目，基于目标水平数学教学管理系统（Goal-Based Educational Management System Proficiency Mathematics，GEMS 数学）；另一种是更传统的基于文本的方法（文本数学）。在控制了社会经济地位之后，GEMS 数学课上的学生比传统课堂上的学生有更高的数学成绩。成本分析显示，GEMS 数学比文本数学需要更多的资源：前者每名学生的年成本为770 美元，后者为 520 美元。最初，研究者用成本除以项目效益得到了每个项目的 CE 比。结果显示，在艾奥瓦基础技能测试（Iowa Test of Basic Skius，ITBS）中，GEMS 数学每增加 1 分的成本为 31 美元，而文本数学为 36美元。因此，GEMS 数学更划算。随后，研究者估算了项目对不同社会经济地位群体的效益。与成本信息相结合，不同社会经济地位群体的效益估计值被用来计算不同社会经济地位群体的 CE 比。

这些 CE 比见表 8.9。基于这些结果，GEMS 数学课程对于中低社会经济地位水平的学生来说是非常划算的（进步 1 分的成本较低）。另外，GEMS课程对高社会经济地位学生的成本效益略低。研究结果为决策者提供了有用的信息。如果单一的数学课程被应用到一个有着不同学生群体的地区，那么GEMS 数学似乎是最好的选择。如果在一个高社会经济地位的地区实施，那么证据表明文本数学是最经济有效的选择。

表 8.9　不同社会经济地位组的成本效益比

社会经济地位	成本效益比（ITBS 每增加 1 分的成本）（美元）	
	文本数学	GEMS 数学
高	22	27
中等偏高	27	29
中	36	31
中等偏低	52	33
低	96	35

资料来源：改编自 Quinn et al.（1984）。

注：经调整，以 2015 年美元计算。

　　同一项目中不同的干预地点是异质性的另一个来源。正如在第 3 章中讨论的"阅读 180"和其他项目，一个项目的成本在不同地点之间可能有很大差异。再加上效益上的差异，CE 比在不同地点之间可能存在更大差异。

　　表 8.10 显示了得克萨斯州和佛罗里达州九个地点的人才搜索项目的成本效益差异。就高中毕业的 CE 比而言，不同地点从 11800 美元到 161420 美元不等（其中有一个地点的人才搜索项目的 CE 比为负，似乎是高中毕业率降低了）。对于大学入学率来说，CE 比则从 9210 美元至 183880 美元不等。可以理解为，政策制定者在"购买"高中学业毕业率或大学入学率时，不同地点提供的价值大不相同。当然，在效益测量指标上也存在异质性。不过，无论如何测量效益，表中有两个地点（佛罗里达州的地点 1 和地点 3）是最具有成本效益的。而其他地点的排名取决于政策制定者是对提高高中毕业率更感兴趣还是大学入学率更感兴趣。

表 8.10 不同地点人才搜索项目的成本效益比

地点	成本效益比 （每新增加一名高中 毕业生的成本） （美元）	排名	成本效益比 （每新增加一名 大学生的成本） （美元）	排名
得克萨斯州				
1	62210	6	78620	8
2	44210	4	21060	3
3	149800	7	43690	4
4	58420	5	183880	9
5	−87300	9	62350	6
6	161420	8	62260	5
佛罗里达州				
1	11800	1	9210	1
2	33840	3	64790	7
3	26530	2	20930	2
平均	47290		36330	

资料来源：改编自 Bowden & Belfield（2015）。

注：经调整，以 2015 年美元计算。平均水平根据每个地点服务学生人数的加权计算。

8.6 结 论

本章描述了如何结合成本估计与效益测量，将教育干预方案与反事实或现状进行对比。CE 比的基本概念直接明了。这个比率是为了帮助回答以下问题：当目标一定时，实现这些目标的成本最低的方案是什么？然而，这个比率的意义以及如何向政策制定者解释它，并不是那么简单。因此，慎重地报告成本、效益以及两者结合的指标就非常重要。为了阐明 CE 分析的结果，可以进一步通过采用替代指标、成本效益平面图和增量成本效益分析等来拓展之前的分析。

在本章中，我们最后回顾了一些关于 CE 分析的现有研究。这类研究越来越多，尽管其基数较小，发展也不是特别快。对于政策制定者来说，在什么样的干预方案对于实现既定目标的成本效益最高这种问题上，仍然只能得到很少的有益指引。有如下几方面原因（参见 Levin，2001）。首先，当前教育研究不够发达，不足以进行干预方案之间的相互比较来优化决策。CE 分析是明确强调比较的分析方法，而在不同人群、不同时期以及不同规模下的干预方案之间进行比较是困难的。其次，现有的研究产生的成本效益结果区间范围往往很大，因此可信度相对欠缺。这种不确定性主要是因为对成本和影响的估计不精确，而不是因为它们的协方差过大（Evans & Popova，2014）。最后，许多教育研究人员对 CE 分析的一个基本假设持反对态度：教育项目的结果可以用一个单变量指标来评估（该测量指标也可以是多个不同测量指标的组合）。这种反对有时是有充分理由的，但它是对影响评价价值的一般性质疑，而不仅针对 CE 分析。当然，如果担心研究结果的有效性，可以检查研究结果、重新测试，并进行敏感性检验。我们将在第 11 章讲述如何对 CE 分析进行这种检验和重新测试。

◎ 讨论题

1. 如何解读 CE 比？为什么它是一个比较性的指标？

2. 如果你已经得出了 CE 比，为什么还要画 CE 平面图？

3. 不同的教育方案在不同的学生群体（如弱势群体或非弱势群体，男生或女生）中有不同的教育结果。如何使用 CU 分析来考虑每种教育方案效益的分布以及总体的教育结果？

4. 假设你计算获得了某所学校的一组干预方案的 CE 结果，学区想知道同样的 CE 结果是否适用于整个学区，你需要做什么来回答这个问题？

◎ 练习题

1. 某一学区担心其数学和科学教师不足。一个咨询小组对这个问题提出了以下解决方案。

　　a. 利用工资差价，吸引更多的数学和科学教师。

　　b. 请当地行业部门的科学家和数学家贡献教学时间。

　　c. 利用计算机辅助教学和在线视频讲座，结合大学数学和科学专业的学生资源，提供教学。

设计 CE 分析来评价这些方案，并帮助该地区选择最合适的方案。

2. 一个学区正在努力提高高中毕业率和大学毕业率。现在有两个项目可以作为增加常规教学时间的备选方案，在八至九年级学生的暑假中进行。项目 A 是一个高集中性的一次性项目，为学生提供一个暑假的大学课程，提高他们的批判性思维能力。这个暑期项目的生均成本是 2400 美元，可以为 1000 名八年级学生提供服务。在这些参与者中，大约 66％ 的学生完成了高中学业，并在大学四年后获得了学士学位，这比没有干预的情况提高了 27 个百分点。项目 B 为低收入家庭的学生提供暑期资助。在整个高中和大学期间，每年都提供这项资助，是"即时性的"，能够反映学生在学习过程中即时的需要。项目 B 每年的生均成本为 400 美元，可以为 500 名学生提供服务。在参加这个项目的学生中，90% 的学生完成了高中学业，60% 的学生在四年后获得了大学学士学位。与没有该项目的情况相比，高中毕业率增加了 25 个百分点，大学毕业率增加了 21 个百分点。

    a. 效益的测量指标是什么？

    b. 产生了多少效益？

    c. 该指标能够测量到项目的大部分影响吗？

    d. 每个项目的总成本是多少？

    e. 将一年后的成本贴现后会怎样？

    f. 哪个项目更具成本效益？

    g. CE 比是衡量项目影响的最佳指标吗？

    h. 你推荐哪个项目？

    i. 为什么你的推荐可能与你对（f）的回答不同？

3. 你正在考虑提高阅读考试成绩的八种方案。你已经测量了各个方案的成本和效益，效益为使用"基本早期识字技能动态指标"（DIBELS）测试所测量的平均效应量。八个方案的成本和测试成绩增量（表示为效应量或以标准差单位测量）如表 8.11 所示。

表 8.11　提高阅读考试成绩方案的成本和测试成绩增量

方案	成本（美元）	DIBELS 测试成绩增量
A	1660	0.087
B	1800	0.19
C	3130	0.235
D	1470	0.077
E	2280	0.138
F	2800	0.211
G	3120	0.229
H	−2770	−0.021

　　a. 哪些方案处于绝对的劣势？

　　b. 计算各个方案的 ICER。

　　c. 哪些方案具有相对劣势？

　　d. 在其余方案中，哪个是首选？为什么？

第 9 章　估计收益

◎ 目标

1. 展示估计收益的概念基础。

2. 展示估计教育货币收益的方法。

3. 计算教育投资收益流的现值。

4. 描述迁移收益的基本步骤。

要进行 BC 分析，我们需要将教育结果转化成货币价值，即以货币收益表达教育结果的价值。理论上说，许多教育结果都能用货币的形式表示。特定的职业训练能提高参与者的工资吗？儿童早期教育能减少成年后犯罪的可能性（从而降低犯罪带来的损失）吗？学校里的行为干预项目能减少霸凌（从而减少教师花在维持纪律方面的时间）吗？在这些或者其他 BC 分析的例子中，核心的一步是将教育干预的结果表达为货币形式。

用货币表达结果的基础经济概念是支付意愿。资源都是稀缺的，所以我们要问社会、个体或是纳税人愿意为取得某种结果而花费多少。如果我们实施一项反对霸凌的项目，能减少 1000 例霸凌，这样结果的价值是多少呢？为了比较项目带来的这个结果和项目的成本，我们需要知道对减少霸凌行为的重视程度。同样，教育干预可以改善健康状况：完成了四年大学学业的青年人，相比于那些只完成两年大学学业的同龄人，吸烟的可能性低 60％，肥胖

的可能性低 14%，患抑郁症的可能性低 38%（Rosenbaum，2012；Culter &
Lleras-Muney，2010）。高等教育对健康状况的影响显然是教育带来的一个非
常重要的好处，要论证对大学投入经费的必要性，我们需要将大学对健康状
况的影响换算成货币金额。

当然，教育的主要影响之一是收入的增长，并且，这种影响已经体现在
货币价值方面了。然而，对于那些未直接由货币表达的影响结果，我们需要
找到一个影子价格，即为该结果支付费用的意愿。有几种方法可用于寻找影
子价格，包括防御支出法（defensive expenditures method）和特征价格法
（hedonic method）等，这些方法使用行为的改变来估计为教育支出的意愿。
另一个选择是陈述偏好法（stated preference approach），基于条件价值评估
得到受调查者关于教育价值的观点（参见 Boardman et al.，2011）。该方法
向受调查者询问他们主观认为每种教育结果的价值是多少。这些方法都有
优点和缺点，但综合在一起为我们提供了将不存在市场的教育结果转化为
货币价值的多种选择。应用这些方法使我们有可能估计出特定项目带来的
所有收益。只要这些收益能够用货币表达，就能够同成本比较，从而进行
BC 分析。

在本章中，我们描述如何从支付意愿的视角看待收益。接下来将讨论如
何用影子价格表达收益，从而能够将其用于经济分析。然后我们回顾一些能
够将教育结果精确表达为数值的方法。最终，我们探讨如何将既有的影子价
格运用于研究。

开展讨论的前提是，我们假设分析人员使用严谨的识别策略合理测量得
出了效益和结果。给定测量得出的教育结果后，我们在本章中探讨，如何用
货币价值来衡量这些测量结果。货币价值的得出为下一章讨论 BC 分析打下
基础。

9.1　收益的概念

教育在某些方面的特点使其结果能够用货币单位表达，比如带来更高的收入。但将其他方面的教育结果转换成货币术语相对更难一些，例如，自尊心的增长，以及更高成就带来的幸福或健康状况的改善。不过，至少从概念上说，经济学家在用货币衡量结果时都用了相似的方法：确定每个受项目影响的个体愿意为项目带来的结果改变所支付的最大金额。个体的最大支付意愿之和即是总收益的估计值。

用一个实例来解释支付意愿的概念。假设政府发起了一个读写能力项目，成功提高了一小部分成年人的阅读能力。参与者通过参加项目获得"收益"的区间过于宽泛，大概在 1 美元和 10 亿美元之间，为了缩小范围，我们需要系统地思考收益的本质。

假设每个个体效用（或者是满意度）的增长来自两个方面：（1）收入 y；（2）读写能力 l（参见 Johannesson，1996）。每个参与者在这项假想项目开始时具有一定的收入水平和读写能力，由此，可以将效用的初始值计为：

$$u = u(y_0, l_0)$$

项目完成时，新（或更高）的读写能力是 l_1，其所对应的效用水平更高。要用货币来表达读写能力的增长，我们可以让每个人做一次简单的思想实验。项目结束之后，回想项目及其所带来读写能力的增长，个体需要放弃多少收入才能回到最初的效用水平？这要求每个人为他们所得到的读写能力结果附予特定的货币价值。这个数值就表示该个体对特定读写能力的支付意愿（willingness to pay，WTP）（在福利经济学中有更多的技术讨论，将其称为"补偿变化"）。同样的思想可以由如下等式表达：

$$u(y_0, l_0) = u(y_1 - WTP, l_1)$$

等式左边表示初始读写能力和收入水平的效用水平。虽然等式右边的读写能力更高，但其效用水平与等式左边的效用水平相等，因为从收入水平中减掉了相应支付意愿的量。这个量代表了个体对读写能力增长的支付意愿，该意愿基于个人对读写能力收益的价值判断。将每个个体在项目影响下的最大支付意愿相加，就能够得到总的项目收益。

图 9.1 直观描述了个体对增长读写能力的支付意愿。它是关于读写能力的需求曲线，描绘了需求量和价格的关系，价格降低时，需求量增长。经济学家称其为效用补偿需求曲线（utility-compensated demand curve），因为效用的初始水平在曲线的每个点上都是相同的。当读写能力上升时——带来了效用的增加——收入水平则需在"幕后"向下调整才能保持最初的效用水平不变。

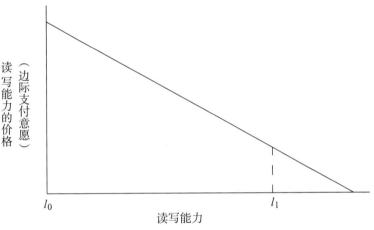

图 9.1　个体读写能力支付意愿

在我们假设的例子中，实际的读写能力价格是固定为零的，因为项目参与者实际没有支付费用。但是，效用曲线仍然可以估计个体对于不同读写能力的支付意愿，这也是所获得的收益。在这个例子中，项目让参与者的读写能力从 l_0 增加到 l_1，相对应的支付意愿则是曲线下 l_0 与 l_1 之间的区域面积。这个区域的面积与前文等式中的支付意愿含义相同。如前文所述，估算个体在项目影响下的支付意愿并将其相加，就能得到项目的总收益。

支付意愿这个概念框架十分强大，至少出于两个原因。第一，对收益的类型没有做不必要的限制。我们见到的许多 BC 分析仅仅将收入作为教育收益的测量指标。这种情况下，因为忽视了其他结果可能带来的收益，收益可能被严重低估。因此，支付意愿这个概念框架会时刻提醒我们，在描述和测算项目收益时要尽可能撒个最大的网。

第二，支付意愿这个概念框架包含了直接或间接受到项目（或其他备选方案）影响所获得的收益——并不局限于那些直接参加项目的人。（需求曲线可以汇总所有人所表达的支付意愿。）最终目的是获得对更大范围群体的收益估计，这个群体除了包括项目参与者，还包括社会其他成员（项目外群体所获的收益通常被经济学家认为是"外部性"的）。这与我们在第3—6章关于成本的讨论类似，我们在上文也强调了对社会所有利益相关方计算成本的重要性，既包括项目参与者，也包含政府等。

可以想象，这个概念框架不会完全实现。在理想世界里，我们可以毫不费力地精确获取每个个体对有价值结果的最大支付意愿信息。在实践中，如图9.1中的需求曲线无法直接获取，一方面是因为存在数据限制；另一方面是因为许多商品或服务根本没有市场，自然也不会有市场价格。因此，评价者会依赖于一些可行的替代方法获得项目收益的估计值。下一节将描述一些有关的方法。在教育领域中考虑这些方法的应用时，首先要记住支付意愿这个概念框架，这非常有用。"所有对收益赋予货币价值的方法，都可以通过看其能够在多大程度上接近（支付意愿）来评价。"（Pauly，1995，p.103）基本上，这个概念框架迫使我们思考：为了一个能带来一定读写能力增长的干预项目，我们愿意放弃多少稀缺资源？

9.2　详述收益

我们采用支付意愿的概念具体说明收益，以便后续将其用于BC分析。过程分为三步：第一，找出项目带来的影响效益（如更高的考试分数或者学业成就）；第二，基于支付意愿计算影子价格（如更高考试分数或学业成就水平的经济价值）；第三，通过将影子价格与项目效益相乘，计算得出收益。如果干预措施使考试分数增加了 0.5 个标准差，且考试分数每增长 1 个标准差的影子价格是 1000 美元，那么干预的收益便是 500 美元。

因此，分析人员需要考虑，可能会出现什么影响，以及如何测量这些影响的影子价格。对于 BC 分析来说，干预项目的影响和影子价格缺一不可：没有影子价格的时候，估计影响是没有意义的；同样，如果干预项目对某方面结果产生的影响没有证据支持，那么即便这方面结果的影子价格是最高的，对于展开分析也是无意义的。同样，分析者应当咨询关键利益相关方和项目实施者来识别出项目最重要的影响。

理论上，可以为任何影响从任意视角估计影子价格。大量研究将收入作为教育收益的关注点，但除此之外还有许多其他方面的影响也值得我们探究。例如，一个项目也许能提升学生的参与度，其影子价格可以根据学校为提升学生参与度所愿意支付的价格来计算。表 9.1 列举了一些有影子价格的教育影响。可以看到，许多不同方面的影响都会有影子价格。

表 9.1　可能存在影子价格的教育影响

领域	教育影响
劳动力市场	收入、就业、收入的稳定性、职业状态、工作满意度
个人境况	健康、公民参与、政治知识、生活满意度
信息	金融知识、健康知识、消费效率
行为	拘留、犯罪行为、监禁、抽烟、吸毒、急诊
时间倾向	青少年怀孕、活在当下
时间限制	匆忙的感觉、需要更多休闲时间
财务	接受福利

资料来源：Baum，Ma，& Payea（2013）；Culter & Lleras-Muney（2010）；Haveman & Wolfe（1984）；Oreopoulos & Salvanes（2011）；Trostel（2010）。

从经济学角度来说，为可观察行为估计影子价格，比起为知识、态度、观点估计影子价格更容易（Duckworth & Yeager，2015）。例如，受教育程度高的人吸烟的可能性更小（Cutler & Lleras-Muney，2010），这可能是因为他们更了解吸烟的危害（如吸烟引发肺癌）。得出具体行为差异（不吸烟）的影子价格较容易，而为促进某行为发生的意识差异（知道吸烟有害健康）赋予影子价格较难。赫克曼和考茨（Heckman & Kautz，2012）的研究对于这方面问题（行为、技巧或是知识）做过充分的讨论；在社会情感学习方面，琼斯、卡罗利、克罗利和格林伯格（Jones，Karoly，Crowley，& Green-berg，2015）以及贝尔菲尔德等人（Belfield et al.，2015）对相关干预措施的回顾也是相关的例子。如果态度和观点与支付意愿有明显的关联，则可以计算其影子价格，但是行为改变的影子价格更容易计算也更直观。

　　研究者应当将影响和收益放在一起考虑，即便它们可能并不直接相关。"干预对考试成绩的影响会逐渐淡化"是教育研究中一个重要的争论点，是指一些干预项目对学习成绩的影响仅仅在短期内存在。例如，四年级的干预项目也许能够提高六年级时的成绩，但对八年级时的成绩几乎没有影响。在有关课程质量的研究中，切蒂等人（Chetty et al.，2011）发现，t 时期的教育质量增长增加了 t 时期的学业成就；其在 $t+x$ 时期的作用可以忽略不计，但在 $t+x+y$ 时期却增加了收入（一项元分析显示，旨在提升智商的干预项目的作用存在淡化现象，详见 Protzko，2015）。因此，教学质量所带来的收益，比其对考试成绩的初始且短暂的影响更长远。关于"淡化"是如何发生的，不在本书的讨论范围（详见 Cascio & Staiger，2012；Jacob，Lefgren，& Sims，2010）。但 BC 分析人员应当从行为改变的角度理解"淡化"问题。即便存在"淡化"，只要存在导致积极结果的行为改变，就能够有收益。例如，虽然项目只能帮助学生在六年级时取得更好的成绩，但老师们也会有更高的工作满足感（这可以看作补偿工资差异），并且家长们也会看重考试成绩的提高。这些同样是收益，尽管收益存在的时间很短。此外，行为改变也许在"淡化"时期之后仍然以其他形式存在。比如，高瞻佩里学前教育项目存在认知"淡化"：4 岁时 12 个 IQ 点的提升在 10 岁前降为 0（Barnett & Masse，2007）。但是在接受学前教育项目干预的小组中，学生有明显且持久的行为改变。他们主观报告的行为在很多方面有所不同，其中包括，在 40 岁时有健康问题的可能性降低了三分之一，堕胎的概率也下降了一半（Nores，Belfield，

Barnett，& Schweinhart，2006），并且这些行为对于所涉及的个人以及整个社会都有重要的资源意义。从 BC 的角度，测量能够有收益的影响是十分重要的。

所有的影响都有对应的收益。而且因为它们都能用货币表示，所以我们很容易将所有的收益加总。但是，影响或者收益之间必须相互独立。例如，一项训练项目可能会同时提高受训者的收入和健康状况。但是一部分健康的收益也许来源于更高的收入使参与者有了更好的生活环境。如果是这样，分析人员在计算健康收益的影子价格时，应该将收入提高对其影响排除在外。

这种包容性强的影子价格计算方法引出了关于在实际分析过程中应该纳入多少种收益的问题。毕竟，纳入更多种类的收益或者更长时期的收益，会使干预项目看起来更有价值。反之，如果仅纳入有限几种收益或短期的收益，分析人员会低估教育干预项目的价值。最理想的情况是，应该为所有由干预项目带来的影响赋予影子价格，并且只要干预项目的影响持续存在，就应该将之算作收益。鉴于许多教育干预措施的持久性，影响可能也会持续许多年。

当然，如果存在重要的收益，即便它可能会潜藏多年，也应当被计算在内。然而，评价者也许会压缩分析的时间跨度。为了简洁，分析人员可能会只纳入有强证据支持的收益，或者能够用影子价格精确表示的收益。同样，为了做比较，分析人员可能只选择在相关研究中有影子价格的收益。事实上，纵向追踪学生的生命历程或是项目影响存在的全部时间，的确是很难的。这种情况下，在项目研究结束前，可以将收益分为两部分，一部分是项目评价者已识别的收益，另一部分是基于参与者在研究结束时的情况所预测的收益。因此，在学前教育项目的例子中，有即时收益（家长得以空闲）与学生行为习惯的改善和学习能力的提高。但是学前教育项目经历所提升人力资本而产生的额外收入，可能是另一种收益——至少 15 年内看不到（Nores et al.，2006；Reynolds，Temple，White，Ou，& Robertson，2011）。这种潜在收入增长可以基于将额外教育与既有证据相联系进行预测，例如将教育和收入相联系（Barrow & Malamud，2015；Rouse，2007）。

项目影响也可能会存在负收益或副作用——导致为干预组投入更多资源，

比如，一个学前教育项目可能会延长参与者就学年限，这也意味着更高的花费。就学年限延长所需投入的额外资源是负收益（在 CE 分析中，我们称之为诱发成本）。希望这种负收益未来能带来更高的正收益，比如，更长的就学年限能够使得未来的收入更高，但不管怎么说，都需要将负收益纳入考虑的范围。

一般来说，转移资金流不应被考虑为收益。转移资金流不会涉及机会成本或资源使用的资金流动：仅仅是从一个资金账户到另外一个账户。一个主要的例子是福利金，这些资金来自纳税人，分配给受资助者（例如，生活在贫困线以下的人）。研究发现提高受教育水平的确减少了福利依赖（London，2006；Waldfogel，Garfinkel，& Kelly，2007）。然而，受资助者并没有消耗任何资源就可以获得这些资金，唯一的直接成本是将税收收入转移给需要生活开支的受资助者所产生的行政成本。从社会角度来看，减少转移支付不应被视为增加教育所带来的社会收益。（因减少转移支付而缩减的行政成本应被视为收益。）然而，从财政或者个人角度看，转移支付的改变可以被看作收益。

表 9.2 以职业培训项目为例，说明如何根据不同视角定义收益。对于项目参与者来说，该项目能够为参与者带来更高的收入，这很明显是一项收益。参与者得到的支持性服务更少，但支持性服务取决于经济状况，因此，这对参与者来说既不是正收益也不是负收益。然而，参与者此时失去了一些福利金，因为他们不再符合条件，这对参与者来说是负收益。参与者工作收入的增长带来的收益可能抵消了这些损失（我们不考虑由工资增长可能导致福利金损失所产生的反向激励）。分析人员感兴趣的是综合这四类之后的净收益。从社会其他成员的角度看，资源流动则是不同的。第一，收入增长归于个人（之前已经计算过了）。第二，支持性服务的减少对于社会来说，是收益或节约。从转移支付来看，参与者的负收益由社会其他成员的正收益抵消了。表 9.2 的合计中显示，转移支付对总收益没有影响（同样，假设不存在生产力的抑制效应）。

表 9.2　就业培训项目的收益框架

	收益视角		
	项目参与者	社会其他成员	合计
收益			
增长的收入	+	0	+
减少的支持性服务	0	+	+
纳税者的转移支付			
减少的福利收入	−	+	0
工资补助	+	−	0
净收益	?	?	+

计算收益时，需要将所有的收益折算为现值，这一点十分关键。原因已经在关于成本的章节中讨论过了。贴现收益的逻辑是一样的，用的公式也是一样的。收益现值 B_{PV} 是将一段时期内各时间点 t（取值为 1 到 n）的收益经贴现率 i 折算后的总和：

$$B_{PV} = \sum_{t=1}^{n} \frac{B_t}{(1+i)^{t-1}}$$

对于收益来说，确保所有的货币金额都以现值表达是至关重要的。教育带来的好处通常是持续性的，而且经常是滞后的，贴现后会显著改变最终数值。学前教育项目是常用的例子，4 岁时参与项目的儿童可能在三年级时平均获得约 200 美元价值的收益（在特殊教育上省下的花费），可能在其 24、25 或 26 岁时还能获得更高的收入，每年约 1000 美元。用 3% 的贴现率计算，4 岁时的收益现值计算如下：

$$B_{PV} = \frac{200}{(1+0.03)^4} + \frac{1000}{(1+0.03)^{20}} + \frac{1000}{(1+0.03)^{21}} + \frac{1000}{(1+0.03)^{22}}$$

$$= 178 + 554 + 538 + 522$$

$$= 1791(美元)$$

贴现到儿童 4 岁时的收益是 1791 美元。而未贴现的收益是 3200 美元。

因此，在这个例子中，贴现收益远小于未贴现收益，前者约为后者的一半。

对于用多大的贴现率来计算收益更为合适，仍然存在相当大的争议（Burgess & Zerbe，2013；Moore，Boardman，& Vining，2013）。基本原则是，贴现率应当反映投资资金的机会成本，也就是说，支付教育项目的资源从何而来。比如，州政府如果将资金投入教育，会损失掉获得这笔资金利息的机会成本；联邦政府的机会成本将对应不同的利率，私人投资者和非营利性机构也一样。根据这样的原则，美国的贴现率在 5％—10％之间；在资本市场运作效率相对更低的国家，贴现率可能会在 10％—20％之间。但由于教育属于长期的社会投资，其贴现率应低于市场利率（相关讨论参见 Boardman et al.，2011）。此外，为了便于解读和与其他研究相比较，强烈建议与其他研究人员使用相同的贴现率（Moore，Boardman，Vining，Weimer，& Greenberg，2004）。因此，我们建议对美国的研究使用 3％—5％的贴现率，对资本市场扭曲程度较高的国家向上调整贴现率（Karoly，2012）。如第 11 章所述，检查贴现率的稳健性是计算收益的一个重要的敏感性检验。

最后需要说明的是，在整个讨论过程中，我们假设所有的货币损失和货币收益是等同的，因此才能把它们相加。但是在不同的分析对象之间可能还会有分配上的后果，所以上述假设也可能是不成立的：对于一个低收入家庭来说，损失 500 美元很可能大大降低福祉，比高收入家庭因得到 500 美元而增加的福祉要更多。因此，有些货币收益可能会被赋予更低的权重，这取决于是谁受到了影响。但究竟应该如何决定权重，目前还不清楚：博德曼等人（Boardman et al.，2011）建议可以根据税收的累进性给出权重。但是，根据不同情况主观给定权重存在一定的风险，这会使决策者难以理解收益。因此，我们建议在进行决策时，明确讨论这一假设（见第 11 章和第 13 章）。

9.3　基于收入估计教育收益

教育投资的重要目标之一是通过提高未来收入而获得收益。事实上，也有大量的研究专门估计干预、改革和政策带来的收入增长。但为了使这些证据可用于 BC 分析，所测量的收入增长必须符合上一节所描述的具体要求。比如，所测量的收入增长必须贴现到政策改革开始的时间点。理想情况下，收入增长的计算必须包含项目影响持续的整个期间，且需要以有效的因果推断方法为基础，识别得出该影响。更重要的是，对于 BC 分析来说，收入增长必须能够与干预的成本相关联。

为了适用于 BC 分析，教育收益的模型需要基于完整的收入增长。例如，完成大学学业与未上大学相比的收益，是这两个不同学业成就组之间的终身收入差距，应贴现为必须做出是否继续上大学这一选择时的现值。如前所述，我们假设收入差距已经通过因果推断估计得出，对于如何通过因果推断开展上述估计，巴罗和马拉默德（Barrow ＆ Malamud，2015）与埃尔顿吉、布洛姆和梅格希尔（Altonji，Blom，＆ Meghir，2012）给出了详细解释。

利用大规模的劳动力市场调查，可以计算出受教育条件不同的情况下，不同人群的终身收入概貌。表 9.3 列举了九项获得四年制学士学位相对于高中毕业的收入增值估计。这些估计用终身收入剖面法计算出 18 岁时的收入差异现值，这个时间点对大多数学生来说是决定是否进入大学的主要决策时间。这些估计可以作为可行的影子价格，应用或者迁移至以学生是否完成四年制大学为结束变量的相关研究中。（本章的后面部分，我们将讨论如何进行"收益迁移"。）目前的结论是，（不考虑劳动力市场的扭曲）近期美国四年制大学生的收益非常高（参见 Haveman ＆ Weimer，2015）。首先，18 岁时决定进入四年制大学并完成学业的学生，预期的终身收入能够多出 423800 美元。其次，影子价格的估计值有所差异，在 243700 美元到 629400 美元之间。根据这些例子，我们依照保守原则，采用影子价格的下限值来计算收益。最后，了解这些收益的情况，比如，我们例子中终身收入的大幅增值，有助于我们理解分析的背景。旨在提高大学学业完成率的干预措施只需要适度有效，就可以获得非常大的收益。即使成本很高的干预措施，如果能够提高大学毕业率，也有可能通过 BC 分析的检验。（当然，如果未来劳动力市场发生变化，对大学生的市场需求下降，分析者应该采用更低的影子价格。）

表 9.3　上大学的终身收入增值现值

研究	与高中毕业相比，获得文学学士学位（BA）在18岁时的终身收入增值现值（美元）	来源
阿甘 （Agan，2014）*	243700	NLSY79
坦博里尼、金和坂本 （Tamborini，Kim，& Sakamoto，2015）	266100	SIPP，IRS
金、坦博里尼和坂本 （Kim，Tamborini，& Sakamoto，2015）	321100	SIPP，IRS
米切尔 （Mitchell，2014）	354300	SIPP 2008
巴罗和马拉默德 （Barrow & Malamud，2015）*	434900	CPS 2013
埃弗里和特纳 （Avery & Turner，2012）	462000	CPS 2009
韦伯 （Webber，2014）*	492400	NLSY 79，ACS
赫斯柏林和卡尼 （Herschbein & Kearney，2014）	610000	ACS 2009－2012
巴罗和劳斯 （Barrow & Rouse，2005）*	629400	CPS 2004
平均	423800	

注：SIPP 指收入和项目参与调查（Survey of Income and Program Participation），IRS 指国家税务局税收档案（Internal Revenue Service tax files），CPS 指当期人口调查（Current Population Survey），ACS 指美国社区调查（American Community Survey）。除韦伯（Webber，2014）采用3.5%的贴现率外，均采用3%的贴现率。米切尔（Mitchell，2014）的研究只涉及男性。除了巴罗和马拉默德（Barrow & Malamud，2015）、巴罗和劳斯（Barrow & Rouse，2005）外，均采用收入中位数。* 表示现值中减去大学成本。经调整，以2015年美元计算。

鉴于教育政策对考试成绩的重视，我们可能会期望找到许多与社会对成绩增长的支付意愿有关的影子价格。到目前为止，大多数证据发现，高中数学能力对收入有正向影响。汉纳谢克（Hanushek，2006）通过对四项研究的回顾，估计出在数学测试分数上提升一个标准差将带来 12% 的收入增长（另见 Gaertner，Kim，DesJardins，& McClarty，2014；Goodman，2012）。但与估计学业成就水平影子价格的文献相比，以终身收入现值增值来估计学习成绩增长影子价格的研究文献要少很多。（证据不足的原因有很多。一个原因是考试成绩的提高与学业成就相关——例如，高中生为了完成学业，必须获得符合数学科目要求的学习成绩。另一个原因是成绩"淡化"，如前文所讨论的，随着年级的升高，获得同样幅度成绩提升的难度更大。）

到目前为止，我们在描述收入增益（earning gains）时，强调使用终身收入剖面法。该方法的替代方法是生产函数。生产函数确定学校资源与长期结果（如在劳动力市场上的成功）之间的联系。比如，在生均成本更高的小学和中学就读，最终能在劳动力市场中获得更高的收入吗？生产函数的研究结果可以用于 BC 分析，将收入增益与生均支出的增加进行比较，当然，并不是所有的学者都如此直接运用生产函数的结果。

卡德和克鲁格（Card & Krueger，1992）的研究被广泛引用，他们发现了学校资源（如生师比、教师工资）与学生之后的收入之间存在正相关关系。他们在随后的一篇综述中得出结论："学校支出增长 10%，可能会使学生未来年收入增长 1%—2%。"（Card & Krueger，1996，p. 133）后来的实证研究和综述对这些结果提出了一些质疑（Betts，1996；Heckman，Layne-Farrar，& Todd，1996；McHenry，2011），很大程度上是因为相关性分析方法和州水平的汇总数据所带来的不确定性（有关学校财政改革对教育结果的影响，参见 Jackson，Johnson，& Persico，2016）。

最近，很多研究采用教育机会的外生性变化来识别收入增益。其中一些研究挖掘了教育政策或入学机会的特殊变化。例如，德国在 1966—1976 年重新组织了校历，一些学生被免除 13 周的学校教育（正常情况是一学年在校学习 37 周）。皮施克（Pischke，2007）追踪调查这些学生，没有发现在校时间减少对未来收入产生影响。通过义务教育法的变化研究教育对收入的影响，是另一个重要的研究领域。尽管早期研究中有强证据表明增加学校教育年限会带来更高的收入，但研究结果受具体模型设定的影响（参见 Stephens & Yang，2014）。最后，越来越多的研究关注教师资质对学生收入的影响（Chetty，Friedman，& Rockoff，2014），以及大学质量和选拔性给收入带来的回报（Dale & Krueger，2011）。

然而，在 BC 分析的框架中，要谨慎应用这些准实验研究结果。这些研究通常在某个时间点（如 26 岁）调查收入，这样就很难甚至不可能估计终身收益流的现值。更重要的是，这些研究还需要有相对应的严谨的成本调查，例如，对提高离校年龄和聘用高质量教师的成本调查。如果没有成本调查，即便收益的计算是精确的，成本方面也可能是不精确的。对提高离校年龄和聘用高质量教师（以及解雇低质量教师）的管理与行政成本进行估计并非易事。此外，在收入增益以百分比差距来计算的情况下，很难将其与 BC 框架中的成本结合起来使用。在一些比较严格的假设条件下，教育干预带来的收入增益可以理解为回报率。下一章我们将讨论这种特殊的方法，以及每一种影子价格在 BC 分析中的使用。

9.4 利用影子价格估计教育收益

收入肯定不是教育干预项目所带来的唯一收益，甚至可能不是最重要的收益。教育给个人和社会带来的收益还有很多，尽管不同教育项目所带来的收益可能不同。比如，文学和艺术鉴赏能力会提高，自我认同感会提升，还有很多无形的难以测量的收益。

这些影响既可以发生在个人层面，也可以发生在社会层面。例如，较低的吸烟率和肥胖率，对于个体来说具有什么价值？对于能够降低犯罪率的课后教育项目，社会的支付意愿是多少？在学校里，教师认为无须操心纪律问题就能井然有序的班级有多少价值？在 BC 框架里回答这些问题，需要用货币表示每种影响。然而，这样的影响不会在市场上买卖，所以我们几乎不可能直接观察到这些影响的支付意愿。因此，我们使用影子价格技术近似估算支付意愿。

计算影子价格主要有两类方法。一类是观察行为法（observed behaviour approach）或显示性偏好法（revealed preference approach）；这里的支付意愿是根据个人所做出的经济决定得出的。这类方法中，估计支付意愿有多种方法。这类方法背后的一个重要的通用假设是，个体决策者是理性的，并且清楚了解决策带来的结果。另外一类方法被称为条件价值评估法（contingent valuation approach），通过直接开展调查，使调查对象表达出对具体结果的支付意愿。条件价值评估研究使用的调查方法和工具较为特别。对这类方法来说，调查对象必须了解调查所提的问题，且能够正确地向分析人员传达偏好。接下来，我们讨论估计影子价格的每种方法，并进一步区分影子价格的计算方式和教育研究文献中已经存在的对影子价格的实际估计值。

9.4.1　防御支出法

防御支出法的逻辑是，某事物的价值可以通过社会和个人愿意花费多少来避免失去它去进行估计。例如，为了避免教室中的秩序混乱，学校可能会聘请一名助教，支付给该助教的工资就是学校认为避免混乱的价值大小，或更精确地说，是对该助教能够阻止的混乱的价值估计。该方法也适用于其他领域。例如，福利金支出代表了社会认为减少贫困的价值大小，医疗卫生支出则代表了社会对改善健康的价值估计。

将具有结果的行为货币化所采用的一般方法是计算在这些行为上的平均支出。虽然支出可以直接测量，但通常来说这种方法更依赖预算数据。实际上，很多教育结果已经体现在公共部门资源使用的变化上了。例如，旨在提升社会情感技能的学校干预措施，可能因为能够改善学校氛围而减少学校在咨询辅导上的预算压力（Durlak et al.，2011）。如果一项教育干预措施能帮助减少 10％ 的咨询辅导工作量，教育干预措施的货币价值就相当于学校原本在咨询辅导上支出的十分之一。[①]与此相似，改善青少年健康状况的教育干预措施会对公共卫生系统产生影响。教育干预措施也常常会对未来的教育结果产生影响。例如，如果改善基础教育质量能够减少大学期间对补习的需求，那么防御支出法就可以用来为教育质量估价。一般来说，教育干预措施对青少年和成人在学校以外的行为也会产生影响，这些行为都会进一步影响政府支出。对于纳税人来说，能够帮助减少社会福利申请个案数量的教育项目所具有的价值，可以用政府在社会福利方面所能节省的相关开支来衡量（Waldfogel et al.，2007）。同样的逻辑也适用于犯罪活动（Cohen & Piquero，2009）。

防御支出法的应用领域广泛。例如，根据福斯特、琼斯及其行为问题预防研究组（Foster，Jones，& the Conduct Problems Prevention Research Group，2005）的估计，每年为行为障碍提供服务的成本是人均 6820 美元。米勒和亨德里（Miller & Hendrie，2008）估计了学龄青少年药物滥用所带来的成本负担。常用的方法是整合一生中各教育阶段的防御性支出。科恩、皮克罗和詹宁斯（Cohen，Piquero，& Jennings，2010）估计了包括中学辍学学生在内的高危青少年所带来的经济负担。特罗斯特尔（Trostel，2010）估计了不同受教育水平个体对税收的贡献（如收入、工资、财产、消费等税种），以及不同受教育水平个体在接受食物券、社会援助，以及其他政府支持（如住房补贴）方面的差异。从纳税人的角度来说，政府的公共支出预算代表的是纳税人对防止某方面相应不良结果的支付意愿。

防御支出法有一些不足之处。第一，它很难计算为避免不良结果而耗费的全部资源。分析人员可能会假定，学校在提供特殊教育服务上的支出代表了学校对于避免使学生接受特殊教育的支付意愿；如果学生不再接受特殊教育了，学校也就没有必要花这笔钱了（参见 Barnett，1996；Reynolds et al.，2011）。但学生是否接受特殊教育不只会影响学校，家庭支出（如在家教辅导、家校联络服务上的支出）和家庭行为（如为教育发展投入

[①] 这种方法与健康领域中常用的疾病成本法（cost-of-illness approach）相似（Gold et al.，1996），也与在环境领域 BC 分析中使用的防御支出法类似（Boardman et al.，2011）。

额外的时间）也会因此而改变。不过，在实际的支出上可能看不出明显的变化。例如，如果资金已经拨付给了学校，那么对特殊教育需求的减少则意味着这些资金资源将在学校内部重新分配给其他方面的教育服务使用。利用防御支出法得出准确估计的前提是，所有旨在避免不受欢迎结果的资源投入需要被全部涵盖。

第二，防御性支出也不一定能抵消所有不良结果。以课堂秩序为例，学校可能愿意花钱雇用助教维护课堂秩序，助教也许可以降低课堂秩序的混乱程度，但不会完全消除混乱。面对扰乱课堂纪律的学生，学校可能仅仅希望将扰乱程度降低到一个可以接受的水平，而不是将其彻底消除。这种情况下，为助教支付的工资只是对降低课堂混乱程度的支付意愿。此外，防御支出法假设学校会迅速应对混乱的课堂秩序并雇用助教，但情况也可能是混乱已经持续了一段时间，而这段时间内学校并没有进行防御性支出。

总之，这些不足之处说明，防御支出法所估计的支付意愿是下限，会低估抵消教育水平不足所带来不良结果需要用到的资源。

9.4.2　特征价格法

识别人们愿意为附带有教育质量的资产支付多少钱也是判断教育价值的一种方法。这种方法叫作特征价格法，通常以学区房产的价格来衡量相应学校质量的价值。[①]

虽然我们无法直接观察到对公立学校的支付意愿，但我们可以借助房屋购买决策来间接地观察。在美国，根据居住地所在片区决定公立学校的入学是非常常见的。房屋购买者决定搬到一个地区时，常常考虑该区域公立学校的特点（事实上，房地产经纪人往往会在广告上夸耀学校的价值）。所以，如果两处房产除了所处学区以外其他方面完全一样，有孩子的家庭一定会偏好

---

① 特征价格法的一个相关应用是估计对降低猝死微小风险（或者死亡风险价值）的支付意愿，它此前被称作一个统计生命的价值。在此应用中，死亡风险价值表现在有更高致死风险工作的工资中（Viscusi，2015；其他国家的相关估计参见 Viscusi & Aldy，2003）。

所处学区有更好公立学校的房产（Figlio & Lucas，2004）。这两处房产之间的差价可以解读为学校质量的隐性价值，也反映了家庭的支付意愿。

估算隐性价值可以使用特征价格函数。研究人员获得关于房屋价格和其他变量的数据，并采用多元回归进行估计：

$$房屋价格 = f(房屋特征，社区特征，学校特征)$$

分析的目的是使所有房屋价格相关的决定因素保持不变，从而观察一个或多个学校特征（如考试成绩、生均支出、班级规模）的额外变化对房屋价格的影响。如果考试成绩较高的学校所在区域房屋价格较高，则房屋价格溢价代表当地居民对学校质量的支付意愿。特征价格法在社区水平上进行测量，因此它反映的是社区所有人的支付意愿，而不仅是受教育者的支付意愿。社区里所有的人都为临近一所好学校而付出房屋的溢价（即使他们的孩子没有就学）。因此，这一估计可能更接近教育的社会价值。

虽然这是测量学校质量价值较为直观的一种方法，但精确的关联分析需要假设一些严格的条件（Nguyen-Hoang & Yinger，2011）：家庭对学校质量的需求必须与其收入直接对应，且必须有各种不同的学校质量可供选择（家庭可以"购买"他们偏好的学校）；所有家庭都是房主，且只有在该社区购买房屋的居民才能从当地学校中受益；最后，当学校质量偏离家庭所偏好的质量时，家庭的流动性需要变大。当然，居住在某一特定社区的价值反映的不仅仅是当地学校的质量，当地的其他设施也很重要。比如，靠近公园或购物中心。要确定学校质量对房屋价格的净影响，必须控制这些因素，以及所有其他影响房屋价格的因素。例如，如果研究人员没有控制院子的面积，而较好学区的房屋又有较大的院子，则学校质量的影响会被高估。

现在有大量的证据表明学校质量因房价而成为资本（Black & Machin，2011；Nguyen-Hoang & Yinger，2011）。为了计算学校质量的价值，研究者采用了多种数据集和方法，考虑了不同情境。当然，测量学校质量本身并不简单。已有研究采用的指标包括投入价格（如教师工资）、产出（如标准化考试分数）和其他因素（如对学校设施的投资）。不过，这些结果总体上具有一致性，在社区对较高学校质量的价值估计与社区房价之间建立了正向的联系。如例 9.1 所示。

例 9.1　上一所好的公立学校值多少钱？

目前，已有大量关于如何用当地房屋价格来测量学校价值的文献（Black & Machin，2011）。阮-黄和英杰（Nguyen-Hoang & Yinger，2011）梳理了自 1999 年以来美国的 35 项研究。这些研究主要是假设房价与学校质量测量指标之间呈对数线性关系，并且大多数研究直接控制了房屋的几乎所有特征，否则，房屋将在其他方面有很大的不同。研究调查了一系列地方市场的房价，以处理学校质量和房屋存量方面的差异。为了控制社区效应，研究采用直接加入社区特征、应用固定效应、使用工具变量（基于区域划分）等方法。为控制地方税率，研究对实际税率和名义税率进行了区分。最后，学校质量的潜在变量有很多，研究采用了（学校/地区平均的）考试分数水平和考试分数增量、生均支出和生师比。

这些研究一致发现，考试分数的优势被资本化于当地房产的价值中。总的来说，这种影响在经济上是有意义的，"学生考试分数每提高 1 个标准差，房价增长 1%—4%"（Nguyen-Hoang & Yinger，2011）。当地居民愿意为改善学校教育结果付出费用。然而，对于学校投入质量是否反映在房价上，目前缺少一致的结论。

这些价值估计可以应用于 BC 分析，作为提高学校质量带来的货币收益。也可以用于检查验证使用其他方法对收益的估计。然而，迄今为止，在 BC 分析中采用特征价格法对收益进行估计的应用仍然是有限的。

9.4.3　从权衡中识别支付意愿

显示性偏好法背后的一般思想是，教育的支付意愿建立在权衡资源的相关行为基础上，因此可以分析通过教育获得同样结果需要牺牲多少资源。例如，如果我们知道额外一年的教育使工作满意度提高 2 个百分点，而额外 1000 美元收入使工作满意度提高 1 个百分点，那么工人应该愿意为额外一年的教育支付 2000 美元。我们将这种一般性的方法称为权衡法（Haveman &

Wolfe，1984）。

这种方法可以与防御支出法和特征价格法结合衍生出各种应用形式。例如，对于旨在提升考试成绩的教育干预措施，可以根据学校需要额外支付多少教师工资才能达到与实施教育干预相同的成绩水平，来评价教育干预的货币价值（Goldhaber，Destler，& Player，2010）。罗尔夫斯和齐洛拉（Rohlfs & Zilora，2014）采用一种创新的方法为较小的班级规模赋予货币价值：研究以田纳西州实验的小班干预为基础，分析了接受小班教育的干预组儿童流失率降低的情况（小班儿童的家庭继续留在所在学校，没有转到其他学校）。这种利用外生变化引起的行为改变来衡量支付意愿的应用正在增加。特别是，研究人员可以权衡考试分数或教师评分的变化与教育相关行为的直接支出变化，来估计支付意愿。

9.4.4 条件价值评估法

显示性偏好法的一个常用替代方法是条件价值评估法，该方法利用个人关于其支付意愿的陈述得出收益的货币价值。条件价值评估法比较复杂，需要许多假设，也很少用于教育评价。但在无法从个人行为中观察到收益的情况下，条件价值评估法是唯一的选择。例如，对于为严重残障者提供的教育服务，很难观察到家庭对教育服务的价值判断。此外，如果以前没有社区学院提供教育服务，新建一所社区学院的价值也无法轻易根据个人对教育的偏好来估算。在这两个例子中，尽管一些收益很难货币化，但它们的重要性不应被忽视。

开展条件价值评估有许多方法，这些方法有几个共同的特点（Boardman et al.，2011）。第一，研究人员定义一个适当的人群样本，通过调查问卷或某种调查工具，来调查支付意愿。第二，使用这些信息来计算每个人的支付意愿，特别是个人支付意愿的中位数。第三，基于个人的回应来估计受政策或项目影响的全部人群的收益。

条件价值评估的关键要素是调查设计。调查设计变得越来越复杂和巧妙。[①]其中一种方法是条件排序法（contingent ranking），在调查设计中嵌入约束条件或需要权衡的因素，要求受访者对被评估对象及所需支付货币水平的不同可行组合进行排序。例如，受访者可能会被问及，他们是偏好高税收、高投入的公共教育，还是偏好低税收、低投入的公共教育。另一种方法是全民投票法（referendum method），采用反复出价的方式，询问受访者是否愿意为某一特定商品支付一定数额的费用。如果他们回答愿意，这个问题就会重复提出，但支付金额会逐渐增加，直到他们做出否定的回答为止。通过让受访者改变主意，迫使他们重新考虑自己的支付意愿。例如，引导出社会对预防逃学干预项目支付意愿的全民投票问题可能是这样的："去年，您所在社区支持的一项新的课后项目成功阻止了本地高中十分之一学生的逃学。为继续开展这一个项目，您是否愿意每年支付（一定金额）？"通过改变金额并将其与愿意支付的概率联系起来，就可以计算出预防逃学项目支付意愿的中位数。

教育研究中的条件价值评估研究较少。一个早期的例子是由埃斯科瓦尔、巴尼特和基斯（Escobar，Barnett，& Keith，1988）开展的关于残障学生学前教育的研究，该研究发现不同残障类型学生的支付意愿有很大差异。佩尔松和斯文松（Persson & Svensson，2013）通过全民投票法设计调查，估计了对瑞典学校的防止欺凌项目的支付意愿。[②]布洛姆奎斯特、库梅斯、杰普森、科福德和得罗斯科（Blomquist，Coomes，Jepsen，Koford，& Troske，2014）开展了条件价值评估，调查了对于扩张社区学院的支付意愿，并利用大学毕业生劳动力市场收入增长方面的相关研究验证了调查结果，如例 9.2 所示。

215

[①] 在最初的调查中，针对某个被评价的目标，会询问受访者开放式问题，请他们表达最大的支付意愿。但受访者的回答常常受到各自假想偏见的影响，也就是说，调查者并不清楚受访者是否能够考虑到他们的回答在真实世界中所产生的后果，因此，无法判断他们的真实行为是否会与他们的回答相关。

[②] 条件价值评估法用来计算质量调整生命年（QALY）。然而，卫生领域研究人员和卫生政策界不愿意用货币表示 QALY。目前的共识是，每 QALY 的价值为 5 万美元，这一估计值常被描述为"武断但方便的整数"（Neumann et al.，2015）。

例9.2　用条件价值评估法测量社区学院的收益

布洛姆奎斯特等人（Blomquist et al.，2014）用条件价值评估法测量了肯塔基州社区学院系统的收益。社区学院系统的主要收益体现在学生劳动生产率的提高上，这种私人收益可以通过收入增长来衡量。但收益在当地也存在局部外部性：这些收益可以通过学生体现，或者反映为社区学院系统作为当地资源的价值（如体现在集聚外部性）。这些局部外部性很难直接衡量，需要将其与私人收益相加，才能获得总体的社会收益。

布洛姆奎斯特等人对1023名肯塔基州居民进行了一项调查，了解他们对扩大肯塔基州社区和技术学院系统（Kentucky Community and Technical College System，KCTCS）的支付意愿。受访者了解KCTCS，也知道为某一公共项目分配资源意味着丧失对其他公共服务项目进行投资的机会成本。受访者被告知，如果全民投票同意扩大KCTCS的规模，则会一次性增加税收。引出受访者支付意愿的题目如下："如果此刻要您从自己的家庭预算中一次性缴纳＿＿＿（范围为25—400美元）税金用来支持扩大KCTCS的规模，您会投票赞成将KCTCS的规模扩大10％吗？"（Blomquist et al.，2014）。

对公投受访者的先前特征进行调整和加权，使之能够代表该州人口，得出将KCTCS的规模扩大10％的社会价值估计为1.06亿美元（90％置信区间为0.79亿—1.32亿美元）。另外，研究人员计算出私人收益——税后收入的增加——为4800万美元。从总的社会收益中减去这些私人收益以及其他1900万美元的私人收益（如个人健康），可以得出局部外部性收益。由此，从KCTCS获得的局部外部性收益的价值估计为3900万美元，等同于来自KCTCS的私人收益的58％。有趣的是，这一估计值与哈夫曼和沃尔夫（Haveman & Wolfe，1984）30多年前发表的估值十分接近。

利用条件价值评估法来估计社区学院的社会价值面临许多挑战。受访者的应答可能容易受提问方式的影响，分析也会对如何解读应答等一系列假设因素敏感。尽管如此，布洛姆奎斯特等人的分析显示，社会价值是可以被近似估计的，且条件价值评估法的结果可以用来检验其他估计方法的有效性。

资料来源：改编自 Blomquist et al.（2014）。

对条件价值评估法的主要批评是，受访者的回答可能是不可信的，其会受到多种重要偏误的影响（Hausman，2012）。第一种是假设性偏误（hypothetical bias）：如果个体的回答不需要承担后果，他们可能会给出不符合实际行为的答案。其他偏误也很重要。个体可能对被要求评价的商品或服务有不同的理解，为了避免无知性偏误（ignorance bias），在调查中需要正确且充分地传达评价对象的确切性质，这也是很有挑战的。在教育方面，一些受访者总是会赞成进行更多的教育投资，并将任何关于教育干预项目的问题都解读为表达自己认为需要更多教育投入意见的机会，这是植入性偏误（embedding bias）。此外，个体可能会采取策略性的应答，掩盖真实的支付意愿。例如，他们可能担心会被要求支付服务费用，从而低估支付意愿。而如果个体认为应答只会影响商品或服务的提供，不会影响他们需要付出的成本，则受访者可能会夸大他们的支付意愿，这是战略性偏误（strategic bias）。一些受访者可能不愿意给出回应，这是无承诺偏误（noncommitment bias）。另一种复杂的情况是，受访者可能会在不同的情境下给出不同的答案，这取决于研究人员问的是愿意为一项福利付出多少，还是愿意为一项损失接受多少补偿（参见 Kahneman & Tversky，1984）。也就是说，如果一所大学面临关闭的威胁，受访者可能会报告更高的支付意愿，而对于在服务不足的地区开办一所新学院来说，受访者报告的支付意愿可能很低。最后，应答可能会因资金支持方式（如一次性拨款、年度税收或补贴、学费）而有所不同。

这些偏见的解决依赖结果主义和现实主义，也就是说，应向受访者提供足够的信息，并使受访者在回答时能够认为他们的回答具有影响力，可能影响到被评价商品或服务的提供。让受访者感受到结果的"真实"是一项挑战，除非受访者与调查结果本来就具有一定的利害关系。

尽管面临着许多挑战，但条件价值评估法不应被完全抛弃（参见 Haus-

man，2012）。当然，在测量工具的设计、方法的应用以及研究结果的有效性
方面，必须要非常小心。某些情况下，条件价值评估法可能是确定某些教育
项目价值的唯一方法（在除此之外无法确定经济价值的情况下，应作为替代
方法予以考虑）。此外，该方法还可用于对其他方法估算的收益进行有效性检
验。鉴于这些问题，教育领域中很少采用条件价值评估法，这并不会让人感
到意外。

9.5　将收益用于收益成本分析

　　影子价格和普通价格一样，可以用经济学理论来解释，也可以给出一个
确定的价值（如每单位成绩提升的价值为 1000 美元）。上文中，我们已经列
举了一些研究，为高中毕业生、学校质量、考试成绩和新学院的位置赋予了
价值。鉴于这些影子价格已经存在，分析人员需要采用既有价格，并把这个
价格作为收益的测量指标用于分析。

　　实践层面上，采用既有价格有一些优点。以某辅导项目为例，研究已发
现该辅导项目能将高中辍学人数降低 10%。为了准确估计高中辍学的影子价
格，研究人员需要为一生中由辍学引起的各种违法行为分别估计一系列的影
子价格——可能会使用几种影子价格的估计方法，确保收益不会被重复计算，
当然也要确保影响和收益的测量指标相互对应（Belfield & Levin，2009）。
面对这些任务，直接采用科恩和皮克罗（Cohen & Piquero，2009；Cohen
et al.，2010）计算得出的社会对完成高中学业的支付意愿值（48 万美元）更
为容易（按 2015 年美元价值、以 2% 贴现率计算 18 岁时的现值）。直接应用
既有影子价格除了更为便捷，也更为科学。一方面，经过同行评审的影子价
格更有可信度，也反映了计算影子价格过程中投入的大量努力。另一方面，
结果的一致性更好，可以进行比较，从而有助于决策，敏感性检验也会更
简单。

　　即便如此，研究人员也不应简单插入任何既有价格。需要遵循迁移收益

的重要步骤。迁移收益明确要求研究人员在自己的研究中使用既有影子价格
应该有据可依。在做迁移时，研究人员需要确定，对于自身的研究目的而言，
所采用的既有影子价格是合理的。

迁移收益要求对原始研究的背景及其与自身研究的关系都有充分了解，
并需要对两者进行正式比较。以上文引用的科恩和皮克罗（Cohen & Pique-
ro，2009）对辍学的价值计算为例，该数值是全国平均值。如果分析人员评
价的是只针对农村低收入家庭第一代学生的辅导项目，那么全国平均值将需
要根据人口特征差异进行调整。如果辅导项目帮助毕业的新毕业生比普通的
毕业生处境更为不利，则需要下调避免辍学（或促进毕业）辅导项目的影子
价格。相反，如果劳动力市场回报率自 2009 年以来有所上升，那么每名高中
毕业生的影子价格需要向上调整。又如，对于完成高中学业的收益，全国平
均的影子价格计算包括了额外税收收入，任何税收制度上的差异也都应被考
虑。同样，既有影子价格的估计时间越早，与新研究所需影子价格相关的可
能性就越小。某些情况下适用性迁移很难做到。比如，某研究者采用 2% 的
贴现率对全国平均影子价格进行现值调整。如果所评价辅导项目的贴现率不
同（如为 5%），则可能无法将这些价值估计从一项研究直接迁移到另一项
研究。

需要强调的重要问题是，影子价格必须经过假设的修正或比较，才能从
一项研究正式迁移到另一项研究。不能简单地从一项研究中提取后直接插入
另一项研究。迁移过程涉及对既有影子价格与分析人员所关注人群影子价格
之间等价程度的判断。判断应该考虑的因素包括人口特征的对应度、教育系
统和劳动力市场的相似性、时间变化等。

9.6 结　论

教育可以对个人和社会产生许多影响，但不是所有影响都可以用货币价
值来表达。显然，如果教育提高了个体的劳动生产力，那么他们会有更高的

收入，这一收益已经通过货币表达了。对于其他收益，我们需要应用影子价格的定价技术。虽然这些技术在实践中存在一定争议，但有足够多的技术可以用来估计影子价格，能够使影子价格的估计在合理范围内。即使没有明确的行为改变，我们也依然可以使用条件价值评估调查来识别对教育项目结果的支付意愿。此外，越来越多的方法论和实证文献对一些教育结果以及由更多教育引起的其他行为改变提供了实际的价值估计。我们只是列举了一部分重要的影子价格，每年都有文献估计出更多的影子价格。这些文献往往表明，教育对经济福祉有着重大而深远的影响，也就是说，社会对教育结果的支付意愿可能会非常高。基于正式的收益迁移模型，这些价值估计可以用于对类似教育结果进行识别的其他研究。

计算得出教育变化所带来的收益之后，我们就可以在正式的 BC 分析中将收益与教育成本结合起来分析，这便是下一章的主题。

◎ 讨论题

1. 在不存在市场的情况下，用货币表达教育结果价值的理论基础是什么？

2. 利用特征价格法来估计教育结果的价值有哪些具体的做法？

3. 对于旨在减少大学补课的教育项目，为什么用防御支出法估价可能会低估社会的支付意愿？

4. 采用陈述偏好法或条件价值评估法对价值进行估计有哪些挑战？

◎ 练习题

1. 阮-黄和英杰（Nguyen-Hoang & Yinger，2011）的研究发现，学生考试分数每提高 1 个标准差，房价增长 1%—4%。对于一个有 10 万名居民的学区，请估计提高学生考试分数的经济价值。

2. 按照以下步骤，对美国高中毕业相对于高中辍学的收益进行估计：

　　a. 按照种族和性别分组，建立并对比高中辍学学生和高中毕业生的年龄收入曲线，使用美国普查局当期人口调查的平均收入（可查阅官网：www. census. gov）。从给定年龄区间内推插补至 16—65 岁区间的每个具体年龄。

　　b. 应用贴现率，获得高中毕业生在 12 岁时的收入现值。

　　c. 对于这个估计值，你会进行哪些敏感性检验？你认为这种估计方法的局限性是什么？为了更准确地估计高中毕业的收益，你需要额外获得哪些数据？

3. 爱达荷州正在考虑进行大规模投资以帮助社会福利领取者在经济上独立。有三个项目已经被推荐给了州政府。第一个项目认为，与基本生活收入相结合的就业发展必须是核心。第二个项目旨在推动高中同等学力和职业培训。第三个项目主张，咨询和儿童保育服务是关键。州政府想知道每个项目及其之间的不同组合能够带来的收益。你要怎样计划并开展研究来估计收益？

第10章 收益成本分析

◎ 目标

1. 定义三个指标：（1）净现值；（2）收益成本比；（3）内部收益率。

2. 描述上述三个指标计算过程中常见的挑战。

3. 考虑如何解读这些指标。

4. 回顾教育研究中 BC 分析的案例。

BC 分析可以从社会的角度确定一项教育投资是否具有效率。当收益（因投资而产生的资源）超过成本（用于实施投资的全部资源）时，则可确定投资是有效率的。第 4—6 章详细介绍了计算干预成本的方法，第 9 章介绍了估算收益的方法（第 7 章做了铺垫）。在此，我们假设成本和收益已经被正确测量得出，且相互对应。本章可以看作工程的封顶，将基于资源要素法的成本估计和基于影子价格技术的收益估计合并为一个经济指标，可以为关注教育投资效率的决策者提供信息。

我们首先描述一些经济指标——净现值（net present value，NPV）、收益成本比（benefit-cost ratio）和内部收益率（internal rate of return，IRR）。这三个指标从数学表达上看很简单。然而，形式上的简单掩盖了在具体情境中解释指标时所面临的挑战。后文会专门讨论这些问题。最后，我们回顾一些 BC 分析的例子。回顾的目的不是总结文献或评判教育投资项目，而是举例说明教育中 BC 分析的主要应用领域。

本章看似是爬到了成本和收益研究的顶峰。而实际上，后续还有几个更重要的步骤将在第 11 章和第 12 章中说明，包括检查结果的稳健性、为政策制定者解读结果。本章介绍的内容也是进行这些步骤的必要前提。

10.1　将收益与成本合并为经济指标

本节我们将讨论三个经济指标：（1）NPV；（2）BC 比；（3）IRR。我们用成人识字项目的简化示例来对每个指标进行说明。项目的资金流如表 10.1 所示。

表 10.1　识字项目收益成本分析的简化示例

	未贴现成本（美元）	未贴现收益（美元）
第一年	300	0
第二年	0	150
第三年	0	150
第四年	0	150
第五年	0	150

识字项目帮助成人适应劳动力市场并获得薪水更高的工作。用资源要素法可以确定，参与者参加一年期项目的平均成本为 300 美元。项目完成后，与不参与项目的状态相比，参与者每年可多获得 150 美元的收入，该收益持续四年。在准确收集这些信息之后，利用数学表达式建立经济指标很简单，但是每个指标都需要进行仔细解读。

10.1.1 净现值

净现值是教育干预 BC 分析的主要经济指标。净现值是用收益现值减去成本现值。我们分别依据第 5 章和第 9 章的公式进行贴现计算：

$$B_{PV} = \sum_{t=1}^{n} \frac{B_t}{(1+i)^{t-1}}$$

$$C_{PV} = \sum_{t=1}^{n} \frac{C_t}{(1+i)^{t-1}}$$

其中，B_t 和 C_t 分别是收益和成本，t 代表发生年份（取值为 1 到 n），i 是贴现率。因此，一个项目的净现值可以直接计算如下：

$$NPV = B_{PV} - C_{PV}$$

净现值较高的干预项目更受欢迎，一般来说，对于净现值小于零的干预项目，直接不予考虑。

我们可以根据表 10.1 描述的简化示例计算净现值。假设贴现率为 3%，在我们的示例中，贴现后的收益总和如下：

$$B_{PV} = \frac{150}{(1+0.03)^1} + \frac{150}{(1+0.03)^2} + \frac{150}{(1+0.03)^3} + \frac{150}{(1+0.03)^4}$$

$$= 146 + 141 + 137 + 133$$

$$= 557 \text{（美元）}$$

由于所有成本都发生在第一年，贴现成本如下：

$$C_{PV} = \frac{300}{(1+0.03)^0} = 300 \text{（美元）}$$

因此，直接计算净现值如下：

$$NPV = 557 - 300 = 257 \text{（美元）}$$

鉴于净现值明显高于零，我们可以得出结论，在贴现率为 3% 的时候，对这个识字项目的投资会产生正的资源流。表面看来，这个项目是一项不错的投资。当然，如果另一个项目的成本与此大致相同（300 美元），而净现值仅为 100 美元，那么显然应首选这个识字项目。

但是，我们需要仔细解读这个结果。增长的收入计为社会收益，但它们直接流向参与者。投资者（如当地政府）将无法收回这些额外的收入。如果我们从狭义视角看，净现值和实际金额会更接近（如我们仅计算纳税人的收益和纳税人的成本）。此外，应该将这个净现值为 257 美元的项目与类似规模项目的净现值进行比较。比如，一个成本为 100 美元、收益现值为 357 美元的项目与其具有相同的净现值，但可能更受欢迎，因为风险较小。同样，应在持续时间相似的项目之间比较净现值。例如，假设一个干预项目与其成本相同（300 美元），产生的收益现值也相同（557 美元），但是这些收益现值是根据十年的未贴现总收益（867 美元）计算得到的。这种情况下，几乎可以肯定识字项目更受欢迎。它的风险较小，且具有选择价值。因为可以在前五年内回收完该净现值，而在剩余的五年内，在第二种干预项目产生同样收益之前，我们就可以将这些资金进行再投资。

净现值这个指标的优点是便于直接报告与解释。学校投资了 300 美元，带来了 557 美元的收入增长，产生了 257 美元的盈余（类似于利润）。然而，净现值通常很难相互比较，因为项目的规模会使最终净现值的数值差异很大。一个 2000 万美元的项目（即使收益很小）基本上会比一个 200 万美元的项目产生的净现值更高。净现值也可以表示为参与者的平均净现值。但是，这样无法确定需要多少总资源，而且可能给人留下净现值不随学生规模变化的印象。因此，净现值这一指标简单直观，但较难提供项目之间收益和成本的比较，决策者在使用时需要权衡。

10.1.2　收益成本比

BC 比是对净现值指标的简单调整，采用的不是收益现值和成本现值之间的差，而是用收益现值除以成本现值表示：

$$BCR = \frac{B_{PV}}{C_{PV}}$$

BC 比大于 1 代表收益大于成本。BC 比较高的干预项目更受欢迎，而 BC

比小于 1（成本大于收益）的干预项目被认为是应该放弃的。

对于表 10.1 中简化的识字项目，BC 比计算结果如下：

$$BCR = \frac{557}{300} = 1.86$$

这个比率显然大于 1，表明这个项目在采用 3‰ 贴现率计算收益现值的情况下，是一项不错的投资。简单而言，BC 比经常被解释为"为此识字项目每投入 1 美元将获得 1.86 美元的回报"。然而，与对 NPV 的解释类似，上述对 BC 比率的解释也并不意味着对这个项目投资的每 1 美元都产生了同样的净现值。

这里，我们可以理解进行 BC 分析时为什么强调"负收益"而不是诱发成本。假设一个旨在促进大学入学的项目，其成本为 200 万美元，产生的收益为 400 万美元，为额外的收入增长，但是还会因促进了更多的大学生入学而产生 100 万美元的成本。如果将额外的大学入学所带来的成本视为负收益，则收益成本比为 $\frac{3}{2} = 1.5$。然而，如果将额外的大学入学所带来的成本计为诱发成本，则收益成本比为 $\frac{4}{3} = 1.33$。鉴于可能很多负收益还需要贴现，因此前一种计算 BC 比的方法更为合适。

BC 比的优点在于它很容易用于比较各项投资，类似于投资回报率。例如，BC 比为 4 的项目回报要高于 BC 比为 2 的项目。比较不同的干预项目时，决策者可以对 BC 比进行排序，选择该比率最高的干预项目。在项目具有相似的规模、风险和持续时间的情况下，这种比较是合适的，当然也并非总是可以直接比较。此外，BC 比提供的解释可能过于简单，会使决策者误认为给项目投入任意金额的资金都会拥有同样的回报率。然而，实际获得的收益与实施项目的规模有关，示例中的投入的资金规模为 300 美元。

10.1.3　内部收益率

第三个经济指标是 IRR，也就是使收益现值等于成本现值的利率。形式上，226 IRR 被定义为使净现值或净收益（net benefits，NB）等于零的贴现率（i）：

$$NPV = \sum_{t=1}^{n} \frac{B_t}{(1+i)^{t-1}} - \sum_{t=1}^{n} \frac{C_t}{(1+i)^{t-1}} = 0$$

或：

$$NB = \sum_{t=1}^{n} \frac{B_t - C_t}{(1+i)^{t-1}} = B_{PV} - C_{PV} = 0$$

可以将某项教育投资的 IRR 和与其规模及持续时间相当的投资利率进行比较。比如，如果投资机构可以投资一项回报率为 10% 的项目，那么只要是 IRR 高于 10% 的教育干预都是一项不错的投资，而 IRR 低于 10% 的干预项目理论上都不适合投资。

表 10.1 所示的关于识字项目的简化示例，可以计算得出 IRR 约为 0.349（或 34.9%）。该项目的成本现值为 300 美元，因此我们需要找到一个贴现率，使贴现后的收益总和等于 300 美元。当 $i = 0.349$ 时，我们计算收益现值总和为 300 美元，由此可确定 IRR。i 值可以经迭代获得，也可以使用软件自动计算（例如 Excel 或其他电子数据表）获得。

$$B = \frac{150}{(1+0.349)^1} + \frac{150}{(1+0.349)^2} + \frac{150}{(1+0.349)^3} + \frac{150}{(1+0.349)^4}$$
$$= 111 + 82 + 61 + 45$$
$$= 300（美元）$$

34.9% 的 IRR 是有吸引力的。解释 IRR 时从数学的角度上不存在阈值（IRR 应为正值）。考虑到大多数政府机构的投资利率低于 10%，34.9% 的 IRR 看起来就非常高了。

基于 IRR 这一经济指标评价教育项目有很多优势。从本质上讲，计算 IRR 不用假定贴现率。由于贴现率可以对净现值产生很大的影响，因此不假定贴现率可以获得一定的自由。当然，决策时需要将 IRR 和另一个阈值利率进行比较，才能比较出投资项目的收益能力。因此，不假定贴现率的自由也并不是完全的自由。

直观上，IRR 具有吸引力，是因为对它进行解释时很容易找到对应的背景情境。大多数投资者会认为合理的投资利率在 5%—10% 之间。（私人投资者往往会有更高的贴现率，如 20%，参见 Warner & Pleeter，2001，但是合理的社会利率应该低于私人利率。）因此，任何高于 10% 的 IRR 都表示该项目是一项不错的投资。然而，IRR 对收益流和成本流的变化非常敏感，因此解释时需要小心。例如，在目前资金流的基础上计算识字项目的 IRR 为 34.9%，这是一个很高的收益率。如果实际的未贴现成本增加了 10%（330 美元），每年未贴现的收益减少 10%（135 美元），那么这可能意味着 IRR 不仅仅下降了 10% 或者是 20%。事实上新得到的 IRR 变为 23.1%，与其原始值相比，下降的幅度达到了三分之一。如果资金流更长，IRR 的敏感性就会被放大。如果原始的未贴现收益延续了 12 年而不是 4 年，IRR 则会降至 13%。

此外，IRR 并没有指示项目规模。因此，我们可能会基于 IRR 相同而得出两个项目同等可取，但实际上两个项目的净现值可能差异很大。对于 100 万美元的项目来说，34.9% 的 IRR 对政策制定者来说是有吸引力的，但对于 1 亿美元的投资来说，同样的 IRR 无疑更具吸引力。有时也很难得出唯一的 IRR。这种情况没有发生在我们给出的计算示例中，因为在此示例中所有的成本都是在项目开始时发生的，项目收益是后续出现的。虽然大多数项目的情况与此非常类似，但并非总是如此。如果成本和收益在整个项目周期的分布不均，就有可能出现得出多个 IRR 的情况。

最后，我们需要区分 IRR 与社会投资回报率（social return on investment，SROI）这两个概念。后者通常会被粗略用于表示企业在慈善投资中获得的回报（有关定义参见 Millar & Hall，2013）。从理论上讲，企业应该基于 BC 分析得出 IRR。然而，企业可能会对自身在某些特定维度上的影响感兴趣。例如，一家私企为高危青年指导项目捐款 100 万美元，当地政府为这笔捐款匹配了 100 万美元的配套资金。如果经评价确定项目帮助减少了 10% 的违法行为，就可以根据影子价格为减少的违法行为赋予货币价值。私企可能会将此价值与 100 万美元的捐款而非 200 万美元的总资源成本进行比较：私企会认为配套资金是因其原始捐款撬动才融到的杠杆资金。（在其他例子中，也可能存在的情况是，对收益的定义比较狭窄，并不是 BC 分析中所定义的完全社会收益。）因此，SROI 并非严格基于全面的社会视角，也不是 IRR。

10.1.4　盈亏平衡分析

经济指标还可以使用盈亏平衡分析得出。这种情况下，是将分析限制在一定时间段内（有时被称为投资回收期），使收益现值等于成本现值。进行盈亏平衡分析时，成本的计算涵盖整个项目期间，而收益只计算到其总和与成本值相等为止。分析人员报告出一个时间期限，使得干预项目的收益与成本相等，即干预项目的盈亏平衡点。形式上，要基于下面的等式确定 n 的值。

$$NPV = \sum_{t=1}^{n} \frac{B_t}{(1+i)^{t-1}} - \sum_{t=1}^{n} \frac{C_t}{(1+i)^{t-1}} = B_{PV} - C_{PV} = 0$$

在表 10.1 简化的示例中，盈亏平衡点位于第三年至第四年间（假设贴现率为 3%）。第三年时，收益现值为 287 美元，已经十分接近 300 美元的成本。第四年时，收益就大于成本了。

显然，这是经济评价的一个简略指标，它仅表示投资者需要等待多长时间才能获得投资回报。其优点是非常容易解释，例如，"三年后，收益会超过成本"。这对于投资期有限的政策制定者很有帮助。在政策背景和结果不确定的情况下，它也可能发挥作用；在某些背景下，展望未来十年或二十年似乎需要巨大的信心。

然而，这个指标过于简单，并没有提供有关全部投资价值的信息：回报滞后但高回报率的教育项目从表面上看起来会比当即能获得回报的项目显得价值更低。该指标基于短期内的盈亏平衡分析进行比较，可能是不合理的。早期教育项目的盈亏平衡点要比青年或大学项目晚一些，但由于长期效力较高，其净现值可能较高。最后，如果收益分布在各群体中，那么盈亏平衡指标可能会误导分析人员。对于大多数教育投资而言，收益是指社会或整个社区的收益而非任何个人或政府机构的收益。因此，由国家实施的学前教育项目，收益将累积至参与者、当地纳税人和整个社区。总社会回报可能会在五

⟨229⟩ 年后与成本相等，但单个群体不会获得全部回报。从狭义的角度来看，某些投资的收益可能永远无法使得项目在货币价值上达到盈亏平衡。

10.2 进行收益成本分析

进行 BC 分析主要的困难包括：测量成本，计算收益，以及确保将两者合理合并为经济指标——虽然三个指标的数学运算很简单。由于经济指标之间直接相关，分析人员应该尽量报告全部三个指标，这样就不必去考虑哪个指标最相关，也提供了更多信息。无论报告多少个指标，分析人员在解释 BC 分析的结果时，都应该能够让读者将分析结果置于政策背景中进行解读，本质上是为了帮助读者做出更好的决策。

总结表 10.1 的示例，收益现值是 557 美元，成本是 300 美元。这项投资的 BC 比为 1.86，IRR 为 34.9%，盈亏平衡点是在干预的第三年后。每个指标传达的信息都很有用，我们注意到 34.9% 的 IRR 可能"听起来"会优于每投资 1 美元获得 1.86 美元的收益。尽管如此，此示例中所有指标结果都得出了相同的结论：从社会视角来看，该项目是有效率的。高瞻佩里学前教育项目的分析结果如例 10.1 所示。

例 10.1 高瞻佩里学前教育项目的收益成本分析结果

高瞻佩里学前教育项目的成本和收益信息汇总如表 10.2 所示。成本是用资源要素法计算的（详细信息参见第 5 章例 5.1）。收益信息来自多年后对参与者在 27 岁和 40 岁时的调查，将随机分配的干预组和对照组进行比较。收益通过影子价格估计，采用了多种估计方法（详细信息参见第 9 章）。成本和收益都以相对于未参加项目孩子的状况为基准表示。

表 10.2　高瞻佩里学前教育项目的收益成本分析

	不同视角下贴现至项目开始时的现值		
	参与者	公众	总计（社会）
项目成本（美元）	—	20947	20947
已测量的 40 岁之前的收益（儿童保育、K—12 教育、成人教育、大学、工资、犯罪、福利）（美元）	14944	105060	120004
预期的 40 岁之后的收益（工资、犯罪、社会福利）（美元）	18233	44859	63092
总收益（美元）	33177	149919	183096
净现值（美元）	33177	128972	162149
收益成本比		7.2	8.7
内部收益率			8.1%

资料来源：改编自 Barnett（1996）；Nores et al.（2006）。

注：内部收益率来自赫克曼、穆恩、平托、萨韦利耶夫和亚维茨（Heckman, Moon, Pinto, Savelyev, & Yavitz, 2010）的重新分析。金额经调整，以 2015 年美元价格计算，保留整数。贴现率为 3%。年化成本根据参与年份进行调整。

表 10.2 列出了经济指标的结果。对于参与者而言，没有任何成本，因此，净现值是总收益，为 33177 美元。这是参与者一生累积获得的经济福祉，但在此表示为贴现至 4 岁时一次性获得的总收益。对于公众而言，项目成本为 20947 美元。这个金额是该项目成本调整为以 2015 年的美元价格计算得到的，但并未根据可能的要素变化（如相对价格的变化或技术变化）进行调整。公众获得的收益为 149919 美元，也是用汇总至成本发生时的总收益表示。因此，净现值为 128972 美元，收益成本比为 7.2。对于社会而言，成本为 20947 美元，收益是参与者和公众收益的总和，为 183096 美元。因此净现值为 162149 美元，收益成本比为 8.7。最后，根据赫克曼及其同事的重新分析，他们采用收益分布于 36 年内的替代模型，得出社会 IRR 是 8.1%。

　　总的说来，高瞻佩里学前教育项目的 BC 分析表明，该项目从所有角度来看都是有效率的，且其获得的收益可能大于其他的资金使用方式。

　　需要强调的是，BC 分析的结果不能取代决策，决策是指正式的基于证据和其他考虑的"理性决定"。如第 11 章所述，政策制定者不应简单地根据干预项目的净收益对其进行排名，然后选择净收益最高的干预项目。在此，我们强调一些重要的问题，这些问题可能会降低采用 NPV、BC 比或 IRR 对项目进行比较的有效性。

　　首先，必须从适当的视角针对受影响的人群进行 BC 分析。常见的视角是整个社会（包括所有资源），但也可以从人群亚组或赞助方的角度进行分析。正如资源要素表可以根据资助机构来划分一样，收益流和净现值结果也可以根据资助机构来划分。纳税人感兴趣的很可能只是投入多少公共资金，以及每项教育投资能获得多少公共收益（Trostel，2010）。谢弗（Shaffer，2010）建议进行多账户 BC 分析，即在整体 BC 分析中还可以采用特定视角进行分析，确定赢家和输家（收益方和支出方，或学生和纳税人）。对于健康领域的评价来说，纽曼等人（Neumann et al.，2016）指出，应该总是从社会整体和支付方两个视角报告分析的结果。当然，结果会因采用分析视角的不同而有很大差异，因此，分析人员应阐明所采用的视角并说明其合理性。

　　评估社会不同群体之间的收益分布可能也是有益的。群体的分类可以很宽泛。例如，在项目参与者中，我们可以按工资水平、性别或种族分别计算收益，以便比较各群体所获收益比例的大小。与成本一样，不同群体获得的收益通常不同。因此，各亚组的 BC 比可能很不相同。但是不应过度解读结果的差异。例如，当男孩的 NPV 高于女孩时，政策制定者不应据此推断分析人员是在建议加大对男孩的投资。在决定对不同群体的投资分布时，公平和平等很重要。这是需要将 BC 分析的结果与政策决策区分开来的另一个原因。

　　与研究设计相关的很多因素，可能会影响不同干预项目的 BC 分析及其相互比较。例如，干预项目可能开始于不同年龄段（从学龄前到大学），也可能会计算一系列不同的收益（如在某些犯罪或健康状况方面的影响），并限定不同的时间范围。分析还可能应用不同的影子价格或具有不同的收益迁移过程。最后，干预项目的成本可能相差很大，因此某些干预项目并非在所有情况下都在财政上可行。例如，字母启蒙学前教育项目的成本是高瞻佩里学前教育项目的四倍以上（Barnett & Masse，2007）。干预项目之间存在差异的方面越多，进行比较就越不可靠（参见 Harris，2009）。

大多数研究设计的关键要素之一是统计显著性检验的能力。大多数实证研究的基本框架是假设检验：按照惯例，根据 p 值的显著性水平来决定是否拒绝原假设，p 值通常为 0.01、0.05 或 0.1（对统计显著性的批评参见 Wasserstein & Lazar，2016）。相比而言，BC 分析的动因并不是假设检验，而是为决策者提供向导。因此，统计显著性不那么重要，统计显著性也不应该影响选择哪些收益纳入 BC 分析。正如法罗和泽布（Farrow & Zerbe，2013，p. 370）所认为的，"项目的统计显著性水平和政策效应量与 BC 分析不相关。无论显著性水平如何，对所有影响的估计及其标准差都应纳入 BC 分析模型"。换句话说，研究人员应该将效果估计的平均值纳入基线收益成本分析，然后报告带有方差的结果作为敏感性检验的一部分。至于说 BC 分析涉及的假设检验，应该是假设 NPV 大于零。这显然与检验影响是否存在统计学意义不同。我们意识到，这种做法（不考虑统计显著性）并没有取得一致意见，也没有在所有研究中都得到遵循。因此，分析人员在结合收益和成本时，必须清楚地知道对统计显著性所做的假设。

这些问题最好结合示例进行讨论。为了举例说明 BC 分析的主要结果和报告惯例，我们在下一节中介绍一些已完成的 BC 分析，并重点关注基线结果。在第 11 章中，我们将详细讨论不确定性、敏感性检验和分布分析，会更彻底地讨论分析结果如何根据假设发生变化。

10.3 收益成本分析示例

10.3.1 学前教育投资

迄今为止，在教育干预的 BC 分析中，最受关注的是学前教育和早期儿童教育。早期研究采用实验法，研究结果比较容易应用于 BC 分析，这些研究发现干预项目有很强的效果，让人们对早期教育回报产生了广泛的兴趣。一些研究总结了有关早期教育项目收益和成本的证据（Barnett & Masse，2007；Bartik，Gormley，& Adelstein，2012；Duncan & Magnuson，2013；Institute of Medicine and National Research Council，2014；Karoly，2012）。

其中一个著名的项目是芝加哥亲子中心项目（Reynolds et al.，2011）。该项目的干预对象是 3 岁至三年级的儿童，干预内容包括阅读和数学指导、育儿项目、帮助就学的外展咨询服务以及营养健康服务（Reynolds，Temple，Robertson，& Mann，2002，p.272）。学前教育项目由服务低收入社区儿童的学前教育中心实施，这些儿童获得早期教育服务的机会有限。

表 10.3 列出了芝加哥亲子中心项目学前教育部分的 BC 分析结果（Reynolds et al.，2011）。对照组接受了当地常见的学前教育，或者没有接受类似教育。根据已发表的研究，我们采用儿童平均值而非总值表示结果。平均来看，每个学前教育中心为 100—150 名儿童提供服务。因此，从政策角度来看，应该用表中的平均值乘以服务儿童的人数得出每个项目实施单位所需的资金总额。

表 10.3 芝加哥亲子中心项目的收益成本分析

	不同视角下贴现至儿童 3 岁时的现值		
	参与者	公众	总计（社会）
项目成本（美元）	—	10060	10060

续表

	不同视角下贴现至儿童 3 岁时的现值		
	参与者	公众	总计（社会）
26 岁时的预期收益［儿童保育、虐待和忽视儿童、K－12 教育、青少年犯罪（不含大学生）］（美元）	10080	37020	47100
预期收益（工资、成人犯罪、健康）（美元）	26520	33700	60210
总收益（美元）	36600	70720	107310
净现值（美元）	36600	60660	97250
收益成本比		7.0	10.7

资料来源：改编自 Reynolds et al.（2011）。

注：学前教育项目金额调整为以 2015 年美元价格计算，保留到十位，贴现率为 3%。

本项目参与者对家庭来说非常有价值。26 岁时的收益为 10080 美元，还有来自工资和其他行为的预期收益大约为 26520 美元。由于家庭不需要支出成本，因此 NPV 为 36600 美元。最令人感兴趣的是公众和社会（参与者与公众的总和）的 BC 结果。在项目之初，即儿童 3 岁时，项目的贴现成本为 10060 美元。到 26 岁时，公众的收益累计为 37020 美元，预计未来还会有 33700 美元额外收益。因此，NPV 为 60660 美元，BC 比为 7.0，这表示本项目产生的公众收益是项目成本的 7 倍。社会收益是参与者收益和公众收益之和减去两者之间的收益转移，NPV 为平均每名儿童 97250 美元，BC 比为 10.7。最后，根据雷诺兹等人（Reynolds et al.，2011）的详细列表，本项目的盈亏平衡点是在高中结束之前（18 岁）。对于整个社会而言，这笔投资看起来产生了很高的收益。收益率研究如例 10.2 所示。

例 10.2　收益率研究

许多教育项目的 BC 分析没有计算 IRR，分析人员采用的是 NPV 和 BC 比。然而，在对获得额外一年教育的收益和成本进行估计时，几乎所有的分析都使用了 IRR。

在许多低收入国家，有很大比例的年轻人没有上学，他们甚至没有上过小学。由于缺乏教育资金，各国政府不得不在投资初等教育、中等教育或高等教育中做出艰难的选择。为了在不同教育水平间分配资源，可以尝试比较三个水平教育的成本和收益。在一定成本下，具有最高净收益、BC 比或 IRR 的投资将产生相对较大的收益。实际上，很多研究做了这样的分析，虽然这些研究所基于的收益和成本的定义可能有一定局限（具体文献回顾参见 Psacharopoulos & Patrinos，2004）。

图 10.1 描述了估计教育收益和成本的基本原理（更多详细信息参见 Barrow & Malamud，2015；Carnoy，1995）。通常，研究人员先从人口普查或入户调查中获得关于个体收入的数据。使用这些数据，为不同教育水平构建相应的年龄收入曲线，追踪特定受教育水平个体一生的平均收入。第 9 章讨论了这种估计收益的方法。图 10.1 为两个教育水平描绘了假想的年龄收入曲线：中等教育和高等教育。中学教育水平的年龄收入曲线开始于 18 岁，即中学毕业后。高等教育水平的年龄收入曲线开始于 22 岁，即大学毕业后。两条曲线都在 65 岁达到退休年龄时结束。

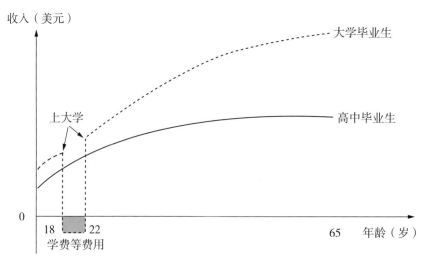

图 10.1　收益率计算示意图

高等教育的收益根据各年龄段大学毕业生与高中毕业生之间的收入差异进行计算。高等教育的成本分为两个部分。第一部分成本是接受高等教育时放弃的收入，这是学习而无法工作的机会成本。第二部分成本包括学习的所有直接成本，如学费、书本费等（用阴影区域表示）。

在这个简单的框架中，高等教育的 IRR 是通过找到使得收益现值总和与成本现值总和相等的贴现率来计算的。通常，可以简单地使用横断面数据，估计收入方程得出教育的收入溢价。过去 30 多年间基于这种方法开展的研究形成了一个基本共识，即高等教育的平均 IRR 略低于初等教育（参见 Psacharopoulos，1994；Psacharopoulos & Patrinos，2004）。简单来说，这意味着稀缺的资金更应投资于初等教育而非高等教育。

尽管采用该方法进行研究相对容易，但该方法也有很多不足（Glewwe，1999；McEwan，1999）。第一，该方法假定教育的唯一收益是更高的收入，但是证据表明教育有很多其他收益。第二，它只专注于教育数量的收益率，而决策者可能对教育质量的收益率更感兴趣。第三，很多研究人员假定教育的唯一成本是放弃的收入，而众所周知的是，教育的直接成本可能很高。第四，构建年龄收入曲线通常采用的是单一时间点的横截面数据，而非研究对象职业生涯的纵向追踪数据。这意味着该方法假定，根据价格水平进行调整后，65 岁个体现在的收入可以近似替代 25 岁个体 40 年后的收入。第五，该方法假定，当前高中毕业生的收入可以近似替代当前大学毕业生若没有获得学位时的收入。

10.3.2 青年教育投资

BC 分析还可以用来评价促进青年发展和提高经济福祉的教育干预项目。有些情况下，早期投资的收益最高，可以用赫克曼曲线表示，概括为"预防比补救更有效"。然而，优先投资于青年教育也是很合理的。首先，成本支出后可以更快获得收益，因为教育收益主要来自更高的收入，而青年显然比学龄前儿童更早进入劳动力市场。其次，除了劳动力市场外，青年教育在犯罪、健康状况（如滥用药物）和其他社会行为（如青少年怀孕）方面也有更大的影响，因此青年时期的教育收益可能更多。最后，青年教育投资可能更精准。缩小幼儿园班级规模等教育干预项目可能会获得可观的收益（Chetty et al.，2011），但通常只适用于特定课堂的学生，因此高危儿童的平均成本很高。在中学阶段，对于具体哪些学生需要补习或发展支持有更多的证据。因此，只需要为相对较少的学生提供资源。当然，归根结底，投资于青年教育还是投资于学前教育是一个实证问题。

青年教育项目的收益确实远大于成本。事实上，针对高危青少年的教育项目，通常是针对高中辍学学生的教育项目，可以带来很高的收益。特别是，当干预项目减少了青少年犯罪司法系统介入的问题时，收益尤其高（"青年建设团"项目详见 Cohen & Piquero，2015；就业工作团详见 McConnell & Glazerman，2001）。佩雷斯-阿尔塞等人（Perez-Arce et al.，2012）对国民警卫队青年挑战项目（NGYCP）进行了详细的 BC 分析。NGYCP 是针对 16—18 岁高中辍学学生的强化集训项目。第一阶段是 22 周的寄宿项目，项目参与者接受纪律训练、学业指导和体能训练。第二年进行下一阶段，提供更多的教育、培训和就业咨询服务。项目结果用收入增长表示，指的是由受教育成就改变带来的收入增长，以及在领取社会福利和犯罪活动上的变化所带来的收入增长（为社区提供服务也计为收益）。该研究的新颖之处在于，它对边际税收超额负担和参与者时间的机会成本进行了估计（对 NGYCP 的 CE 分析参见 Hollands et al.，2014）。以 3％的贴现率将成本与收益表示为参与者 17 岁时的现值，参与者的平均成本为 16825 美元，收益现值为 44674 美元（2015 年美元价值）。由此，NPV 为 27848 美元，BC 比为 2.66，IRR 为 6.4％。可以说，这一青年教育投资项目的收益现值与一些学前教育投资项目的价值相当，当然，我们也需要承认不同项目收益的测量指标并不完全相同（Karoly，2012；Temple & Reynolds，2015）。

10.3.3　发展中国家的收益成本分析

越来越多的研究采用 BC 分析评价发展中国家或低收入国家的教育干预项目（Dhaliwal et al.，2012；McEwan，2012）。由于教育系统不同，很难从这些文献中归纳出一般性的结论。这些干预项目通常提供的是组合服务，既包括教育成分，也包括其他投资和项目服务。在低收入国家，毕业项目是一个重要项目，它是一个密集而多元的项目，包括健康教育、技术技能培训、资产转移、消费支持和家庭访问（参见 Banerjee et al.，2015），很难从中剥离出教育服务对结果的影响。此外，收益表现为多种形式，且会采用不同的影子价格估算方法在不同的时间范围和经济背景下对收益现值进行估算。

常见的结论之一是，女童教育项目的投资具有极高的收益（World Development Report，2011）。通常，女性的受教育程度非常有限，但她们在家庭、生育和育儿方面都有非常重要的作用，因此女童教育的社会收益很高。教育对健康的影响也可以带来巨大收益。布伦特（Brent，2009）在坦桑尼亚女童小学入学率增长项目的 BC 分析中对此进行了说明。入学率的增长，即预期入学率增加 1%，具有使艾滋病感染率下降的价值。艾滋病感染的影子价格用劳动力市场中人力资本价值进行估算。即使保守估算收益，初等教育的扩大也会产生社会收益，其 BC 比为 1.3—2.9，即收益是提供教育的成本现值的 1.3—2.9 倍。

10.3.4　社会福利受益人工资增长项目

关于培训项目的收益和成本有很多证据。大部分都采用实验法来识别项目参与者的收益（参见 Redcross，Deitch，& Farell，2010）。

其中研究规模最大的例子是 1987—1992 年对《职业培训协作法案》（Job Training Partnership Act，JTPA）有关项目的实验评价。2 万多名潜在的项目参与者被随机分配至接受培训的干预组或者对照组。对于 JTPA 项目和其

238

他培训项目的 BC 分析，比较了项目的成本和收益，这里的收益通过工资和就业补贴的总和减去参与者减少的社会福利进行计算（参见 Orr，1999）。对于 JTPA 项目而言，干预组和对照组的比较结果表明，培训的总体效果是 19％—21％的工资增长，但增长主要集中在成人群体，且对于不同收入水平的群体来说，培训对象的工资增长有所不同（参见 Abadie，Angrist，& Imbens，2002；Orr，1999；Orr et al.，1996）。其他收益还包括，个体进行职业培训后，减少了对政府提供服务（如公共援助和刑事司法介入）的需要。这些收益由纳税人和社会其他成员获得。有趣的是，不仅 JTPA 项目的收益在不同群体之间不同，项目的成本也在各群体之间有所不同。从社会角度来看，成年男性的收益为 2700 美元，成本为 1640 美元；未成年男性的收益为－1940 美元，成本为 3910 美元（调整为以 2015 年美元计算）（Bloom et al.，1997）。

　　我们希望社会福利受益人能通过参与教育项目改善劳动力市场前景。格林伯格、戴奇和汉密尔顿（Greenberg，Deitch，& Hamilton，2009）总结了十个基于教育投资的"社会福利变工作"项目（welfare-to-work program）的 BC 分析结果。其中五个是教育优先项目（Education-first Program），这些项目为参与者提供教育支持，帮助他们获得文凭（如普通高中同等学力文凭），从而促进其在劳动力市场上的成功。另外五个是混合型基本活动项目（mixed-initial-activity program），这些项目根据参与者的需要提供教育支持或求职援助。教育优先项目大多未能通过 BC 检验（Greenberg et al.，2009）。从参与者视角来看，五个教育优先项目中，三个项目的收益为负值（其成本为 0）。从政府视角来看，四个项目的现值为负（其 BC 比小于 1）。最后，从社会视角来看，所有五个教育优先项目的现值均为负值，且其 BC 比均小于 1。相比而言，混合型基本活动项目的 BC 分析结果更为正向（Greenberg et al.，2009）。从参与者、政府或社会的各种视角来看，只有一个项目干预地点产生了损失。从社会视角来看，BC 比在 0.7—3.79。

　　总体而言，在"社会福利变工作"项目中，以教育支持为基础的项目看起来带来了负收益，即成本大于收益。而基于需求或基线收入的干预项目收

益为正，但并非总是如此。因此，教育投资的 NPV 并非总是正数。当然，
我们尚未考虑将资金投给这些群体时的社会公平因素。

10.4 结 论

本章我们介绍了 BC 分析的基本结构，以及如何使用三个经济指标来表
示分析结果。本章内容表明，BC 分析是一种基于数值的计算方法。尽管估计
成本和影子价格收益有多种方法，但成本和收益是以特定方式进行组合的。
估计成本时，对所有资源都应进行估算，即使学校或学区可能不直接为资源
的使用支付费用。估计收益时，分析人员应将教育结果量化，将持续产生收
益的教育结果纳入分析模型。按照这样的操作得出用于比较政策的经济指标
就非常简单且容易理解了，据此也可以得出恰当的结论。但缺点是，有一些
方面无法被纳入 BC 分析，例如，任何不能用影子价格估算的结果都会被排
除在外，另外，也无法考虑公平问题。

尽管如此，教育领域中 BC 研究的数量不断增长，一定程度上是因为在
评价效益时随机分配方法的使用不断增加，以及可以使用收入来测量收益[①]。
政府部门、州立法机构以及非营利性机构也对高回报的社会项目感兴趣（关
于华盛顿州的 BC 研究清单参见 Lee et al.，2012；更广泛的讨论参见 Revesz
& Livermore，2008）。然而，教育政策中仍有许多领域尚未广泛应用 BC 分
析，例如增值模型、继续教育项目、针对特定群体（如刑满释放者、退伍军
人）的教育以及父母教育项目。BC 分析现在还远未成为经济评价的默认
方法。

证据表明，到目前为止，在大多数情况下，教育投资的 NPV 为正。当

---

① 有关日本复读考生项目的 IRR 的调查，参见奥诺（Ono，2007）的研究。有关以色列表现欠佳
的青少年项目 IRR 的基线计算，参见拉维和施洛瑟（Lavy & Schlosser，2005）的研究。有关社区学院经
济激励项目的 BC 分析，参见巴罗等人（Barrow et al.，2015）的研究。有关减少儿童虐待项目的 BC 分
析，参见马厄、科温、霍内特和福克（Maher, Corwin, Hodnett, & Faulk，2012）的研究。

干预项目有效时，其对劳动力市场的巨大影响以及对行为所产生的显著而持久的影响将转化为极高的收益。事实上，即使某些教育项目不能提高参与者的受教育水平，它们可能也是有效率的。例如，帕佩和约翰逊（Papay & Johnson，2012）所描述的项目可以帮助教师提高实践水平，从而节省成本。但是，归根结底，教育是为未来收益而进行的投资，因此我们不能确定每笔投资都会产生正的 NPV。即使 NPV 的期望值为正，也无法保证估值会精准地落在大于 0 的范围之内。下一章，我们将讨论如何处理这种不确定性。

◎ 讨论题

1. 如何解读以下指标：NPV、BC 比和 IRR？这些指标在什么情况下使用，为什么？

2. 哪种类型的教育干预项目最适合进行 BC 分析？为什么？

3. 在什么条件下，BC 分析可能比 CE 分析更适合用来评价教育干预项目？

4. 为什么决策者会拒绝 NPV 为正的教育项目？

◎ 练习题

1. 芝加哥亲子中心项目为芝加哥 20 多个学前教育中心的大约 3000 名来自低收入家庭的 3—5 岁儿童提供了服务。在一学年中，学生每天接受 3 个小时的教导，每周 5 天；在暑期，该服务提供 6 周。该项目的特色是结构化的数学和阅读活动，活动以小班进行，由持证教师和助教指导，此外还有很多家长参与的课程模块以及健康和营养服务。雷诺兹等人（Reynolds et al.，2002）估算了生均成本为 8510 美元，按 3% 的贴现率计算得到在儿童 3 岁时的现值，调整为以 2007 年美元价格计算。根据雷诺兹等人（Reynolds et al.，2011）的计算，该项目的部分收益估计如表 10.4 所示。

表 10.4 芝加哥亲子中心项目部分收益估值

	收益现值/储蓄（美元）
家庭儿童保育	4387
虐待/忽视儿童公共服务	7330
留级学校服务	880
特殊教育学校服务	5317
成人收入	28844
犯罪行为造成的支出	42462

续表

	收益现值/储蓄（美元）
健康支出	3294
大学学费	−294
总收益	92220

　　a. 计算该项目的社会 NPV 和 BC 比。

　　b. 将收益分为个人收益和财政收益。个人收益的 NPV 和 BC 比以及财政收益的 NPV 和 BC 比分别是多少？

　　c. 在什么情况下，分布的权重会改变你对实施该项目的建议？

　　2. 高瞻佩里学前教育项目是一个高质量的学前教育项目，适用于贫困且学习成绩较差的 3—4 岁美国黑人儿童。该项目包括主动式学习课程与每周对母亲和儿童进行 1.5 小时的家访，目的是让母亲参与教育过程，以及帮助儿童在家里进行学前教育课程。为了检验该项目的收益，将 123 名学生随机分配到对照组或学前教育干预组。对这 123 名学生分别随访到 19 岁、27 岁和 40 岁。该项目贴现至儿童 4 岁时的成本现值为 15000 美元（调整为以 2000 年美元计算）。根据诺雷斯等人（Nores et al.，2006）的计算，部分结果如表 10.5 所示。

表 10.5　高瞻佩里学前教育项目的收益现值

	高瞻佩里学前教育干预组	对照组
27 岁时的收入（美元）	13328	11186
40 岁时的收入（美元）	24466	19699
19—27 岁重罪总数（项）	0.12	0.26
28—40 岁重罪总数（项）	0.05	0.07
19—27 岁轻罪总数（项）	0.12	0.22
28—40 岁轻罪总数（项）	0.17	0.25
19—27 岁领取社会福利的总月数（个）	4.74	4.71
28—40 岁领取社会福利的总月数（个）	2.15	2.02
19 岁前高中毕业率（%）	67	46

请对该项目进行社会 BC 分析。这些信息可能会有所帮助：社会对减少犯罪的支付意愿的影子价格为每项重罪 47000 美元，每项轻罪 7200 美元（McCollister，French，& Fang，2010）；社会福利金负担为每月 400 美元。

3. 某学区正在试图提高高中毕业率和大学毕业率。该学区为初二、初三的学生提供了两种可供选择的暑期项目。在没有这些项目时，该地区的高中毕业率为 40%，大学毕业率为 20%。有 1000 名学生参与了项目 A，生均成本为 2400 美元，这些学生的高中和大学毕业率都是 66%。有 500 名学生参与了项目 B，每年的生均成本为 400 美元，成本仅于学生在高中或大学就读时产生，这些学生的高中毕业率为 90%，大学毕业率为 60%。作为经济学家，你计算得出高中辍学学生的终身收入为 30 万美元，高中毕业生为 40 万美元，大学毕业生为 60 万美元（20 岁时的现值，贴现率为 3%）。假设只有这三种可能的教育水平，开展 BC 分析以比较这两个项目相对于现状的情况。

第 11 章　考虑不确定性

◎ 目标

1. 界定不确定性的类别。
2. 描述经济评价的敏感性检验方法。
3. 说明在经济评价中估计置信区间的方法。
4. 讨论敏感性对于结果解释可能存在的影响。

到目前为止，我们已经讨论了如何计算得出成本、CE 分析或 BC 指标的最佳估计值。但是，在每一种情况下，这些估计值都是不确定的，需要通过敏感性检验明确处理这种不确定性，本章将讨论不确定性的问题。

从广义上讲，实证研究中常见的不确定性类型也适用于经济评价。但有一些不同之处，因为经济评价引入了额外的变化因素：除了影响的不确定性外，还有成本和影子价格的不确定性。另外，当我们计算成本效益比或成本收益比时，不确定性也随之转变。由于不确定性的来源有很多可能，敏感性检验变得更加复杂，但也更加必要。实际上，韦宁和韦默（Vining & Weimer，2010，p.17）坚持认为，蒙特卡洛模拟（Monte Carlo simulation）这种敏感性检验"应该成为评估社会政策净收益的标准基础"。我们在后文会重点讨论这个方法。

在本章中，我们考虑多种形式的不确定性，说明处理这些不确定性和敏感性的主要方法。我们首先讨论不确定性的类型。然后，将描述适用于经济评价的敏感性检验的一般形式。接下来，我们将分别针对成本分析、CE 分析和 BC 分析，举一些著名研究中的例子来解释敏感性检验。正如第 7 章所讨论的，很多研究花费大量精力识别影响及其不确定性，影响的点估计的标准误反映了影响估计的不确定性。我们这里主要关注成本、收益（影子价格）和经济指标（CE 比、BC 比、NPV 和 IRR）的不确定性。

大多数敏感性检验是以数字运算的形式为基础的。但是在 CE 分析和 BC 分析中，判断的作用不可忽视。CE 分析和 BC 分析有规范的方法，在分析方法上存在"正确"和"错误"之分（方法上的有效和无效）（参见 Farrow & Zerbe，2013）。也有指导分析的标准和原则。但是，在得出 CE 分析和 BC 分析结果的过程中，常常涉及假设和判断。而我们要知道，这些假设和判断并没有预先决定分析的结果，这一点很重要。

11.1　不确定性和敏感性的类型

对于经济评价，我们将不确定性分为两大类：（1）参数不确定性；（2）结构不确定性（Briggs et al.，2012；Gray et al.，2011）。

参数不确定性是指所有参数的估计值都是变化的，这种变化反映在估计的标准误或其他参数方差的测量指标中。标准误可能很大，也可能很小。标准误越大，分析人员对 BC 结果的估计就越不精确。关于参数不确定性的讨论主要集中于对影响的估计及其置信区间范围的检验（参见第 7 章的讨论）。然而，影子价格也可能是不确定的，正如我们在第 2—5 章中强调的，成本因素和价格也可能是不确定的。

结构不确定性是指广义上的模型设定的不确定（Jain，Grabner，& Onukwugha，2011）。模型设定既包括计量经济学回归模型的设定（如，普通最小二乘法或倾向分数匹配），也包括在识别产生结果的机制方面不同的模型设定（关于不同模型如何识别出犯罪的阻碍因素，一个经典的例子参见Leamer，1983）。例如，学前教育项目具有正的净现值，因此可能有经济价值。如果学前教育项目具有优势是因为学前教育使家庭选择了更高质量的小学，那么这些额外的小学资源需要被计算在内。而如果其优势结果的产生是因为学前教育减少了家庭对特殊教育服务的需求，那么在这些服务上节省的资源应该包括在 BC 分析中。要充分考察结构不确定性，关键要有详细的理论机制解释变化的发生。分析人员可以考虑多种假设和建模方案，从而得出结果的敏感性。

结构不确定性和参数不确定性是不同的。例如，一个大学辅导项目可能会在项目完成后的十到二十年显示出在收入增益上的收益。如果这些收益可以精确估计，那么参数不确定性将是微乎其微的。有可能大部分的收益都是在第一个十年中积累起来的，而经过贴现，第二个十年的收益会变得微不足道。如果是这样，那么这两个时期的 BC 比将非常相似。由此我们得出这样的结论：对超过十年的时间范围来说，BC 分析对于分析时间的长短不敏感，也就是说，不存在关于时间范围的结构不确定性。

结构不确定性可能有很多。例如，分析人员可能不知道指导项目是通过什么机制产生的作用，比如，是因为关键选择或劳动力市场参与的改变，或是因为减少了在学时的工作时间（从而减少了短期内的收益）。参数不确定性通常用标准误和置信区间表示。结构不确定性体现在解释变化发生的不同理论机制上。学前教育领域中有一个著名的例子：高瞻佩里学前教育项目对犯罪行为有很大的影响，相比之下，字母启蒙学前教育项目对犯罪行为的影响甚微。这种"从学前教育到犯罪"的机制差异是两种学前教育项目 BC 结果差异的主要原因之一（Barnett & Masse，2007）。

除了这些类型的不确定性之外，考虑可变性和异质性也很有帮助。可变性涉及影响成本或结果测量的随机因素，由标准误表示。当然，所有变量都有分布（分布体现了可变性）。但是，对 CE 比和 BC 比的分布需要特别注意：它们是变量的比率。因此，比率的分布并不显而易见。而且，如第 8 章所述，对比率的解释取决于分母的正负。因此，报告这种敏感性很重要。如例 11.1

所示的人才搜索项目。

例 11.1 人才搜索的敏感性检验

人才搜索项目是针对初中和高中的一个项目，旨在促进低收入家庭的学生享有更均等的上大学机会。重要的是，人才搜索项目在提供何种服务、如何提供服务以及什么时候提供服务方面具有相当大的灵活性。最近的一项评价研究在两个州的九个干预地点收集了成本和效益信息（Bowden & Belfield，2015）。因此，研究人员可以用不同的方式进行敏感性检验。表 11.1 展示了其中的一些选择，其目的是检验 2.4 这一基线 CE 比的稳健性。

表 11.1 成本效益比的敏感性检验

	新增高中毕业生数量（人）	新增高中毕业生的生均成本（美元）	每 10 万美元的成本效益比
最佳估计（九个干预地点合并）	590	44650	2.4
抽样			
得克萨斯州样本	214	88750	1.2
佛罗里达州样本	376	19600	5.6
统计显著性标准			
干预地点：统计显著的正影响；所有成本	489	53810	2.0
干预地点：统计显著的正影响；相关成本	489	26440	4.1
干预地点：平均正影响；所有成本	620	42470	2.6
干预地点：平均正影响；相关成本	620	38380	2.8
干预剂量			
三年措施的成本现值	590	25360	4.3
一年措施的成本现值	590	7960	13.7

续表

	新增高中毕业生数量（人）	新增高中毕业生的生均成本（美元）	每10万美元的成本效益比
极端值			
仅最低成本效益的干预地点	−30	−83550	−1.3
仅最高成本效益的干预地点	192	11260	9.7
最高及最低效益除外	427	50590	2.2
最高及最低成本除外	409	46770	2.3

资料来源：改编自 Bowden & Belfield（2015）。

注：现值调整为以2015年美元计算，保留到十位。

在研究设计的范围内，敏感性检验根据其目的进行分组。首先，第一组检查抽样误差的敏感性。我们注意到抽样框架没有考虑成本的变化，因此，CE 比的抽样误差可能很大。如表 11.1 所示，CE 比在各州之间存在显著差异。其次，第二组研究统计显著性标准如何影响 CE 比。并不是所有的地点都获得了统计上显著的效果，只查看统计上显著的地点会将 CE 比提高到 4.1。接下来，研究人员考虑了研究结果对干预措施剂量的敏感性，干预剂量是指学生只需要接受一年或三年的干预措施，干预就能充分发挥作用（而不是基线估计中的六年）。最后，研究人员试图从成本和效益的可能分布范围来限定 CE 比的分布。从最差的情况看来，人才搜索项目并不总是具有成本效益的，然而，去除极端值也并不会显著改变对 CE 比的估计。

如表 11.1 所示，对于一个给定的教育项目，可以用不同的方法来进行敏感性检验。分析人员应该在选择敏感性检验时有明确的目的，而不是只为积累更多的成本效益比值而进行敏感性检验。

异质性是指在不同的学生群体中，结果可能有所不同。例如，同样的阅读项目中，学习困难的学生比那些阅读处于相应年级水平的学生需要更长的阅读时间，这会导致更高的成本。此外，儿童发展规律表明，在儿童发展早期（低年级）进行的干预措施，如缩小班级规模或聘用更多有经验的教师，可能不会对所有年级都产生相同的效果（Lipsey et al.，2012）。同样，城市地区的教育项目可能不会对农村学校有效，影子价格也可能因地区而有所不同（如工资不同，参见 Moretti，2013）。鉴于所处的背景环境对教育干预和政策的重要性，在估计和检验结果的过程中，异质性可能是普遍存在的。因此，分析人员需要进行大量的分组敏感性检验来检查异质性。

在实践中，参数不确定性和结构不确定性这两类不确定性，以及可变性和异质性的相关问题，常常被混在一起，并通过敏感性检验的一般方法来解决。事实上，尽管区分不确定性的类型有一定帮助，但是明确敏感性检验的目的更为重要：检验结果以及因结果而做的决策是否对于不同版本的评价来说都是稳健的？分析人员的目标是检验方案 A 是否在实质上比方案 B 更具有成本效益。这并不是检验方案 A 的成本与方案 B 的成本在统计学上是否存在显著性差异，而是帮助决策者选择最具成本效益的干预措施。BC 分析的目标是相同的。开展 BC 分析的人员要检验方案 A 的 NPV 为正且大于方案 B 的 NPV 的假设是否正确。这个检验不是要求每个收益都在统计学上显著不等于零（或增量成本为零）。敏感性检验的目标是改善决策，因此所有重要的不确定性，即使是那些无法量化的不确定性，都应该包括在敏感性检验中，以便判断决策是否会因此发生改变。

11.2 常规的敏感性检验

在讲解计算不同分析类型的不确定性的具体步骤之前，我们需要了解常规的敏感性检验方法（参见 Boardman et al.，2011）。

对于每个模型，分析人员都应该检验常规参数的敏感性。也就是说，我们应该检查每一个参数的可能值是否会显著地改变结果的大小以及基于结果得出的结论。参数的选择根据干预措施的不同而有所不同。然而，大多数教育干预措施是劳动密集型的。关键的资源要素成本是教师或教育专业人员的

251

工资。因此，有必要了解如果采用教师工资范围的上限而不是平均值来进行分析会如何影响成本的估计值。对于 K−12 干预，班级或小组规模可能是影响成本估计的一个重要参数。因材施教的干预措施（如阅读恢复）的成本可能和每名儿童所需教学时间的长短密切相关。另一个例子，高瞻佩里学前教育项目的一个关键收益是降低了干预组的犯罪率。考虑到社会对低犯罪率的支付意愿很高，即便仅将该项目看作一种犯罪预防策略，也可以认为投资该项目是合理的，因为其 NPV 为正数（Nores et al.，2006）。因此，如果采用降低犯罪的另一个"影子价格"，则需要观察结果会有什么不同。由于对犯罪率的影响发生在学前教育项目结束多年之后，所以对贴现率的敏感性进行检验也很重要。当某个参数改变时，所有其他参数和模型假设应保持不变，这样可以直接在结果的敏感性和参数改变之间建立联系。

这种方法是最常用的敏感性检验形式，在 CE 分析或 BC 分析中有许多参数可以变化。变化哪些参数应遵循以下几个标准：哪个参数"最大"、哪个参数影响最大、哪个参数方差最大、哪个参数争议最大。重要的是，关键参数的替代值应该基于其他证据来源获得，而不应该被随意分配。基于证据获取关键参数替代值的做法还有一个优点，即能够促进研究的一致性。例如，高瞻佩里学前教育项目目前已经对参与者进行了为期 35 年的跟踪调查，芝加哥亲子中心项目已经进行了 20 多年的跟踪调查。在敏感性检验中，可以适当地限定参数值，使它们相互协调，比如，可以限定一个共同的时间范围（Karoly，2012），这样相互比较起来会更加容易（参见 Barnett & Masse，2007）。

对于大多数 BC 分析，贴现率是参数敏感性检验中的可变参数。对教育政策正当性的一个主要评判标准是看政策投资是否有利于促进未来生产力，这一判断取决于未来相对于现在的价值。例如，可以假设一个幼儿园项目在学生高中毕业后（12 年后）立即产生劳动力市场价值。如果贴现率为 3%，贴现后的收益现值将是使用 10% 的贴现率的 2.2 倍。因此，BC 分析应该采用不同的贴现率进行敏感性检验。

另一种方法是估计可能获得的最高和最低比率（根据现有证据）。这种形式的敏感性检验既包含参数不确定性，又包含结构不确定性。例如，最坏的情况可能是大学奖学金来自私人贷款，这意味着很高的贴现率。或者，一个教育项目只提高了认知分数，对影响行为的非认知表现没有起到任何中介作用，以至于工作生产率和收入的提高不能归因于该项目。

与其他方法相比，这种方法的应用较少。因为最坏的情况通常是项目的影响为零，在这种情况下，CE 比和 BC 比会是无穷大或无意义。例如，对于人才搜索项目，最坏的情况是该项目是有害的（以及昂贵的，参见例 11.1）。另外，CE 分析和 BC 分析的一个重要原则是，应采用保守的估计。因此，这些"最坏的情况"应该被纳入基线估计。另外，对政策制定者来说，最好的情况可能过于乐观，缺乏可信度。

盈亏平衡的敏感性检验可能有用。当然，正如第 10 章所解释的，计算 IRR（使收益等于成本时的贴现率）是盈亏平衡分析的基础。（关于 IRR 的敏感性检验，见本章的例 11.2。）盈亏平衡的概念在 CE 分析中较难理解，意味着每个项目以相同的价格"购买"结果，或是达到一个外部支付意愿阈值。盈亏平衡分析的目的是得出使收益和成本相等的参数值，然后将基于证据的基线模型所得出的值与盈亏平衡值进行比较。除贴现率之外，改变其他参数使得盈亏平衡的分析可能相当武断。例如，如果项目成本为预期成本的四倍，我们可能推断 BC 比为 4 意味着盈亏平衡。由于教育的主要收益之一是通过积累人力资本带来的更高收入，研究人员可以探究大学学位对收入的影响小到什么程度会使成本和收益达到盈亏平衡。

253

最后，分析人员应该考虑项目背景的敏感性。社会项目的 BC 分析如果要得出较高回报的结果，需要该项目随着时间的推移引起行为上的改变。如果无法跟踪全部过程的行为变化，那么分析人员必须做出预测或推断。虽然这些预测应该以模型为基础，但也应该考虑项目背景的影响。首先，学校环境可能会发生变化，进而影响影子价格。例如，一个旨在减少特殊教育系统中配置的学生人数的项目，如果能够成功帮助学生在常规学校独立学习，就会产生很高的效益。但是，如果融合教育是发展趋势，那么相关的影子价格将会改变。其次，政府项目和税法可能发生变化。例如，2010 年的《患者保护与平价医疗法案》（Patient Protection and Affordable Care Act）已经让更

多的人加入了医疗保险计划，其中一些是政府补贴的医疗保险计划。从 2010
年开始，从财政的角度来看，促进健康状况改善的教育项目变得更有价值了：
联邦和州政府现在提供了更多的医疗补贴。因此，如果因健康状况改善而无
须使用医疗保健服务，能获得更多收益。最后，劳动力市场会随着时间发生
变化。毕业生在经济衰退或经济增长强劲时期进入劳动力市场，对旨在帮助
提高收入的项目所产生的影响会非常不同（Oreopoulos，von Wachter，&
Heisz，2012）。

　　这些背景因素的影响可能不被包含在定量的经济评价中，然而，背景因
素应该可以被包含在常规的敏感性检验中。例如，学校教育的回报不断增加
是劳动力市场的长期趋势（Goldin & Katz，2008），因此，分析人员可以在
讨论当前或历史评价结果的敏感性时着重分析这一点。大多数研究规模较小，
因此不需要考虑一般均衡的影响。但是这种影响对于涉及面较大的政策来说
是很重要的，例如，大量的新生进入大学会提高平均成本，或者大量的毕业
生进入劳动力市场会压低工资。

　　很明显，可以做的敏感性检验有很多。在决定应该做哪些敏感性检验时，
很重要的是回顾决策过程，回归用户对进行 CE 分析或 BC 分析提出的基本需
求。因此，如果敏感性检验对决策者没有帮助，那就没有必要进行了。如果
在最坏的情况下，BC 比都显著大于 1，那也不需要进行大量的敏感性检验。
帮助决策者的第一种方法是增加对 CE 估计结果的信心。第二种方法是识别
出在什么条件下会推翻 CE 决策（或排名），或是使 NPV 从正值变为负值。
第三种方法是使用敏感性检验来判断做出决策是否还需要更多的信息。莱文
和加西亚（Levin & Garcia，2013）对纽约的社区学院中的副学士课程加速
学习计划（Accelerated Study in Associate Programs，ASAP）项目的收益和
成本进行了大量的敏感性检验。ASAP 项目的 BC 比超过了 1。对于敏感性检
验，莱文和加西亚（Levin & Garcia，2013）考虑了收益的全面性、产生的
正外部性和负外部性，以及学生流出本地税务管辖的影响。

　　最后，在选择敏感性检验时，可比性是一个重要的考虑因素。当 CE 分
析和 BC 分析基于不同的假设时，很难对决策的结果进行比较。因此，敏感

性检验的目的之一，是使研究结果之间可以进行比较。例如，可以通过贴现率的选择使不同研究的结果可比。对于 BC 分析，可以选择与以往研究相对应的收益目录（参见 Karoly，2012）。

11.3 成本估计的敏感性检验

对于成本分析，有几种检查稳健性的方法。理想情况下，如果有有效的抽样框和足够的样本量，则可以简单地使用标准公式来计算成本估计的标准误，就像估计影响的标准误一样。不确定性可以由置信区间的取值范围表示。对资源要素的数量和价格都可以估计不确定性。值得注意的是，尽管我们提供了许多估计成本的技术，但在理解成本估计的不确定性方面还存在一些困难（Weimer，2015）。

第一个困难是没有可靠的标准作为成本估计的基础。也就是说，干预项目的部分投入可能没有成本信息。例如，项目可能需要为培训教师准备手册。手册的成本是多少？解决这类问题的最佳方法是将手册的成本进一步划分为生产手册的子要素成本。将注意力集中在准备手册的过程以及所需要的资源上，对每一种资源要素的价格进行估计，比起对手册的总成本进行比较抽象的估计，有更高的精度。而且，在明确了手册的资源需求后，就可能在市场上获得类似的手册。

更困难的例子是，在干预措施的计划阶段，如何估计那些尚不存在的资源成本。使用未来技术的项目就将面临这类问题，例如，虽然计算机硬件的成本不会对成本估计造成问题，但学区可能需要开发自己的教学软件。对于设计项目及使项目可操作来说，开发是必需的过程，但从时间和其他相关资源的角度来说，这种开发并不总是可预测的。在这种情况下，最好从专家那里获得一些关于成本的意见。

评价人员可能面临的最困难的问题是，项目本身还没有实施，甚至没有明确界定。此前的讨论有一个前提，即存在界定清晰的教育项目，且评价人

255

员熟悉项目运作。否则，不确定性会被放大。比如，成本在干预地点水平上存在差异：不同地点采用的干预措施通常没有对投入要素种类以及每种资源的支付金额予以精确规定。不同干预地点必须依靠内部资源重新组织项目运作，才能提供新的课程或学校改革，而组织能力和领导力都会影响项目实施过程。因此，不同干预地点利用的资源往往是不同的，这一点就不足为怪了。此前描述的"阅读180"项目和人才搜索项目在不同干预地点之间都存在显著的成本差异（Bowden & Belfield，2015；Levin et al.，2007）。如果项目自身的情况不清楚，或者干预地点之间的差异很大，那么评价人员就很难对具体使用的资源进行分类并为它们赋予价值。在这种情况下，很难得出并解释成本分析的结果，因此，针对干预地点的敏感性检验是检查结果稳健性的重要方法。

当没有关于某一特定资源成本的以往信息时，估计的成本可能是各种各样的。新技术的不确定性是显而易见的，在估计人员成本或设施成本时也会出现这样的问题。例如，为了解决学校教师不足的问题，提议以市场价格雇用科学教师和数学教师。该提议立刻就会面临的一个挑战是，不知道需要多高的工资水平才能吸引足够数量的此类人员进入教学岗位。而提议建造新设施可能面临一些结构要求上的不确定性，只有通过大量昂贵的地基测试才能解决。最明显的例子是在线学习，平均成本在很大程度上取决于规模经济。在这些情况下，必须考虑成本估计的取值范围。

除了项目实施中存在的不确定性问题之外，还存在一些统计上的挑战。一是总体或地点之间的成本分布可能是未知的，很可能并不近似于正态分布。在大多数情况下，成本不会降至零以下（除非原本的项目成本更高），因此成本的分布可能是明显的左方受限分布（left-censored distribution）。在教育研究中，成本的测量大都在教室、学校或整个项目的水平上，样本容量可能不够大，因此并不容易确定成本的分布。如果成本分布不是正态分布，那么可以考虑其他的集中趋势度量指标，如中位数或众数。然而，这些度量指标通常需要进行再次转换，才能够报告出项目之间的实际货币金额差异。要估计一个项目与另一个项目在总成本上的差异，不能用众数乘以参与者的人数。

另外，将成本看作连续变量会产生误导：如果一个项目需要 5000 美元才能正常实施，那么花费 3000 美元的干预地点与花费 2000 美元的干预地点都是无效的，没有区别。这对于在干预组和对照组之间进行成本差异的假设检验来说，存在潜在的影响。

第二个困难是很难设计成本估计的抽样框，这导致研究人员很难估计（或在某些情况下推测）成本估计的分布情况。项目通常在教室、干预地点或学区水平进行，因此，教育成本经常是汇总的，因为只有项目的总成本才具有意义（平均成本是总成本除以参与者的人数）。例如，芝加哥亲子中心项目的成本为 180 万美元，参与者为 4100 名学生，研究人员无法获得这个总成本估计的分布情况。我们可以得到的是在每个学前教育中心水平上的成本分布，但是成本变量的有效性取决于项目在总体层面有多少组织、管理和治理权限。

如果成本数据的样本量不够大，不能产生有意义的标准误（或者抽样框不恰当），我们可以考虑使用拔靴法（bootstrapping）（Mooney & Duval，1993）。拔靴法的步骤是，从单位水平的成本数据样本中有放回地随机抽取 n 个观测值，分析人员计算这 n 个观测值的平均值。随机抽取 500 或 1000 次，然后对这些平均值再取平均值。随机抽取还会产生一个成本分布，这样就可以得到一个置信区间。但是，大多数成本数据在分析单位上都没有足够的样本量或合适的抽样框，无法代表成本变异。例如，在把学生随机分配到各班时，有 400 名学生作为观测样本，但这可能意味着只有 20 个教室水平的成本观测结果。如果改革是学区水平的，样本可能包括数千名学生，但只有一个学区水平的总成本。因此，尚不清楚在教育研究中应用拔靴法估计成本是否可行或是否有用。

考虑到这些问题，通常采用简单的方法来对成本估计进行敏感性检验。这些方法适用于检验参数不确定性（比如最重要的资源）以及报告最佳情况和最差情况的情形。

11.4　成本效益分析的敏感性检验

　　CE 分析的敏感性检验更加复杂。在 CE 分析中，为了估计置信区间，有三个变量需要进行建模：（1）成本；（2）效益；（3）成本效益比。如前所述，成本（也可能包括效益）的分布很难确定，而且它们必须以比率表示，这又进一步增加了复杂性。即便成本和效益都是正态分布，比率本身也不一定是正态分布。成本效益比不能被看作连续变量：当效益趋向于零时，成本效益比趋向于无穷大（Briggs et al., 2002）。同样，对于 CE 比的解释取决于它是由负数还是正数相除得到的结果。第 9 章指出了其中的困难：如果一个项目的增量成本为负，效益为正，其 CE 比也将为负，即便这个项目可能比其他项目更有优势。因此，除非计算 CE 比分布的分子和分母符号相同，否则假设检验是有问题的。

　　考虑到这些问题，通常采用简单的方法来进行 CE 比的敏感性检验。第一种方法是在对成本或效益采用不同假设时，依次观察 CE 比的敏感性。可以根据对教师工资或教学时间等成本估计方面的不同假设，计算新的 CE 比。另外，也可以根据不同的效益估计（通常来自不同的模型设定）来计算新的 CE 比。如例 11.1 就展示了这种方法。

　　第二种方法尝试为预期的 CE 比设定界限。首先，分析人员报告预期成本除以预期效益（相对于对照组的增量）的值。接下来，分析人员报告一个下限，即成本加上其标准误的值除以效益减去其标准误的值。这个下限对应高成本、低效益。同样，分析人员还要报告一个上限，即成本减去其标准误的值除以效益加上其标准误的值。这个上限对应低成本、高效益。然后，分析人员可以报告 CE 比的范围，并指出是否不同的干预措施在 CE 比的范围上有所重叠。这些结果可以展示 CE 比是如何变化的。但是，这并不是置信区间，并不反映 CE 比本身的分布。

　　要获得 CE 比的置信区间，有两种方法。一种是前一节讨论的拔靴法，它也可以应用于 CE 比。另一种是利用菲勒尔定理（Fieller's theorem）直接计算置信区间。正如布里格斯等人（Briggs et al.，2002）在健康科学研究中解释的那样，菲勒尔定理需要的信息包括干预组和对照组的成本与效益的值域区间，以及增量成本和增量效益的协方差。除鲍登和贝尔菲尔德（Bowden & Belfield，2015）外，还没有其他人将该定理应用到教育研究中来计算 CE 比的置信区间。如前所述，很难有足够的样本量和统计功效来识别 CE 比之间是否存在统计学上的显著性差异。通常，统计功效的计算基于研究是否有能力识别出具有统计学意义的效益。但统计功效的计算很少用来确定 CE，也没有理由认为识别效益所需的样本量等同于识别 CE 比差异所需的样本量（健康科学研究中的相关讨论，参见 Briggs et al.，2002；Glick，2011）。

11.5 收益成本分析的敏感性检验

前面讨论的许多常规的敏感性检验也可用于 BC 分析。参数不确定性的检验应该关注 BC 计算中的关键步骤（如贴现率和影子价格）。此外，可以将最坏的情况计算出来，观察其 NPV 是否变为负数。

CE 分析的敏感性检验面临的一些难题在 BC 分析中也会出现，收益的分布可能很难估计。收益是干预影响和影子价格的乘积，如果干预影响和影子价格的分布是正态分布，那么收益可能遵循正态分布（如果分析人员考虑所有影响而不论其在统计学意义上是否显著）。然而，收益不太可能降至零以下（除非该项目对参与者造成了实质性的不利影响），因此，与成本一样，收益的分布也应该在很大程度上是左方受限的。

因此，继韦宁和韦默（Vining & Weimer，2010）之后，BC 分析的敏感性检验的主要形式是蒙特卡洛模拟，这种方法根据与分布值有关的信息来计算得出 NPV 估计值的范围。

259

例 11.2　高瞻佩里学前教育项目的敏感性检验

大量包括敏感性检验的 BC 分析，都是在早期教育项目中进行的（结果见第 9 章和第 10 章）。卡罗利（Karoly，2012）列出了对儿童早期干预项目进行分析时推荐的敏感性检验，包括对不同的贴现率（高达 10%）和影子价格（特别是受害者为避免犯罪事件而愿意付出的成本）等参数不确定性的调查，还涉及在预测早期教育的未来后果方面的结构不确定性。

赫克曼等人（Heckman et al.，2010）对高瞻佩里学前教育项目进行了大量的敏感性检验。如前面的例子所述，该项目是 20 世纪 60 年代在密歇根州伊普西兰蒂开展的旨在帮助弱势儿童的早期儿童干预项目。儿童被随机分配到干预组或对照组。对高瞻佩里学前教育项目进行敏感性检验的时机成熟：因为这些儿童自 20 世纪 60 年代以来就一直定期接受跟踪调查，在如此长的一段时期内有很多可能的结果，而且其中许多结果并没有确立影子价格。

如前文的例子所示，BC 分析已经证实这个项目的收益很容易超过成本。高瞻佩里学前教育项目作为社会投资的 IRR（收益现值等于成本现值时的回报率）的基线估计为 8.1%。赫克曼等人（Heckman et al.，2010）在对这一估计值的敏感性检验中分析了两种类型的不确定性。

为了处理相对于基线估计的参数不确定性，研究者使用了更高的影子价格、通用成本/价格、特定犯罪的影子价格，并使用另外一个数据集对收入随时间的增长进行预测。为了处理结构不确定性，研究者从样本中排除了核心罪犯，使用了另一种填补估算收入的方式，并将样本预测范围设为 40 岁。赫克曼等人还限定了一些分析条件，使之可以直接与早期的 BC 分析进行比较（参见 Nores et al.，2006）。

敏感性检验的结果如表 11.2 所示。总的来说，就参数不确定性和结构不确定性而言，项目的回报展示出稳定性和稳健性。假设失去的生命价值被低估时，IRR 会上升 1.1 个百分点。甚至当假设该计划的影响在 40 岁时完全消失时，IRR 也只减少了 0.6 个百分点。对于每一项检验，IRR 都高于对社会贴现率最合理的估计。经过敏感性检验，项目收益始终超过成本，决策者应该相信高瞻佩里学前教育项目是一项有效率的投资。

表 11.2　高瞻佩里学前教育项目的敏感性检验

	内部收益率（%）
基线	8.1
敏感性检验：参数不确定性	
对于失去生命更高的影子价格	9.2
通用成本/价格	8.0
特定犯罪的刑事司法系统影子价格	8.0
使用 CPS 数据代替美国收入动态追踪调查计算收入	8.5
敏感性检验：结构不确定性	
从样本中排除核心罪犯	9.7
采用逐段线性回归代替核匹配法（kernel matc hing）进行估算	7.6
将样本预测范围设为 40 岁而不是 65 岁	7.5

资料来源：Heckman et al.（2010）

为了更好地理解 NPV 的分布，可以使用蒙特卡洛模拟来确定 NPV 的范围。首先，使用成本和收益的期望值报告 NPV 的基线估计。接下来，为每个变量构建分布。理想情况下，分布应该是实际观测到的分布，但也可以从最低值和最高值的范围内随机抽取。然后，根据变量的分布，为每个变量取一个值，用所取的值重新计算 NPV。重复这个步骤（模拟）500 或 1000 次，将得出 NPV 的平均值（500 或 1000 次观测值的结果），这个平均值应该非常接近基线估计值。更重要的是，将同时获得 NPV 的模拟分布结果。这一分布即可以用来描述可能结果的范围。

在影响无法被精确估计，以及变量之间有交互作用时，蒙特卡洛模拟十分有用。在 BC 分析中，即使影响在统计学上不显著，该影响的经济价值也被计入收益总账当中。[1]事实上，这就是统计学上不显著的影响也被纳入分析

---

[1]　很多读者可能会感到惊讶，但那些在统计学上不显著的发现也不应该被忽视。它们反映了统计意义和经济意义之间的根本区别，这也是影响评价与收益成本分析的不同之处。参见第 10 章。

的原因。当然，当它们被包括在内时，收益的置信区间就会包含 0，NPV 的分布也会基于更加完整的信息。NPV 的敏感性检验中会报告这些数据的结果。

此外，如果变量之间有交互作用，则可能很难跟踪每个参数对不确定性带来的影响。在这种情况下，蒙特卡洛模拟特别有用，可以提供更详细的 NPV 分布。例如，我们可以假设一个培训项目，其影响使培训者工资平均增加 0.1（10%），标准差为 0.05，培训者每周工作时间增加的平均值为 5 小时，标准差为 2。如果基线工资是每小时 10 美元，基线工作时间是 30 小时，那么平均收益是 85 美元 $[30 \times (10 \times 0.1) + 5 \times (10 \times 1.1) = 85]$。然而，如果我们假设工资和工作时间增长值分别来自（0.1，0.05）和（5，2）的区间，那么我们也可以计算得出收益期望值的不同估计值。抽取 1000 次将产生 1000 个收益期望值的估计值，每个估计值都可以与项目成本进行比较，从而产生 1000 个 NPV。然后可以报告这 1000 个 NPV 的分布情况，估计该项目获得正的 NPV 的可能性有多大。例如，如果工资增长值在（0.1，0.05）区间满足正态分布，那么培训者工资增长为零的可能性为 2%。除非工作时间显著增加，否则工资增长为零的干预项目不会产生正的 NPV。

11.6 价值分布问题

敏感性检验需要考虑的最后一个问题是价值分布的问题。到目前为止，我们假设货币对于所有参与者来说是具有同等价值的。在 CE 分析中，假设低收入家庭缴纳 500 美元学费与高收入家庭缴纳 500 美元学费是等价的。在 BC 分析中，对于每年挣 1 万美元和 10 万美元的学生来说，假设增加 1000 美元的收益都是相同的。这一假设很容易受到挑战：不同群体会对货币赋予不同的价值。更有可能的是，低收入群体的货币边际效用更高，同样的收入增加，对于低收入群体的价值比对于高收入群体的价值更高。[①]

也就是说，更重要的是谁得到收益、谁付出成本，而不仅仅是收益是否超过成本。这是模型敏感性的一个基本问题，因为我们正在质疑货币单位的适宜性。在这里，我们提出处理敏感性检验中可能涉及的价值分布问题的一个技术性的解决方案。

首先，我们需要根据可能存在的成本或收益估计差异，对人群进行分组。例如，在项目参与者中，我们可以根据收入水平、性别或种族分别计算货币价值，以评估某一群体是否获得了更大的收益份额（样本有限时不适用，例如，高瞻佩里学前教育项目的样本相对较小，且已经限制为低收入的少数族裔儿童）。我们也可以分开计算项目参与者和其他社会成员（"纳税人"）的收益。与成本一样，一个群体获得的收益与另一个群体获得的收益很有可能是不一致的。

263

分组进行估计后，下一步有三种可能的做法。第一种做法是最不可取的选择，即直接忽略不同组的收益分布，只显示收益的总和，这会限制我们对项目的理解。第二种做法，可以单独计算和报告每个组的收益（和成本）（如成本工作表的例子，这里是根据组别计算，而不是根据出资人或机构计算）。读者可以通过这些信息得出自己的观点，即通过收益的分配判断该项目是否具有可取性。第三种做法，可以用每组的收益乘以其组别的分布权重，然后汇总得出一个整体的收益量度，这样可以强调某些群体所获得的收益或所承担的成本具有更大（或更小）的重要性（但是在进行这一步之前，必须提供未加权的基线估计）。

假设我们正在评估一个针对 100 名儿童的项目，其中一半儿童来自低收入家庭，另一半儿童来自中等收入家庭。每名儿童的成本为 0.5 万美元，由联邦政府支付，总成本为 50 万美元。每名低收入家庭儿童贴现后的总收益为 1 万美元，每名中等收入家庭儿童贴现后的总收益为 1.5 万美元。因此，如

---

① 与此相关的是，我们假设相同效益对所有学生和利益相关方都是同等重要的。然而，决策者不会认为文盲学生的阅读效益相当于阅读成绩很好的学生的阅读效益，或者增加一年干预措施对在初二退学和在高三退学的学生是一样的。这个问题可以通过效用函数来解决。

果假设两个群体的收益同等重要，那么未加权的总收益是 125 万美元。但是我们可能会认为，低收入家庭儿童获得收益的重要性是中等收入家庭儿童获得收益的两倍。这样的话，总收益是 175 万美元（2×1×50＋1×1.5×50＝175）。考虑价值分布问题后，BC 比是 3.5。另一种方法是分组单独报告净收益。每名低收入家庭儿童的净收益为 1.5 万美元（2×1－0.5＝1.5）。对于中等收入家庭的儿童，净收益为 1 万美元（1.5－0.5＝1）。

这些解决方案明确表明，对低收入家庭儿童应该优先投资。但是，存在两个问题。第一，结果不能以实际金额计算。在我们的例子中，低收入家庭儿童获得的收益不是 2 万美元，而是 1 万美元。第二，更重要的是，对于如何在分析分布时选择权重尚不清楚。在这个例子中，我们对权重的选择是任意的，虽然大部分决策者都会支持优先对低收入群体进行干预，但要确定优先的程度并不容易。一种确定依据是税法，税率累进性在一定程度上反映了社会对不同收入水平的收入边际效用的看法。

11.7 结 论

CE 分析和 BC 分析的不确定性有许多来源，需要通过敏感性检验或报告置信区间来解决这些问题。这样，经济评价才能与影响评价一样，详尽地估计模型系数的偏差和精度。

理想情况下，任何 CE 分析或 BC 分析都应该明确考虑所有类型的不确定性。但在实践中，分析人员应该根据模型的变化，选择最重要的敏感性检验，其选择应该取决于检验的目的：可能是为了增加 NPV 大于零的可信度；或是为了确定 NPV 小于零的条件；或者更常见的是，确定哪些参数或模型假设会影响结果。敏感性检验可以间接帮助分析人员确定对于未来决策而言还需要哪些证据或信息。例如，如果早期儿童教育项目对智商的影响逐渐消失，那么分析人员可能会将注意力集中在小学期间的行为变化上。如果大学入学计划帮助学生进入更好的大学，那么分析人员可能会关注选择不同质量大学之后获得的相对收入。在教育的 BC 分析中，一个重要的考虑因素是教育梯度（gradient）变化的长期趋势。自 20 世纪 80 年代以来，收入-教育的梯度和健康—教育的梯度越来越大，即一个人的收入和健康越来越取决于其教育水平（Goldin & Katz，2008）。敏感性检验的一个重要考虑因素是这种趋势是否会继续，甚至加速。如果真有这样的趋势，当前教育收益的估计很可能是被低估的。最后，常规的敏感性检验还可以突出异质性——这是教育环境中常见的特征。例如，有人可能会质疑，针对城市环境中低收入家庭青少年的项目所获得的经济回报，对城郊环境中高收入家庭的预期回报是否有借鉴意义。

　　敏感性检验是经济评价的重要内容。即使没有详尽报告敏感性检验的结果，这些结果也会提醒分析人员不确定性会改变评价的基本结论。这种提醒也会进一步传递给分析的受众。

265

◎ 讨论题

1. 哪些资源的成本最不确定？请给出具体的解释。

2. 你正在对改善儿童健康状况的体育项目进行 BC 分析。在收益评价中有哪些不确定的因素？你会如何解释它们？你如何对评价结果进行敏感性检验？

3. 异质性和不确定性的区别是什么？

4. 在蒙特卡洛模拟中，为什么要考虑成本和收益的分布？

◎ 练习题

1. 某个性化课外辅导项目随机抽取 10 名学生进行一对一的指导。成本因学生的需求和导师的可得性而有所不同。你估计了对照组和干预组学生的项目成本，如表 11.3 所示。

表 11.3　个性化辅导项目的成本

对照组		干预组	
学生编号	成本（美元）	学生编号	成本（美元）
1	3642	11	7674
2	12122	12	7707
3	5786	13	6531
4	7900	14	18329
5	13883	15	5949
6	13345	16	6030
7	5327	17	6136
8	4005	18	6292
9	6014	19	13826
10	9322	20	7568

a. 计算干预组和对照组成本的平均值与标准差。

b. 计算两组的均值差及其标准误。

c. 运行电子表格或统计软件中的模拟程序，使用拔靴法，有放回地随机抽取 10 名干预组和 10 名对照组的学生，计算每组的平均值和均值差，重复模拟 1000 次。

d. 根据构建的 1000 个均值差的样本，计算均值差分布的统计汇总数据，包括平均值、中位数、标准差、2.5 百分位数、97.5 百分位数、最小值和最大值。

2. 你对 20 所大学的预防吸烟和戒烟项目进行了 BC 分析。你估计平均每名学生的成本为 1200 美元。每人平均少抽 4 支烟，社会愿意为减少吸烟付出的成本是每支 250 美元。但是你观察到，不同干预地点的效益差异较大。成本从 800 美元至 1500 美元不等，减少吸烟数量的标准差为 2，减少吸烟的货币价值从每支 150 美元至 350 美元不等。

a. 基线 NPV 是多少？

b. 对效益的分布进行蒙特卡洛模拟的敏感性检验。

c. 你如何向决策者解释蒙特卡洛模拟的结果？在基线结果的基础上，它还提供了哪些额外的信息？

3. 你在对一项阅读项目进行成本效益分析，每个干预地点的学生被随机分配到干预组或对照组（传统阅读）。你计算了传统阅读项目与新项目的成本，以及每个组的效益，如表 11.4 所示。

表 11.4　阅读项目的成本和效益

对照组		干预组	
成本（美元）	效益	成本（美元）	效益
1123	0.064	2517	0.112
1123	0.109	2683	0.035
1124	0.012	2771	0.021
1178	0.084	2820	0.273

续表

对照组		干预组	
成本（美元）	效益	成本（美元）	效益
1321	0.003	2868	0.077
1333	0.023	3651	0.123
1444	0.011	3844	0.027
1456	0.054	4799	0.091
1654	0.017	4829	0.096

a. 计算干预组和对照组成本与效益的平均值，以及成本与效益的均值差和成本效益比。

b. 在使用 CE 分析比较对照组和干预组的差异时，如何评估估计结果的精确性？

第 12 章　经济评价的质量核查单

◎ 目标

1. 提供一份经济评价的质量核查单。
2. 识别未达到经济评价质量核查单标准的主要问题。
3. 思考质量核查单的价值。

　　至此，读者或许会感受到，如果能有一套质量核查标准，用来评价教育的经济评价研究的质量，会非常有帮助。在此总结一份我们推荐使用的质量核查单（见专栏 12.1）。这些标准是以前面各章中关于方法论的讨论为基础总结出来的，可以应用到 CE 分析或者 BC 分析中。

　　我们注意到有些方法论的问题还未解决：可能研究所采用的假设并没有明显的对错之分。同样，没有一个成本研究会绝对完美。我们主要关心的问题是这些不完美有多严重，以及是否从根本上扭曲了研究结果。有时候，研究方法上的错误是由于研究者的错误或疏忽造成的。更多时候则是因为不可避免的约束，比如研究者能获得的资料有限或时间有限。如果一项研究没能达到下面所列的全部标准，我们也不鼓励立刻丢弃该研究。细心的读者应该尝试去理解每项研究的局限，并追问研究的结果是否仍然可用。在最好的研究中，研究者会帮助受众辨别研究在方法、数据和结论方面的优缺点。研究者会指出在解释其研究结果时需要注意的地方。最差的研究有明显的错误，或者因对研究细节的描述不足而使受众无法充分理解研究者在做什么。最好能撤掉这样的研究。我们回顾了在质量核查单中最有可能出问题的条目，并说明了使用质量核查单来评估经济评价研究的价值。最后，我们提出一些基本原则，分析人员在进行经济评价研究和对这些研究进行评价的时候都要注意。

12.1　经济评价的质量核查单

专栏 12.1 展示了我们推荐使用的质量核查单。这份质量核查单分条列出了经济评价过程中各个阶段所涉及的一系列问题。卡罗利（Karoly，2012）也给出了一份质量核查单，主要适用于对早期儿童干预项目进行的 BC 分析。对于报告 CE 研究的结果，纽曼等人（Neumann et al.，2016）给出了一份健康领域干预措施评价研究的质量核查单。对于 BC 分析，这份质量核查单与泽布等人（Zerbe，Davis，Garland，& Scott，2013）列出的评价标准比较相似。

专栏 12.1　经济评价的质量核查单模板

1. 建立决策框架

　1.1　这项研究是否精准定义了待评价的问题？

　1.2　这项研究是否详细描述了可供选择的干预方案？

　1.3　是否有与干预方案相对应的变革理论机制？

　1.4　这些干预方案是否代表对于决策者来说最可行的选择？

　1.5　研究的受众和视角是否界定清晰并论证合理？

1.6　比较干预方案时采用的是何种分析方法（CE 分析、CU 分析或 BC 分析）？该分析方法是否基于变革理论？

1.7　研究是否明确了评价的时间范围？

2. 计算成本

2.1　是否报告了成本分析的抽样框？

2.2　是否详尽描述了每个备选方案的资源要素及来源？

2.3　计算成本时，是否对资源要素的数量和价格予以分别考虑？

2.4　研究采用的是期望/通用成本，还是特定地点/本地成本，是否说明清楚？

2.5　成本是否以货币的不变价格表示，并且折算成现值？

2.6　是否报告了干预方案的总成本和平均成本？这些成本是与备选方案相比的成本增加值，还是与通常情况相比的成本增加值？是否列出并论证了生均成本或校均成本的分母？

2.7　是否估计了诱发成本？

2.8　是否分析了成本负担在不同赞助方之间的分配情况？

2.9　成本分析是否对备选方案的不同规模做了区分？

2.10　成本分析是否有相对应的效益估计？对成本与效益之间关联方面的局限性是否进行了讨论？

3. 估计效益、效用或收益

3.1　对效益的测量是否恰当？有无遗漏干预方案可能产生的重要结果？

3.2　合并多种效益时，是否清晰描述了采用的 CU 方法？

3.3　效益的测量是否基于严谨的识别方法？

3.4　将影响转换成收益所采用的方法是什么？采用的方法合理有效吗？

> 3.5 是否考虑到了整个干预期内所有的收益，无论是正向的还是负向的？
>
> 3.6 收益是否以现值表示并与成本相对应？
>
> 3.7 对备选方案的效益或收益在不同群体之间的分布是否有充分的分析？
>
> 4. 合并成本与结果
>
> 4.1 是否利用成本和效益的信息来计算 CE 比？是否正确使用这些结果对备选方案进行排序？分析是否恰当包含了在展示成本和效益时的局限？
>
> 4.2 在 CU 研究中，是否计算并解读了 CU 比？
>
> 4.3 是否利用成本和收益计算 BC 比、NPV 和 IRR？是否对每个指标的视角予以了清晰的说明？
>
> 4.4 所报告的经济指标是否精确，是否辅以取值范围或置信区间？
>
> 4.5 是否包含敏感性检验？敏感性检验方法的选择是否合理？
>
> 5. 解释结果
>
> 5.1 结果的解释是否采用决策者可以理解与应用的方式？
>
> 5.2 在不同备选方案的估计结果之间，是否存在足够明显的差异，从而能够将之作为决策的基础？
>
> 5.3 研究结果对其他决策情境有多大适用性？

273　　　质量核查单中的各个条目涉及对研究报告进行的系统评价，并据此确定其优缺点。质量核查单模板结构化地提出了一系列需要合理回答的问题。具体问题分为五大类。第一类涉及研究所处的总体决策环境。应当明确描述决策框架和需要分析的备选方案，从而有助于了解决策问题的本质以及解决问题所考虑的不同方案（见第 2 章）。第二类涉及成本估计与分析的过程（主要在第 3—6 章讨论）。第三类涉及对效益、效用或收益的概念化、测量和分析（这些主题分别在第 7—9 章中讨论）。第四类包括与计算各种经济指标有关的问题（第 8 章和第 10 章）和敏感性检验（第 11 章）。在对有一定信度的备选方案进行排序的基础上，第五类涉及结果的推广性（或外在效度）（这些事项在后面的章节中会有细致的讨论）。

12.2　经济评价的质量评价

评价经济评价研究的第一步，也是最重要的一步，是对上述质量核查单（或者由其他研究者提出的类似的核查单）的应用。应用质量核查单进行鉴别，可以向受众展示经济评价研究的严谨性与质量。然而，需要认识到，我们提出的是包含一系列问题的质量核查单，而不是直接勾选"是"或"否"的项目核查单。正因如此，我们并不能从具体研究满足标准条目的多少来判断研究的质量，比如，不能说某研究因为已经达到了 70% 的标准，所以是一项高质量的研究（或者是比达到 40% 的标准的研究质量更高）。

我们主张更具解释性的质量核查单版本，有以下一些原因。第一，很难用"是"或"否"这样非此即彼的方式去评价一项研究。虽然一项不包含任何敏感性检验的研究很可能被视为有缺陷，但对于质量核查单所列的每一个相关条目来说，大多数研究都会尝试去处理，因此这些研究应当被评为部分（未）满足。第二，当回顾一项研究时，受众会很快认识到，分析者必须要做一些具体的假设和决定。然而，这些假设和决定的正当性是不能以二分法看待的，各种假设和决定也不能被相互独立地评价。单个假设或许看起来有道理，但是如果每个假设都倾向于某个特定的结论，最终的结果也许会带有明显偏误。第三，评价的目的是了解每项研究对决策的价值，而不是用一系列标准来评出分数。比如，如果一项关于学前教育的 BC 研究向纳税人报告该项目的 IRR 为 20%，那么评价该研究应该着眼于为什么能产生这么大的收益（而不是指出这项研究没有从社会的视角来报告 IRR，如果从社会视角看，几乎可以肯定 IRR 会更高）。因此，我们提出质量核查单的目的是，帮助读者更好也更系统地理解每项经济评价研究。

根据我们作为教育研究中经济评价的实践者和评价者的经验，我们不相信存在能够满足任何质量核查单的完美研究。教育情境中干预措施的复杂性，以及研究的约束条件限制，意味着每一项研究都会有一些缺陷。因此，鉴别评价研究的时候，应该去思考研究实践中哪个地方不够完美，不完美在多大程度上会破坏研究的价值（参见 Levin & Belfield，2015）。

第一，研究中的一些步骤可能比其他步骤更难。计算成本时，分析人员可能很难制定出一个抽样框，为实证研究选出分析单元。我们事先并不知道某个干预地点的成本高低，或者，成本信息可以在哪里被收集到也并不显而易见。这些挑战意味着，分析者应当在干预措施实施的同时，从尽可能多的干预地点收集成本信息。研究包含的最新成本信息越多，估计就越准确，评价质量也应当被视为更优。

关注效益和影响时，分析者可能会遇到一个问题：研究报告了与多个结果有关的证据，可能其中有一些证据在统计上重叠了，因此有高度的共线性，并且通常会在不同的时间点进行测量。对于 CE 分析，存在的挑战是要选择出对能够反映干预目标的结果，这一选择会从根本上影响评价研究。对于 BC 分析，存在的挑战是确定哪些影响是具有独立价值的，可以相互累加，而哪些影响仅仅是同一行为的不同测量。

对于收益来说，分析者也许会发现，很难为涉及的全部影响都找到影子价格。当影响无法通过行为简单表达，而是要通过态度量表测量（如学校参与度），或者是在汇总水平测量（如学校环境）时，这种挑战将是巨大的，分析者必须要自己建立相应的影子价格。依据严谨、独立过程所建立的影子价格来进行成本收益分析，可信度更高。为了进一步提出分析框架，分析者需要分辨哪些影响是存在影子价格的，哪些影响是可能存在影子价格的，以及哪些影响的影子价格很难确定（如正当程序，参见 Bowden et al.，2016）。

第二，研究中的一些部分相对更依赖于分析人员的自由裁量和判断。我们识别出以下一些方面，分析人员不得不在外部条件有限的情况下做出决定。

第一个需要做重要决定的方面是分析的时间轴，即什么时候测量效果和收益。在第 9 章我们给出的答案是，所有的收益都需要被测量——只要影响是持续存在的。但是我们发现分析人员也许没有对时间轴进行独立的定义，并认为有责任尽可能长远地预测未来收益，最终计算可能的最大收益。第二个方面是关于成本的决定，所有的研究都会计算业务成本，但是有些研究会武断地排除启动成本和设计成本，因为这些成本只发生了一次。第三个方面是，在评价研究的收尾阶段，分析人员应该已经计算出了一系列的经济指标（CE 比、BC 比等），希望这些指标能提供明确的引导：一项干预措施比其他备选的方案更具有成本效益，或者所分析干预措施的净现值大于零。但是分析人员可能仍需确定这些结果的实质意义：CE 比之间的差异要多大才能说明一个阅读干预项目比另外一个"更有成本效益"？或者，净现值要多大才能说明某项干预措施是一项好的投资？并没有公认的独立标准可供分析人员做决定参考。

第三，对于研究的评审者来说，以下方面的问题会令人困扰。首先，在研究实践中，如果研究者采用了大量的自由裁量和判断，评审者通常会表示担忧。这种小心谨慎是可以理解的，但这不应该是拒绝一项研究及其相应政策的绝对理由。如果某项政策缺乏科学或客观的方法支持，这不一定意味着要拒绝该政策。相反，这意味着我们现有的关于支持这项政策的证据是不明确的。然而，对制定政策来说，如果要求做到证据明确，那门槛就太高了：评价时只需要确定优势的证据和分析结果指向某个特定的选项即可。

在评审者看来，经济评价研究最麻烦的一个方面是选择分析所用的结果。有趣的是，这种担忧与经济学本身没有什么关系。正如前文讨论过的，经济评价采用的结果是教育研究者选出的被认为最合理的结果。因此，如果阅读专家认为阅读理解是最有价值的阅读技巧，则 CE 分析应当分析哪种方式对于提升理解力最有效，并采用量表精确测量理解力的进步。制定结果的测量方式属于阅读专家的权限范围。然而，许多经济评价研究——特别是 CE 分析——因其所选择的结果测量方式而受到批评。因此，分析人员应该意识到结果的选择非常重要。

评审者的另一个主要担忧是，项目引起的收益也许没有达到分析人员采用影子价格所表示的价值。例如，旨在减少高中辍学的项目也许可以有效帮助提高毕业率。然而，这些因项目帮助而产生的新毕业生或边缘毕业生，通常被认为与一般的毕业生"不同"，或者说，他们的技能水平更低。我们再一次注意到，这种担忧从根本上说还是与结果相关联的问题：该项目产生的结果隐含着对毕业率的重新定义，将边缘毕业生包含进毕业率的统计中意味着毕业率所依据的阈限降低。对于 BC 分析，这样的情况相对容易处理：分析人员可以对这些收益的影子价格进行简单调整，使之能够反映社会对这些新毕业生的支付意愿。例如，分析人员可以将这些新毕业生等同于能力水平处于最低四分位的毕业生群体，并计算得出相应的影子价格（Belfield & Levin，2007）。然而，为相对较低"质量"的结果增量赋予影子价格，也可能并不容易。

总的来说，这些困难、需酌情裁量的决定以及注意事项所强调的是，读者需要严谨地鉴别评价每项具体的研究。然而，评价必须针对研究的具体情况进行微妙的调整，而不能是一成不变的，需要认识到评价的目的是帮助决策者，对于不完美的研究并不应该过于挑剔和全盘否定（参见 Vining & Weimer，2010）。

12.3　结　　论

这份质量核查单作为工具，可以帮助判断 CE 分析或 BC 分析报告是否符合一系列指定标准。如同其他所有研究一样，经济评价研究的某些部分也许可以进一步改善（其中有些并不能简单地纳入质量核查单）。应用质量核查单进行检查，我们能够更清晰地了解需要改进的地方。此外，研究应当尽可能与既有的研究相协调，或可比较。这对旨在帮助决策者的经济评价研究来说特别重要：质量核查单能够帮助规范研究实践，进而帮助改善决策。

从更普遍的意义上来说，经济评价研究从属于更广义范围的研究探究活动，分析人员应当遵循一系列通用的原则框架。这个框架超出了上述质量核查单所列举的条目，应用起来并不简单。因此，需要考虑具体的分析是否与研究的基本原则相一致，这一点很重要。

根据泽布及其同事（Zerbe et al.，2013）的研究，我们可以把原则看作贯穿始终的线索，对一项分析所涉及的各个部分都产生影响。对于 CE 分析和 BC 分析来说，有如下一些原则。第一个重要的原则是透明性：分析需要使读者明白计算是如何进行的，结论是如何得出的。比如，分析人员应该报告每个重要的影子价格，包括未贴现值和贴现值。

第二个原则是保守性：所做的假设不应该偏向于任何特定的结论。实际上，分析人员应该采用可能会证伪结论的假设。如果投资的净现值看起来为正，那么分析人员应对收益做更为保守的假设，看结果会如何变化。

第三个重要但经常被忽略的原则是相称性。这项原则是指投入分析的工作量：对于研究中能显著提高估计精确度或影响结论的方面，应投入努力。正如泽布等（Zerbe et al.，2013）所描述的，相称性是指投入的努力与其在多大程度上会影响决策者从分析中得出结论之间相对的大小。所以，如果一个高中指导项目的净现值始终为正，那么采用更高的影子价格衡量收益并对项目进行再评价是没有意义的。同样，如果一项研究对收益的估计非常详尽，但接下来对成本的估计仅仅是大致推测，就没有达到相称性原则的要求。对成本的估计与对效益的估计同样要求方法上的严谨性。

◎ 讨论题

1. 使用质量核查单（如本章提供的质量核查单）的目的是什么？

2. 基于你要做的研究所具有的特定背景因素，你会在质量核查单中添加哪些条目？

3. 你认为质量核查单中哪些条目最难满足？

◎ 练习题

选取一项具体的 CE 研究或 BC 研究，使用质量核查单评价该研究。

第13章　教育政策的经济评价

◎ **目标**

1. 描述经济评价可能的应用。
2. 描述拓展经济评价应用的步骤。
3. 回顾经济评价与决策之间的联系。
4. 考虑教育投资优先级排序的方式。

最后一章，我们讨论如何从研究走向政策，从实证探究走向有关分配稀缺资源与改善教育系统的"理性决策"。

我们首先区分经济评价的工具性应用与概念性应用。虽然实证研究的目的是验证一个具体的假设，但假设验证的结果可以有更广泛的意义。比如，对字母启蒙学前教育项目的 BC 分析得出了具体的 NPV，但这项研究更广泛的意义在于，促进了对儿童早期教育进行投资是"好政策"的认识。理想的情况下，每项经济评价研究都有这样的双重作用。然后，我们讨论应用 CE 分析和 BC 分析在方法上存在的障碍。其中大多数是与社会科学研究相关的一般性障碍。其次，我们进一步讨论经济评价应该如何与决策的需求结合起来。这实际上是开展经济评价的根本目的——经济评价帮助政策制定者决定如何为教育花钱。分配这些稀缺的资金时，政策制定者需要根据一定原则对投资项目进行优先级排序。我们回顾通过积分排名表进行排序的基本思想，但提醒读者在解读排名时要非常谨慎，切记不要只关注排名结果的表象。最后，我们以对经济评价的思考作为本章的结束，展望教育领域中经济评价的未来，并推测它将如何适应变迁。

最后这一章试图把经济思想与方法置于教育政策评价的一个恰当位置。通过更好地理解经济评价的相对位置，我们能够更加清晰地观察到经济评价的作用，从而能够提升评价研究的质量，使之更好地发挥作用。希望研究实践的改善能够帮助改进教育政策的制定。

13.1　经济分析的应用

一般来说，成本评价的应用可以分为两大类（Rossi et al.，2004）。一方面，成本评价可以直接作为工具使用。这种情况一般是学区或者州教育部门委托的成本研究，通常是希望将投入纳入投资决策。虽然该投资决策者通常是主要受众，如第 2 章所讲，但次要受众也可能会利用研究结果为相关决策提供直接参考。

另一方面，成本评价也可以有概念性应用。成本分析的概念性应用并不会直接影响关于采用或淘汰某一项目的决策，而是会促进利益相关方思考关于教育的问题。例如，针对某儿童早期教育项目的 BC 分析，可能对该项目能否立即获得当地政府的支持影响很小。然而，如果广泛传播该分析结果，则可能会深远地影响政府官员与家长对于儿童早期教育的观念。

很少有研究调查教育决策者如何运用成本分析、CE 分析和 BC 分析，以及其运用是否恰当。一些经济评价研究证据的影响力很大。例如，前面章节简要介绍过《职业培训协作法案》的全国性评价，很可能对联邦经费分配的决策产生了直接影响（Orr，1999；Orr et al.，1996）。同样，许多州为残障人士开设职业复健机构。20 世纪 90 年代，刘易斯、约翰逊、陈和埃里克森（Lewis，Johnson，Chen，& Erickson，1992，p. 267）发现，"几乎所有州立职业复健机构都采用了某些形式的 BC 分析及相应的 BC 比，并向立法机关和政策制定者报告了可能的效率效果"（最近一项关于职业复健的投资回报研究，参见 Bua-lam & Bias，2011）。另一个例子来自华盛顿州，华盛顿州公共政策研究所（Washington State Institute for Public Policy，WSIPP）在为州议会开展 BC 分析方面很有影响力，其中包括对一些教育投资的分析。如例 13.1 所示。

例 13.1　华盛顿州 K－12 教育的收益成本分析

WSIPP 对包括教育项目在内的一系列社会投资（犯罪、健康、心理健康）开展 BC 分析。这些 BC 分析的目的非常明确，旨在协助州议会制定和实施新政策。自 1983 年创办以来，WSIPP 开展了多项关于 K－12 教育项目和干预措施的研究。该研究所开发了一套标准化的方法，用于计算教育干预的影响，并为教育干预的收益赋予影子价格。从而可以实现基于 NPV 或 BC 比指标对教育项目或干预措施进行比较和判断。

为了方便说明问题，表 13.1 显示了（在目前进行的 49 项干预中）NPV 排名前五和后五的 K－12 干预。

表 13.1　华盛顿州 K－12 教育的收益成本分析

以 NPV 排序	K－12 干预	总收益（美元）	成本（美元）	NPV（美元）	BC 比
1	成为男子汉：高剂量辅导	37292	4461	32831	8.36
2	州和学区的儿童早期教育项目	37036	7130	29906	5.19
3	顾问教师：读写合作	26388	740	25648	35.66
4	启智项目	22175	8783	13392	2.52
5	同伴辅导	16041	113	15928	142.00
……					
45	全日制幼儿园	－304	2714	－3018	－0.11
46	签到行为干预	－2020	1329	－3349	－1.52
47	教师职业发展：用数据指导教学	－3370	18	－3388	－187.22

续表

以 NPV 排序	K－12 干预	总收益 （美元）	成本 （美元）	NPV （美元）	BC 比
48	平等起始	－4889	4251	－9140	－1.15
49	早期启智	－2124	10937	－13061	－0.19

资料来源：检索自 http://wsipp.wa.gov/BenefitCost? topicID＝4（2016 年 1 月 28 日）。

注：根据 NPV 排序，列出 49 项 K－12 干预中排名前五和后五的项目。包括全部收益，以参与者平均收益计算。金额调整为以 2015 年美元计算，BC 比保留两位小数。

　　至少从工具性应用方面来看，表 13.1 为政策制定者提供了大量的信息。最有效率和最无效率的干预措施之间的差别是非常大的。这表明存在资源优化分配的空间，可以提高全州的经济状况。事实上，大多数无效率干预的收益是负的，由此导致了相当低的 NPV。相反，有些干预的收益非常高，即使其成本很低。最极端的例子是同伴辅导，BC 比高达 142。

　　然而值得注意的是，在概念性应用方面，并没有清晰的规律可用于指导。州和学区的儿童早期教育项目有显著的正 NPV，启智项目也是如此，这表明早期干预是有回报的。但是，平等起始和早期启智这样的干预，虽然本质上基于相似的儿童成长模型，但其 NPV 却为负，且负向程度很大。

　　总的来说，WSIPP 的模式展示，在给定足够时间、资源，以及政策制定者任务明确的情况下，可以从效率层面上评价教育干预项目。需要强调的是，这些结果是华盛顿州独有的，是基于 WSIPP 分析人员使用的特定成本方法、影子价格和一般性假设的。读者应该认识到，这个视角如何驱动 WSIPP 在评价中使用成本方法、成本估计和收益估计。

　　概念性应用可能比工具性应用更为普遍。过去几十年，发展中国家的研究人员投入了大量精力比较不同层次教育的成本和收益，涉及的层次包括初等教育、中等教育和高等教育（见例 10.2）。一些对既有文献的评论综述颇具影响力（如 Psacharopoulos，1994；Psacharopoulos & Patrinos，2004），综述表明初等教育的收益率总体上更高。也正是因此，世界银行和其他国际机构倾向于优先批准初等教育的贷款申请，初等教育代替高等教育成为发展性援助的核心。

在美国，对高瞻佩里学前教育项目的经济分析也符合概念性应用的标准。尽管这些分析只涉及单一的小规模项目，但它们改变了人们对早期儿童教育收益和成本的整体认知。这些分析也可能促进了对后续大型教育项目的投资，如启智项目。高瞻佩里学前教育项目的研究证据还加速了关于早期教育对儿童发展影响的研究日程，从而促进了资源使用效率的提高。

13.2　扩大经济评价的应用范围

有几方面因素会限制成本分析、CE 分析和 BC 分析的应用。一个明显的限制因素是相关研究严重不足，与健康领域（成本效益分析注册资料系统中有成千上万的研究，见 www. cearegistry. org）相比，教育领域的相关研究很少。因此，很少有对于特定的干预措施进行的重复性研究。教育研究的关注点是"什么措施有效"，而不是"有效措施所需的成本是多少"。格力维等人（Glewwe et al.，2013）全面回顾与评价了有关发展中国家教育投资的证据，并总结道："一路看下来，并没有发现有关任何项目的成本研究。显然，有效的政策应该考虑到收益和成本两个方面，对于资源约束较大的发展中国家来说尤其如此。然而，在既有的项目评价中，几乎没有研究提供有关项目或政策成本的翔实信息。"因此，即便有许多干预措施可能是有效的，也依然无法判断其是否具有成本效益。另外很大一部分教育研究是关于"措施如何产生效果"的，而不是"措施需要什么资源才能促使效果产生"。正如卢德维希等人（Ludwig et al.，2011）以及基尔、廷利和山本（Keele，Tingley，& Yamamoto，2015）在讨论中清晰指出的那样，教育研究者在效益评价研究中应该关注决定效益的政策机制，如果某政策有效，下一步应该尝试确定其为什么有效。这些关注"什么"和"如何"等问题的研究方法并没有给经济

284

评价留下太多的空间。

因此，扩大经济评价应用范围的主要方式是实际开展经济评价。分析人员应该开展经济评价分析过程中会涉及的相关研究，包括可以用于收益迁移的影子价格等在内的经济评价组成部分（Vining & Weimer，2010）。但同时，也存在其他一些需要考虑的因素。

第一个因素是，研究的质量有时不尽如人意。克卢恩（Clune，2002）对教育领域中1300篇与CE相关的学术文献进行了回顾，并根据质量分级对这些研究进行了划分：其中56％为表面的，27％为极少的，15％为实质性的，2％为可信的。克卢恩（Clune，2002）对于质量的分级定义对研究的质量具有启示和指导意义，其中，"实质性"被定义为"尝试纳入成本和收益的数据，即便在方法上存在严重缺陷"。"表面"被定义为"仅为成本效益的主张，没有成本或效益的数据"（Clune，2002，p.56）。尽管研究质量在过去十年里有显著提升，但基础水平较低。一些研究在识别影响上过于谨慎，但对成本的假设过于宽泛（有时甚至是未经核实的）。①

在许多情况下，经济评价可能无法发挥作用（Levin & Belfield，2015）。我们讨论其中几个主要方面。首先，研究所涉及的整体决策框架可能并不详细，或没有考虑关键的备选方案。其次，成本的测量可能有缺陷或不完善。这种问题可能会以多种形式体现出来，包括忽略了关键的成本要素（如，利益相关方的时间投入、工资以外的福利补贴），对成本要素的估值不恰当

---

① 遗憾的是，诸如此类的研究数量甚多。弗雷德里克松、奥克特和奥斯特贝克（Fredriksson，Ockert，& Oosterbeek，2013）在识别缩小班级规模带来的收入增长时，采用了严格的方法，但其进行的BC分析如下："假设高年级的平均班级规模从25人减少到20人，师生比将从每100名学生需要4名教师增加到每100名学生需要5名教师，因此使生均的工资成本增加了教师三年平均工资的1％。成本还涉及管理费用和额外的教室，这使教师的额外成本增加了三分之一。"（pp.277-278）。一些研究用捷径来估计CE，例如班纳吉等人（Banerjee et al.，2015）假定印度孟买的年轻女性项目（Balsakhi Program）是低成本项目，其依据是项目的主要资源是年轻女性，且付给她们的工资非常低。另外，在对法国巴黎的"行动讲座"项目（Action Lecture Program）的评价中，马索尼和韦尼奥（Massoni & Vergnaud，2012）没有直接估算成本，而是估算如何重新分配因缩小班级规模政策而节省下来的资源，把它投入针对幼儿园学生的"行动讲座"项目。研究者依据资源的重新分配计算相对的CE比。英格尔和克拉默（Ingle & Cramer，2013）虽然采用了资源要素法估计成本，但是用相关系数作为CE的指标。还有一些研究在报告教育干预措施的成本时非常"简短"，埃文斯和波波瓦（Evans & Popova，2014）展示了相关的例子。

（如，没有对资本进行分摊），成本要素法本身被误用（如，分析中使用预算数据等作为捷径）。再次，对影响的测算以及对其影子价格的计算不准确。最后，对成本与效益或收益的整合不正确，没有形成恰当的组合。

当然，以上这些局限性不仅适用于教育领域的经济评价研究（对于各种政策主题研究中出现的相关问题，参见 Belfield，2015）。哈林顿、摩根斯顿和纳尔逊（Harrington，Morgenstern，& Nelson，2000）详细记录了管理机构未能准确估算成本的普遍情况。在能源政策方面，安萨尔、弗利夫布杰尔戈、布德济耶和伦恩（Ansar，Flyvbjerg，Budzier，& Lunn，2014）发现，过去 40 年中建造的 250 座水力发电大坝，事前成本估计都存在重大错误。乌德沃尔海伊、科尔迪茨、拉伊和爱泼斯坦（Udvarhelyi，Colditz，Rai，& Epstein，1992）对健康领域的 77 项 CE 研究和 BC 研究进行了回顾，发现了重大错误。纽曼等人（Neumann et al.，2005）记录了自该研究以来相关研究在分析上的改进，但仍然存在一些方法上的疏漏，与最佳估计方法的应用实践之间存在一定距离。[①]最后，对政府机构所开展的 CE 分析和 BC 分析进行的综述研究也强调了在实际的研究和评价中存在许多重大缺陷（Hahn & Tetlock，2008；Schwartz，2010）。总体而言，决策者需要更多更好的信息来帮助进行更有效的决策。

第二个因素是，横向比较经济评价是令人担忧的。因为遵循统一方法和同样假设的经济评价研究非常少。统一性的缺失，对于旨在在理想条件下基于机会成本而横向比较政策的评价实践来说，尤其容易导致问题。理想状态

---

① 具体来说，只有五分之一的研究明确阐述了研究的视角。在成本和收益发生的时间超过一年的情况下，有一半的研究未能正确贴现。同样，约一半的文献未能计算和报告 CE 比或 BC 比等汇总指标。最后，约三分之二的研究未通过敏感性检验来评估研究结果的稳健性。另一篇综述（Gerard，1992）回顾了健康领域的 51 项 CU 研究，这些研究使用质量调整生命年作为效用的测量指标。根据杰勒德（Gerard，1992）的判断，只有约 70% 的研究在计算成本估计时包含了"全面的"资源因素，而对于其他研究，杰勒德无法对此进行判断，因为这些研究遗漏了关键信息。只有 63% 的研究清晰地描述了估计资源要素价值的过程，61% 的研究清晰地描述了其成本数据的来源。在需要进行贴现的情况下，有 15% 的研究没有进行适当的计算。只有 37% 的研究进行了"广泛的"敏感性检验。对澳大利亚开展的健康领域的成本研究的综述也得出了不乐观的结论。33 项研究中，"只有 55% 的研究充分描述了成本是如何测量的……包括资本和管理费用等在内的一些成本常常是不当地被完全忽略了"（Salkeld，Davey，& Arnolda，1995，p. 117）。

下，应该从干预措施对社会资源的利用效率角度出发进行比较，比较的对象应该是目标相同、服务相似人群的多个备选干预措施。对成本和目标结果以及相关测量指标的考虑也应该是类似的且适用于可比人群的。对 CE 分析来说，如果干预措施的目标是比较宽泛的，例如预防辍学、提高幼儿期读写能力等，在不同干预措施的效应量之间不能互相比较，除非结果的测量指标相同且评价在同类群体中开展。仅仅把效应量根据所对应教育措施的宽泛类别进行归类，就对干预措施的效应量进行比较是不合适的。即便采用了最复杂的等组研究设计（designs with equivalent groups），也必须把比较限制在样本所能代表的群体和结果指标范围之内（有关阅读测量指标的相关讨论，参见 Hollands et al.，2013）。另外，对于经济评价研究来说，元分析技术不那么容易适用，这一点在第 10 章有相关讨论。研究的标准化程度越高——即使只与影子价格有关——越有助于比较。

第三个因素是，应该考虑某项研究（即使是卓越的研究）的发现与其他情境的相关性。样本或研究情境的推广性问题是整个评价研究和社会科学研究领域的普遍问题。如果一项研究可以被推广至其他人群或情境，则称该研究具有外部效度。然而决定外部效度的因素并没有一定之规。判断外部效度的最佳方法是具体问题具体分析，需要思考成本研究及其适用情境。有三个方面的外部效度需要考虑，分别与对象人群、环境、项目操作有关（关于外部效度的完整讨论，可参考大多数评价研究教科书，或参见 Smith & Glass，1987）。

人群外部效度是指，某一成本研究的结果可以推广应用于其他群体的程度。一般情况下，有关效益或成本的数据是基于较小的样本估计得到的。如果该样本是从清晰界定的总体（如，华盛顿的小学生或阿根廷的初中生）中随机抽取的，那么研究所得出的结果可能可以被推广到该总体。这个总体称为"可接近"群体。然而，研究者或决策者常常想要把成本分析的结果应用于另一个不同的总体，也即目标群体。例如，研究者可能希望将基于阿根廷中学生随机样本得出的研究结果应用于邻国的学生；或者，研究者可能有纽约二年级学生的非随机样本数据，样本来自父母主动为其报名参加项目的家庭。尽管如此，研究者仍希望所得出的结论适用范围更广一些，如洛杉矶的二年级学生。在这样的情况下，我们应该确保样本中的个体特征与目标群体中的个体特征尽可能相似，包括性别、年龄、社会经济地位、能力或其他重要的特征。除非开展新的研究，否则无法保证一个群体的研究结果可以适用于另一群体。

环境外部效度是指，某一研究所处的背景环境与拟推广应用的背景环境具有可比性的程度。在很多情况下，背景环境的差异相当大。例如，许多效益研究都是在管理良好的示范条件下进行的，并不能直接延伸应用到干预措施大规模施行的情境。我们可以想象，在实验研究中，二年级学生在完美控制的实验教室条件下，接受某种教学干预。而在公立学校中，人为可控的环境较少，同样的教学可能无法产生相同的结果。与此类似，在成本研究中，考虑经济环境也特别重要。如教师工资、教科书，甚至是父母的时间投入等关键教育要素的价格，在不同的背景条件下差别会很大（Rice，1997）。因此，即便备选干预措施在两种背景条件下同样有效，不同背景条件下的成本差异也可能改变备选干预措施的 CE 排序。

此外，还要注意项目的操作外部效度。在运用某研究的结果时，必须确认教育干预方案是被完全复制到新条件下的——这属于项目实施事宜。某些情况下，干预方案是否被完全复制是较为明显的，例如班级规模从 30 人缩小到 25 人。而在教育情境中，这往往是特例而不是普遍规律。我们经常将干预措施简单称作"教科书"或"教师培训"等等，然而这些干预措施的形式和内容在不同背景条件下可能会有巨大的差异。在很多情况下，为了使干预措施能够适用于新的环境或语言情境，这些差异或变化是必需的。但是这些改变或差异也使我们较难假设某干预措施的效果和成本可以被直接复制到调整后的干预措施上。一个与操作外部效度相关的方面是，用于评价成功或失败的效益指标。例如，我们常说某备选干预方案在提高数学成绩方面颇有成效。但数学测试常常是为某特定情境而定制的，因为要反映特定的课程要素。如果在另外的情境下用其他测量指标评价的话，该干预方案也可能被证明没有那么有效。

总之，当成本研究所基于的情境与另一个情境所反映的对象人群、环境条件、运作模式相似时，该研究就可以推广至新的情境。然而，还需要注意两个具体情境之间不相似的因素（或未被观察到的因素），及其对推广性可能产生的影响。在良好的判断力和个人经验之外，没有什么方法可以保证推广性。最好的解决方法是，仔细审视原有的研究情境以及该研究结果拟被推广的新情境，以确保两者大致相似。关于成本数据，收集新的成本数据可能是可行的，这些成本证据可以与现有的关于效益的证据相结合。

综合来看，这些研究规则比较通用：应该要有更多更高质量的经济评价研究，这些研究应相互协调且易于推广（有关社会政策的 BC 分析，推荐参考 Vining & Weimer，2010）。能够使经济评价发挥作用的另一个更加直接的方法是将其与决策者的需要联系起来。

13.3　决策与经济评价

应该明确关注与决策者需求相关联的经济评价。依照传统，经济评价应该从社会视角出发，即考虑实施干预措施需要的所有资源。这种传统做法源于福利经济学悠久的传统，以及 BC 分析中对社会视角的应用。然而，对于一些决策者来说，社会视角并不一定是最适用的。事实上，更多的 CE 分析和 BC 分析需要采用具体服务机构的视角。比如，学校只对自身必须支付的成本感兴趣，不在乎其他当事方的负担。一些干预措施，尤其是涉及同伴辅导的干预措施，看起来会更有成本效益，是因其劳动力（学生同伴）价格低廉。虽然社会视角对于向公众提供有关全部成本和最佳规模的信息来说十分重要，但是开展 CE 分析和 BC 分析也应该尽可能为决策者提供最大的利用价值。

前文已论证过，若将 CE 分析和其他类型的成本分析纳入整体评价，该评价会比不考虑成本而进行的评价产出更为关键的决策信息。而这并不意味着经济评价可以被机械地用于决策，即使最好的经济评价也是如此。最重要的原则是将此类研究看作信息的来源，而不是决策的来源。

虽然评价研究能够提供备选方案的信息，但是这些信息通常是不完整的。所有的评价都是将组织和社会中的复杂动态关系简化成易处理的关系，以便分析。除了必须考虑的原则问题外，在反思成本分析结果的应用时，还有许多其他可以考虑的因素。例如，可能存在机构或组织方面的因素，使某一干预措施比另一措施更容易实施。实施一项新的干预措施不是一项机械的任务，许多在设计阶段展露良好前景的干预措施在实施阶段可能因背后过于简化的假设而遭遇失败（参见 Berman & McLaughlin，1975）。正在使用的或近似于现有干预措施的备选方案，比起那些完全不同于现有措施的干预方案，更可能产出可预见的结果。显然，在思考成本评价的政策含义时，需要考虑这些信息。如果某干预措施比另一干预措施具有更高的成本效益，却需要在组织架构上进行巨大的变革，则会有很强的理由支持选择成本效益相对较低、但更容易实施的干预措施。如例 13.2 所示。

例 13.2　根据成本效益分析的发现做决策

学区的选民关心高中辍学的人数。通过采访往届学生了解到，影响辍学的因素包括：学业表现、青少年犯罪和家庭责任。与此相应，制定了三个备选方案帮助减少辍学。备选方案 A 为学生在校行为的改善给予经济奖励，聚焦提升学生的学业水平。备选方案 B 着重强化咨询服务，解决学生在学业和非学业方面的问题。备选方案 C 侧重提供额外的学业支持，包括同伴辅导和兼职工作。

经过评估，学区将考试成绩在最后 30% 的学生、扰乱秩序的学生和出勤记录差的学生识别为易辍学学生。学区将 300 名十年级的易辍学学生随机分为四组，每组 75 人。第一组是对照组，不会进行任何特别干预。三个实验组分别采用三个不同的备选方案来降低辍学率。在为期一年的干预中，收集了四个组的数据。和预期相同，对照组的辍学率最高。每个实验组实际辍学人数和预期辍学人数的差用于评估每个方案的效果。

表 13.2 展示了旨在降低辍学率的三个备选方案的成本。截至学年结束，

290

对照组的 75 名学生中，有 35 名学生退学。其他组的退学人数较少。以对照组为基准，方案 A 挽救了 17 名易辍学学生，方案 B 挽救了 15 名易辍学学生，方案 C 挽救了 10 名易辍学学生。每个方案的总成本是非常相似的，但是从成功挽救易辍学学生的生均成本来看，方案 C 的成本最高，方案 A 和方案 B 的生均成本比较接近。

表 13.2　预防辍学项目的成本、效果与成本效益

备选方案	增量成本 （美元）	挽救易辍学 学生人数（人）	挽救易辍学学生的 生均成本（美元）	教师态度
A	12750	17	750	反对
B	12375	15	825	赞成
C	13500	10	1350	中立

因为方案 A 和方案 B 每挽救一名易辍学学生的成本非常接近，所以需要寻找其他信息来辅助决策。教师的态度对方案的实施有重要的影响。因此，调查了教师对于各种方案的态度。首先，向教师描述每个方案，以及每个方案需要教师做什么。其次，要求教师给三个方案排序，并且解释排序的理由。最后，询问教师认为在做方案决策时应该考虑哪些信息。该调查得出的结论是：教师反对方案 A，支持方案 B，对方案 C 保持中立。

当将上述信息与挽救易辍学学生的生均成本综合考虑时，政策制定者得出的结论是：应该实施方案 B。尽管方案 A 的生均成本更低，但是鉴于教师对经济激励的明显抵触，完全实施方案 A 的风险也很大。因为教师对方案 B 很有热情，所以我们可以假设，在实施方案 B 的过程中，教师会合作。由此，补充的额外信息使政策制定者确信应该采用成本效益略低的方案（也进一步确认，方案 B 比方案 C 更受欢迎）。

对于几乎任何教育目标（例如提高特定学科的学业成果）来说，都存在多种备选方案——包括选拔优秀的人才、提供更好的培训、运用新的教学策

略、使用新技术、缩小班级规模和创新课程，而分析必须体现决策者的需求。例如，设计研究来比较大学咨询项目和学前教育项目的经济回报是没有意义的，因为指导教师不可能突然决定改变大学项目，使之能够服务幼儿园的儿童。

许多比较研究都不可避免地要在狭义上进行描述。例如，格力维（Glewwe，1999）比较了加纳三项干预措施的相对成本和效果。三项措施的目的均为提高加纳学生的数学和阅读方面的学业成绩，具体包括：（1）维修教室漏水的屋顶；（2）为教室配备白板；（3）为学生提供更多的教科书。富勒、华和斯奈德的研究（Fuller，Hua，& Snyder，1994）比较了博茨瓦纳旨在提高数学成绩的三项措施的成本效益，措施包括：（1）缩小班级规模；（2）提供额外的教师在职培训；（3）加入数学补充阅读材料。在提出最具成本效益的投资建议时，每项研究的研究者都建议将投资限制在已被充分定义的备选方案范围内。在上述提及的每个例子中，现有干预措施之外都可能存在其他干预措施，且成本效益可能更高。而通过具体某一项成本研究，可能无法得出确定的结论。考虑到大多数评价研究的构架，很难在所展示的三个选项之外进行选择。

重点是，总是会有一些需要考虑却又无法全部纳入评价的因素。但在决策阶段借鉴经济评价所提供信息的同时，应该对所有这些因素进行详细说明并加以利用。开展评价时对问题的范围予以限定，更容易对无法被纳入评价的问题进行评估。例如，民众可能会根据自己对公平的理解来判断应该分配给儿童多少资源。很多对儿童的早期投资都十分高效，这一事实也让公平变得更简单：不需要权衡是否该牺牲资源帮助学龄前儿童，这些资源会以未来收益的方式得到回报。

检验 CE 分析应用的基本标准是，该分析是否对决策起到了实用的、建设性的作用。尽管研究者希望在不受决策限制的情况下开展研究，但是认识到存在这样的限制并将其融入研究设计也很重要。融入过程可以包括：认识到学校并不总是拥有实施大规模改革所需的资源，将成本相差甚远的两项改革进行比较并不能得到有用的信息，以及决策者对于应该实施什么措施有先入之见。同样重要的是，要考虑节省成本、提高效益等信息如何在克服政治瓶颈方面具有说服力。从这个角度说，应该充分考虑如何展示 CE 分析和 BC 分析的发现，才能被可能影响教育政策的群体（如市民和媒体）理解和采纳。

13.4 教育投资优先级排序

至此，应该已经明确的是，CE 分析所进行的是相互比较。因此，我们对两个或多个干预措施的成本和效益进行估计，并选择其中每单位效益所需付出成本最低的干预措施。同理，BC 分析将评价简化为对 NPV 这个单一指标的比较，理论上可被用于各种教育干预措施。我们计算出 NPV 并选择 NPV 最高的干预措施。

按照这种固定的模式，在教育投资上做决策就像投资股票市场，目标是选择回报最高的投资项目（或最具成本效益的干预措施）。在这种情况下，学区总监、州教育官员或非营利性组织的首席执行官都是决策者，目的是使自身的投资收益最大化。投资者选出回报高于边际借款成本的所有干预措施。理论上，投资者在理想状态下会从高到低依次列出所有可能的教育投资选项。这意味着首先需要开发制作这样一张能够传达排序信息的"排名表"。

排名表汇总了不同的 CE 分析和 CU 分析的结果。排名表也可以用于汇总 BC 分析的结果，尽管我们并不经常这样使用（参见 Karoly，2012）。在过去二十年里，使用排名表是医疗卫生领域 CE 分析的普遍特征（参见 Drummond，O'Brien，Stoddart，& Torrance，1997；Morrall，1986）。同样，世界银行进行了大量有关发展中国家医疗卫生系统的研究，研究结果制成了一张覆盖范围广泛的排名表（参见 Jamison，Mosley，Measham，& Bobadilla，1993；World Bank，1993）。在明确根据疾病防控的优先级而对医疗卫生的干预措施进行排序的过程中，CE 分析发挥了重要作用（参见 Jamison et al.，1993）。

然而，开发制作排名表和使用排名表并不是一回事。到目前为止，排名表的用途依然受限。对发展中国家来说，医疗卫生的投资受到疾病防控优先级证据的影响（www.dcp-3.org）。在美国，排名表的使用处于停滞。成本效益分析注册资料系统——该领域最大的数据库，在其网站上发布了一些说明性的排名表。但这并不能为投资者提供指导，因为其所报告的 CE 比仅仅展示了结果的取值范围（既包括成本相对更低且更有效的措施，也包括更昂贵但效果不明显的措施）。[①]

排名表在教育领域中更为少见，可能是因为 CE 研究相对缺乏。弗莱彻等人（Fletcher et al.，1990）总结了一张表，展示了关于计算机辅助教学的一些 CE 研究的结果。洛克希德和汉纳谢克（Lockheed & Hanushek，1988）的一项早期研究总结了有关发展中国家的多项 CE 研究。近期阿卜杜勒拉蒂夫贾米勒扶贫行动实验室（Abdul Latif Jameel Poverty Action Lab，J-PAL）开展了一系列对投资进行优先级排序的 CE 分析（参见 Iqbal，Duflo，Glennerster，& Tulloch，2013），如例 13.3 所示。

例 13.3　减贫项目的成本效益优先级

J-PAL 开展旨在减少全球范围内贫困的研究。对教育部门改革的评价是这项研究的一个组成部分。

在评价 CE 时，J-PAL 专注于两个结果指标：考试成绩和增加的在校就学年限。根据 J-PAL 开展评价研究的具体背景，这些结果指标可能会受到一系列教育、健康和社会基础设施方面项目的影响。比如，在肯尼亚，小学免费校服的效益成本比为 0.71，为每 100 美元所能增加的受教育年限数。也就

---

① 在医疗保健领域有过几次将 CE 分析直接用于决策过程的尝试，其中一些较为成功（参见 Neumann et al.，2016）。俄勒冈州试图建立一个 CU 排名表，以便将适用于医疗救助对象的医疗福利进行优先级排序（Eddy，1991；Sloan & Conover，1995）。专家小组和消费者代表被召集在一起，为数百项医疗干预措施排出优先级，高优先级项目表现为每单位效用（基于 QALY）的成本最低。完成初步清单后，排名又经过多次公开辩论和后续修改。因此，最初的 CU 分析结果在"混杂了诸多因素的过程中被最终放弃，因为成本已经不再是最终排名的决定性因素"（Sloan & Conover，1995，p.219）。最近，由 2010 年的患者保护与平价医疗法案资助的以患者为中心的医疗结果研究所明确宣布，禁止用 CE 分析作为研究指导（www.pcori.org/sites/default/files/PCORI_Authorizing_Legislation.pdf）。

是说，在校服上投入 100 美元时，每名学生将会多在学校就读 0.71 年。考虑到对学校价值的期望，这项投资看起来是值得的。

J-PAL 识别出对受教育年限有积极影响的一系列政策。在南亚，这些政策包括建乡村学校（效益成本比为 1.51）、在学前班进行铁营养强化和驱虫（效益成本比为 2.73）和学校设立奖学金（效益成本比为 0.34）。在拉丁美洲，向男孩提供有关教育收益的信息似乎具有成本效益（效益成本比为 0.24）。随着证据的积累，对高度贫困国家旨在提升受教育年限的投资项目进行优先级排序，也许是可能的。

资料来源：www.povertyactionlab.org。

虽然排名表看起来很有吸引力，但有很多原因导致我们对排名表的使用需要持谨慎态度。如前文所述，许多经济指标看似相似，却彼此不同，其中存在许多原因（参见 Drummond，Torrance，& Mason，1993）。特别是，评价研究中计算经济指标的方式的不同，也会影响名次。首先，每项研究需要选择一个贴现率。如果不同研究选择的贴现率不同，那么所得出的 CE 估计值及其解读会在一定程度上产生扭曲。其次，CU 研究需要使用效用权重，评估这些权重有很多种方式，每一种评估方式都可能产生多种不同的答案（反映了受众的不同观点和不同个体之间效用比较的问题）。再次，各项研究在采用哪些成本要素、如何给要素赋价等问题上的观点不一致。最后，在 CE 分析中，每项干预措施都是和基线状况（如"现状"或是现存的项目）相比较的。尽管基线状况在不同研究情境中大相径庭，但排名表中的 CE 比较背后都隐含假设了一个通用的基线状况。排名表一般是概括性的，不一定适用于不同的人群、背景环境、项目运作以及时间周期等条件。当排名表中的每项投资都以特有的方式进行评价时，决策者不应该以排名表为基础制定政策。

慎用排名表还有更宏观的原因。如果比较来自不同国家的 CE 研究，还有进一步需要关注的问题（Drummond et al.，1993；Levin，1995）。医疗健康领域的许多干预措施——例如某特定的疫苗或药品——的有效性估计可能可以适用于不同国家。而在教育领域，很难合理地把对效益的估计从一个情境外推到另一个情境。例如，"教师培训"或"教科书"分别是特定类别的干预措施，但是同类干预措施的目标和内容在不同国家之间存在很大的差别，所以在一个国家中得出的关于教科书成本效益的证据不能反映教科书在其他地方的有效性。即使大致相似的干预措施，在一些背景环境下也可能并不同样有效，因为教育生产伴有特定的文化特征（Fuller & Clarke，1994）。特别值得注意的是，要素的价格会有变化。成本要素的相对价格——例如特定资质教师的工资或建筑材料价格——在不同国家，甚至同一国家的不同时期也会有差别。不同的价格会改变干预措施的相对成本效益。例如，如果某个国家的教师工资非常低，那么在劳动力密集型的干预措施（如缩小班级规模）上进行投资可能会获得更高的成本效益。反之亦然，当教师工资更高时也是如此推论。此外，成本需要转化为标准货币单位。基于常用的名义汇率所得出的成本效益结果与基于购买力平价汇率所得出的结果可能会有所不同。

时间性也需要关注。大多数教育干预措施是不可逆的（不能被重新售卖给其他学生），且干预措施的经济评价都是事后进行的。我们知道，比如，计算机辅助学习在 20 世纪 90 年代发展良好，且 BC 比很高。在 20 世纪 90 年代，计算机（在互联网发展之前）可以帮助学生学习。但是二十多年之后，该信息是否仍然适用是值得怀疑的。排名表上各种干预措施的排名会根据技术变革的相对步调有所改变。

而且，对排名表的解读不可以过于简化。第一，通常情况下，排名不会对应任何的决策者视角。比如，对幼儿园的投资总体上可能是回报最高的，但是收益是在参与项目的家庭、联邦政府、所在州和当地社区之间分摊的。以上每个决策者都需要自己视角的排名表。第二，排名表的读者无法分辨干预措施是否相互独立。如果排名第一的干预措施是增设幼儿园，第二名是缩小学前班的班级规模，那么对前者进行投资会降低后者的排名。第三，决策者并不一定按照排名表的顺序做选择。在选择股票时，投资者倾向于平衡自己的证券投资组合以减小风险。实际生活中，民众会表现出更为平衡的偏好选择。一项有趣的卫生经济研究表明，当询问被调查者愿意如何使用 100 万美元救人时，被调查者明显倾向于选择通过医治两种疾病来拯救 34 名患者（其中，拯救一种疾病患者 30 人，另一种疾病患者 4 人），而没有选择通过医治一种疾病拯救 50 人（参见 Chandra et al.，2011）。关于教育政策，决策者可能倾向于均衡幼儿园、中小学教育、高等教育的投资。平衡对每个年级的资金投入从均等原则上来看也是合理的。

在操作层面，决策者可能无法回应排名表里隐含的优先级。如之前所述，面对一份显示出早期教育干预项目优先于大学干预项目的排名表，政策制定者不可能宣布大学应该招收幼儿园学生。即使政策制定者非常大胆，将大学转型为幼儿园的成本价格也会非常之高（排名表不太会反映转型成本）。

因此，即使排名表准确反映了预期的教育投资回报，将其用于政策决策仍面临着许多障碍。排名表的想法符合逻辑，股票市场的比喻有帮助，且不可避免会产生某些形式的优先级与配额，如例 13.1 所示。但是排名表反映的排名不应被解读为决定教育投资的唯一依据。

13.5   运用经济评价改善教育研究

正如本书通篇所述，经济评价具有一些固有特征，使其应用于评价教育投资时会受到青睐。此外，我们相信经济评价能够在总体上帮助提高教育研究的质量，并识别出经济评价与影响评价相结合可以提高教育研究质量的几种具体途径。

第一，成本分析需要实验组和控制组（对照组）两方面的信息，因此需要识别出与干预措施相对照的情况。根据定义，控制组和实验组需要被区别对待。但这并不意味着控制组比实验组获得更少的资源。昆特等人（Quint et al.，2015）的研究即是一例。虽然"全体成功"项目是一项资源密集型的学校改革，但该项目的教育干预与学生在常规教育中接受的教育干预相比，仅仅增加了很少的成本。因此，"全体成功"项目只需要有适度的效益，就能证明该项目投资是合理的。在一些情况下，对比会产生误导，因为其中一组干预所获得的资源比另一组干预多很多。有效教育策略资料中心就对不同资源密集程度的干预措施进行了比较（如，将两周的项目和十周的项目进行比较，参见 Levin & Belfield，2015）。无论哪种情况，经济评价都是在强调干预措施之间的对比，因为经济评价要求计算的是对比后所增加的成本。

第二，经济评价可以帮助明确哪些结果需要研究。BC 分析为识别重要的干预结果提供了指导（见第 9 章具体讲解收益的部分）。分析人员需要尽可能识别更多的结果，且结果之间应该彼此独立。同时，因为需要贴现，分析人员必须注意获得收益的时间。对于那些影子价格相对更高的影响，分析人员应该更加准确地估计。对于 CE 分析来说，结果必须由某个数代表和描述。尽管这看上去限制性极强，但也可以作为自加的约束条件促使分析人员识别出干预措施的决定性结果（参见 Elster，2000）。此外，在结果数量众多且无法进行数学汇总的情况下，政策制定者仍然需要做出决策，决策背后间接反映以上结果的重要程度。

第三，经济评价可以辅助对项目保真度的调查。教育干预措施经常发生在资源和组织实践都不具有灵活性的情况下，因此，学校经常在预算固定的情况下实施新的干预措施，这也意味着会减少对其他教育服务的资源投入。例如，缩小三年级的班级规模也会对四年级产生影响。学校并不总是能够为了坚持实施某项措施而调整全局的投入。研究表明，看似相同的教育干预措施在不同地点的实施过程中也可能存在显著不同（参见 Durlak & DuPre，2008）。借助对资源使用的细致分析，分析人员能够确定某项干预措施是否按设计实施（见"阅读 180"的例子，Levin et al.，2007）。

第四，经济评价可以为影响评价中的统计功效检验以及统计显著性检验提供补充性信息。标准化的假设检验强调统计显著性检验以及最小可识别效应量，即统计显著可能性较大的最小实质性效果（Bloom et al.，1997）。与此不同，BC 研究检验的是 NPV 是否为正。如果在影响评价中统计显著性不确定或不能被准确识别，检验 NPV 是否为正就会派上用场。例如，最近关于"千禧村项目"不同评价中的点估计值一直存在争议（Malenga & Molyneux，2012）。相比之下，对于这些争议是否影响 NPV 或政策决策，并没有

298

足够的关注度。从收益成本的角度考虑，每个独立的估计值只有在会改变NPV的符号和解读时才具有意义。与更加精确地识别某一个因果效应估计不同，分析人员可以将某个效应估计置于经济评价的背景下，经济评价会将一系列收益加总并计算某项投资的NPV。鲍登等人（Bowden et al.，2016）描述的帮助城市中心青年判断支持服务的教育干预项目——"城市连接"也是一个例子。具有前瞻性的评价会确定支持服务需要有多大（或多小）的改变才能够使得干预措施达到盈亏平衡。

总之，在补充和加强影响评价方面，经济评价的作用十分重要。

13.6　教育领域中经济评价的未来

BC分析原本用于分析大规模基础设施项目，比如水坝或者大桥。直到最近几十年，其应用范围才从环境影响评价扩展到社会政策（参见 Farrow & Zerbe，2013；Vining & Weimer，2010；Weimer，2015）。类似地，CE分析广泛应用于医疗健康领域等结果易于量化且维度单一的领域。所以，当这些评价技术应用于教育研究中时，出现一些方法上的差异和变化也就不足为奇了。

然而，我们相信以下一些发展趋势会让经济评价这种方法在未来变得更为普及。首先，财政压力会促使教育系统更有效率地分配资源，并更好地展示其资源分配效率。像绩效拨款、问责指标等政策改革会促进教育分析人员寻求效率的提升。

其次，社会投资的经济理论基础是外部效应或市场失灵。我们越发认识到外部性的重要性，以及政府有责任调节失灵的市场。例如，美国联邦政府向大学可贷资金市场投入了大量资金，这在某种程度上是因为市场失灵而不能在大学投资方面达到对社会最有效率的投资水平。更值得关注的是，投资早期教育被认为是减少因儿童早期教育不够理想而造成负外部性的一种重要途径。家访、父母教养项目，以及对大学生的助推，都可以看作纠正信息失

灵的措施。从市场失灵的角度论证教育干预措施，效率的提升是最直接的
论据。

最后，越来越多的人认为，教育可以缓和经济社会大环境中的挑战。传
统观点认为，教育投资可以提高收入，因此是一种促进经济福祉的方法。但
教育同时也被看作预防犯罪的措施、公共健康问题的解决方案或缓解社会不
平等的方法（Putnam，2015；Stiglitz，2012）。随着教育干预措施影响的扩
大，将需要根据更为综合的方法——如 BC 分析——来确定最优的投资水平。

从根本上讲，只要经济评价能够提高教育专业人士和政策制定者的决策
质量，未来经济评价就会不断发展，其应用范围也会继续扩大（Posner，
2000）。希望本书提供的材料与讨论可以成为我们如此预测该领域进步的
依据。

13.7　结束语

本书面向的读者群体非常广泛，不同对象对于评价研究和经济学的掌握
程度不同，对于经济评价分析的作用也有不同的期待。理论上讲，经济评价
很简单：估计相对于效益的成本，或减去成本后的收益。而在实践中，进行
这样的估计有许多挑战。经济评价的目标是在确保有用的前提下尽可能简洁。
也就是说，目标是给予一个清晰的陈述，如，国民警卫队青年挑战项目的 BC
比是 2.66，或高瞻佩里学前教育项目的内部收益率是 8.1%，这样的陈述能
够使决策者认为分析结果可信且有用。根据这样的表述，决策者在考虑所有
其他因素之后，应该可以在判断哪些教育投资在最广泛意义上具有社会效率
方面做出理性决策。

300

◎ 讨论题

1. 假设你对所在地方开展的一项关于提高高中生数学水平的干预方案进行了 CE 研究。你的报告将寄给所有学区的学校管理者。当考虑如何将报告结果应用于具体地区时，你会给他们什么建议？

2. 假设作为学区负责人的你发现了一份 CE "排名榜"，这份榜单对旨在提高阅读成绩的干预措施的评价研究结果进行了总结。其中，计算机辅助教学似乎具有最低的 CE 比。请问，是否有足够的理由支持将更多的资源用于这项干预措施？

3. 经济评价如何帮助教育研究人员？

附录 A 练习题参考答案（偶数题号）

第 2 章第 2 题

a. 收益成本分析。可以比较接受职业教育课程和接受普通教育课程的高中毕业生的收入。对每种备选情况，分别估计成本，并根据当前毕业生的工作经验和工资来估计未来收入。鉴于职业课程的成本通常比其他课程更高，因此，其收益也需要更高，才能体现扩大职业教育招生的合理性。

b. 成本效用分析。不能以货币形式评价结果，且不同课程的效益测量指标也有所不同。主管部门可以提出一些选修的、可能被取消的课程，并评价其注册人数、教学效果、对学生的价值等，可以通过学生、家长和管理者的评分来评价。使用加权方案，这些评分可以转换为效用值。效用值可以与成本相结合得到 CU 比。最终，可以考虑先取消 CU 比高的课程，直到达到预期的削减目标。

c. 收益成本分析。权衡某一课程项目的收益是否超过其成本，从而确定其是否值得开办。该项目的成本可能包括所需的新教职员工和设施。收益可以包括能够获得的额外学费和教学补助金。这种情况下，如果该项目的成本小于收益，且其 BC 比高于可参考的其他备选方案，则可以考虑开设这一新的课程项目。

d. 成本可行性分析。确定新政策的成本是多少，并将其与可用的资源相比较。

e. 成本效益分析。所有备选方案都可以根据其对学生写作技能提高的贡献进行评价。因此，可以用一个共同的效益测量指标进行评价。

f. 成本效用分析。答案参考对 b 问题的回答，评价对象换为社区学院。

g. 成本效益分析。两种备选方案都可以通过共同的效益指标进行评价，因此，我们可以比较两种方案的成本以及相应的在促进数学能力提高上的效益，从而判断哪种方案单位金额所带来的数学能力提升最大。

第 3 章第 2 题

a. 1 万美元。这部分是项目的固定成本，不会随所服务学生的人数而变化。

b. 100q 美元。这部分是项目的可变成本，取决于所服务学生的人数，每名学生 100 美元。

c. $\dfrac{10000 + 100q}{q}$。每位参与者的平均成本是总成本除以所服务的学生人数。

d. 100 美元。该项目的边际成本是额外服务一名学生的成本，因此，是成本函数的导数。

e. 当考虑成本可行性与实施时，项目的固定成本是重要的考虑因素。当学校的运行基于既往的预算时，可能会产生很高的固定成本，从而可能没有足够的资金来支付运营成本。学生数量多时可以分摊高昂的固定成本，从而使得平均成本下降。但是，如果该项目针对小规模群体，固定成本则会大大增加该项目的平均成本。一个项目的可变成本是该项目总成本的一部分，可变成本随所服务的学生数量变化。因此，可变成本可以用来分析成本是如何随着所服务学生人数的变化而变化的，并且在考虑诸如扩大规模时是重要的考虑因素。参与者的平均成本是表征项目成本的一项重要指标，因为它包括了参与者的平均固定成本和平均可变成本。最后，边际成本也可以给我们提供重要信息，它所表达的是向额外一名学生提供该项目所需要的成本。

第 4 章第 2 题

a. 资源要素包括设施、家长志愿者、小老师、材料、培训资源（包括培训教师和开展培训的场地设施），以及实施项目的专业人员。尝试基于一些假设的要求，对以上各要素进行更详细的描述。例如，设施可能会包括一间专门的房间，并包含其所涉及的能源需求、维护保养、陈设布置和保险。另外，培训教师需要一定经验和资格才能提供培训。除此之外，还应该考虑小老师时间的机会成本。

b. 资源要素包括教练和其他人员、设备和队服、练习场地、保险、参加比赛所需的交通等。其中一个关键问题是，在时间表中每个团队会包含多少场比赛。另一个关键的问题是举办体育赛事的健康保险或医疗成本。应尝试提供更多细节。

c. 学区需要考虑的资源要素包括管理人员、教师、语言和听力专家、卫生人员等人员要素，以及设施、设备、材料和耗材等。其中一个关键问题是，该项目的规模以及教职人员与儿童的比例如何。成本可行性分析的另一个问题是，该学区是否有足够的资金来提供这个新项目。此外，成本分析应与每名儿童个性化教育计划（Individualized Education Program，IEP）所规定的资源相联系。应尝试提供更多细节。

d. 资源要素包括材料、设备，以及建筑工人、建筑师和工程师等人员。如果教师的成本已经包括在小学的成本中，那么这些成本就不是建设新中心所需的额外成本。一个关键的问题是，如何在不同群组的儿童间分摊早期教育中心的成本。应尝试提供更多细节。

304

第 5 章第 2 题

通用公式是：

$$\sum_{t=1}^{T} \frac{C_t}{(1+r)^{t-1}}$$

分别将 0.03 和 0.07 代入 r 后，计算的结果如表 A.1 所示。

表 A.1 不同贴现率下成本现值的计算结果

年份	成本（美元）	3%贴现率下的成本现值	7%贴现率下的成本现值
第一年	11000	11000	11000
第二年	13000	12621	12150
第三年	18500	17438	16159
第四年	10800	9884	8816
第五年	27000	23989	20598
总成本		74932	68722

请注意，这种方法采用离散时间贴现，每年贴现一次，并假设第一年的成本立即发生，因此不用贴现。如果使用不同的假设，得到的结果可能会稍有不同。在这两种贴现率下，现值的平均值是 71827 美元〔（74932＋68722）÷2＝71827〕。采用两个贴现率的平均值（0.05）计算的现值为 71703 美元。这些现值相似却并不相同，是因为现值计算公式并不是线性运算。

第 6 章第 2 题

答案可能会有所不同，但成本工作表应该包括与项目相关的要素以及每种要素的数量、单位和价格信息。表 A.2 和表 A.3 中的答案可供参考。

表 A.2 成本工作表（答案一）

要素	数量	单价（美元）
学生	4200 人	
地点	10 个	

续表

要素	数量	单价（美元）
班级规模	15 人	
教师	280 人	40000
校长	10 人	60000
其他职员	5 人	30000
副校长	10 人	50000
每个地点的设施	10000 平方英尺	90
教学材料（书籍，玩具，游戏）	4200 套	100
其他设备（每个中心）	10 套	8000
交通（每名儿童）	756000 人次	10
餐饮服务（每名儿童）	756000 人次	5
医疗卫生服务（每名儿童）	756000 人次	8
学区监控（每名儿童每年）	4200 人	75
家长时间（每个孩子 20 小时）	84000 小时	8

注：每学年 180 天。价格包括附加福利，是来自国家劳工统计局网站和其他价格数据库的全国平均价格，调整为以 1998 年美元计算。

表 A.3　成本工作表（答案二）

要素	幼教中心的成本（美元）	其他机构的成本（美元）	用户（学生/父母）的成本（美元）	总成本（美元）
人员				
教学人员	11200000	—	—	11200000
管理人员	1250000	—	—	1250000
设施				
租金费用	9000000	—	—	9000000
折旧	—	—	—	—
材料与设备				
教学资料	420000	—	—	420000

续表

要素	幼教中心的成本（美元）	其他机构的成本（美元）	用户（学生/父母）的成本（美元）	总成本（美元）
其他设备	80000	—	—	80000
其他投入				
交通和餐饮服务	—	11340000	—	11340000
医疗卫生服务	6048000	—	—	6048000
其他的必要投入				
学区支持	—	315000	—	315000
家长的项目参与	—	—	672000	672000
总要素成本	27998000	11655000	672000	40325000
使用费	—	—	—	—
现金补贴	—	—	—	—
净成本	27998000	11655000	672000	40325000
净成本（调整以2015年的美元计算，通货膨胀率为49%）	41717020	17365950	1001280	60084250
每名儿童的成本	9933	4135	238	14306

307

第 7 章第 2 题

第一，成本效益分析要求以相同的结果评价干预措施。"西格玛！"和"第一代数"看起来是使用了相同的结果测量指标，如果要比较"阿尔法数学"和"一流代数"，那么我们需要知道州数学评价与项目评价的等效性。第二，如果干预的规模相同，则成本效益分析会更为有效。因此我们需要获取规模数据，还需要获得每种干预的持续时间。第三，当干预的目标人群相似时，成本效益分析会更为有效。应该比较为相似人群提供服务的干预项目（如，"阿尔法数学"和"西格玛！"均为六年级的学生提供服务）。第四，成本效益分析中，可能需要将效益估计不显著的结果排除掉。

第 8 章第 2 题

a. 根据项目的目标，效益的主要测量指标是增加的获得学士学位的大学毕业生人数。

b. 项目 A 产生了 660 名高中毕业生，新增了 270 名获得学士学位的大学毕业生，而项目 B 产生了 450 名高中毕业生，新增了 105 名获得学士学位的大学毕业生。

c. 不能。这两个项目在完成高中学业的学生人数上存在很大的不同，因此这也可以是一个结果指标。或者，也可以用一个单一的指标来测量两个方面的结果，即测量项目参与者的受教育年限。另一个测量项目效益的指标是增加的高中毕业生人数。

d. 项目 A 的总成本现值为 240 万美元。项目 B 的总成本更复杂，取决于完成本项目的学生人数和流失率（因为流失学生不会消耗成本）。假设高中二年级后有 50 名学生退出，大学三年级后又有 150 名学生退出（一个保守的假设），则项目 B 的成本现值为 119 万美元（贴现率按 5% 计算）。

e. 将成本贴现为现值的效果是降低项目 B 的总成本，反映的是项目 B 的成本发生在未来的这个事实。

f. 为了确定成本效益，报告结果如表 A.4 所示。

表 A.4　两个备选项目的成本效益

	项目 A	项目 B
学生（人）	1000	500
总成本（美元）	2400000	1191322
效益（新增的获得学士学位的大学毕业生的人数）（人）	270	105
成本效益比（美元）	8889	11346

308

项目 A 每新增一位获得学士学位的大学毕业生的成本更低，为 8889 美元（低于项目 B 的 11346 美元），因此认为该项目更具成本效益。

g. 不一定。以每新增一位获得学士学位的大学毕业生的成本表示的成本效益比最适合用于比较规模相似、目标结果相似的项目。如果教育工作者希望提升高中毕业率，该指标可能不是衡量项目影响的最佳指标。分析人员可能更愿意进行收益成本分析，将高中毕业率变化的差异整合进来。

h. 首选更具成本效益的项目。

i. 对最具成本效益项目的偏好假设不存在撤销资金的限制、政治问题或公平考虑。然而，项目 A 是高风险的，因为在产生任何影响之前就产生了所有的资源成本。即使项目 A 是无效的，所有的资源也都已经用完了。如果项目 B 是无效的，那么成本会更低。

第 9 章第 2 题

a. 根据美国普查局 2015 年的数据，男性和女性的未贴现收入概况如表 A.5 所示。

表 A.5　高中辍学学生与高中毕业生的收入，按年龄分组

年龄（岁）	辍学学生收入（美元）	高中毕业生收入（美元）
18—24 岁	9863	18255
25—29 岁	20829	32519
30—34 岁	27877	36145
35—39 岁	25983	39710
40—44 岁	32060	40636
45—49 岁	31519	40619
50—54 岁	29956	43785
55—59 岁	35736	40772
60—65 岁	29504	39391

假设 16—17 岁时的收入为零，且工资的增长与下降为线性，那么辍学学生的终身总收入约为 126 万美元，而高中毕业生的终身总收入约为 173 万美元。

b. 使用公式 $PV = \dfrac{FV}{(1+r)^n}$ 获得学生 12 岁时的收入现值，辍学学生的总收入约为 51.4 万美元，毕业生的总收入约为 72.7 万美元（其中 FV 指未贴现值，贴现率按 3% 计算）。

c. 答案会根据所选的人口分组以及所采用的假设而有所不同，后者包括贴现率、16—17 岁时的收入以及非工资性的结果。敏感性检验可以包括改变贴现率、是否纳入非工资性就业因素（如，兼职与全职工作、劳动力参与和工作条件）以及是否纳入其他私人和财政收益（如，社会福利收入减少、犯罪减少或健康状况改善）。此外，如要解释因果关系，分析人员应该根据教育水平调整不可观测变量对收入造成的差异。

第 10 章第 2 题

答案会根据分析的时间范围、现值算法和贴现率等方面假设的不同而有所不同。以下答案可供参考。

将所有数据调整至 4 岁时的现值，以 2010 年美元表示。假设所有差异均以 40 岁之前为模型。（如果我们相信干预组的收益增值持续存在，则可以预测至 40 岁以后。）假设社会贴现率为 3%。假设收入从 18 岁开始获得，18—27 岁收入的年增长率为 2%，并且在 28—40 岁呈线性增长。假设重罪和轻罪在几年中平均分配。因此，在 19—27 岁的 0.12 项重罪意味着每年 0.0133 项重罪。将对减少犯罪的支付意愿转化为在 4 岁时的现值。假设社会福利金是纳税人与受助人之间的转移。因此，社会福利金的数额不算收益，但社会福利管理算收益。管理成本占社会福利支出总额的 15%。忽略高中毕业的差异。因为教育差异的影子价格会被重复计算，除非高中毕业带来的收益未反映在收入、犯罪活动或社会福利支出中。

基于这些假设，我们估计了以下方面，如表 A.6 所示。

表 A.6　高瞻佩里学前教育项目收益成本分析的结果之一

	干预组	对照组	差异
收益现值（美元）	165449	136579	28870
犯罪负担现值（美元）	3520	6731	3211
福利负担现值（美元）	1071	1045	−26
项目成本（美元）	15000	0	15000
总收益（美元）			32055
净现值（美元）			17055
收益成本比			2.14
内部收益率（%）			6

为了对净现值进行敏感性检验，我们应向上调整贴现率。

对结论进行敏感性检验，我们应该改变对减少犯罪的支付意愿、估计的时间范围（是否超过 40 岁），以及对照组没有接受任何服务的假设。对于进一步的研究，我们希望着眼于早期收益（如在学期间特殊教育的减少），因为这些收益应该有较高的现值。

第 11 章第 2 题

a. 假设对每减少一支香烟的支付意愿和该项目每名学生的平均成本已经贴现，则每名学生的净现值为 −200 美元 [$NPV = B − C = (250 × 4) − 1200 = −200$]。

b. 结果可能会有所不同，因为是从数据中随机抽取的。结果还取决于对估计参数所做的分布假设。

假设生均成本从 800—1500 随机抽取，对每减少一支香烟的支付意愿从

150—350 随机抽取，并且影响是从均值为 4、标准差为 2 的正态分布中抽取。执行 1000 次模拟，净现值的分布应该接近如表 A.7 所示的结果。

表 A.7　预防吸烟和戒烟项目的蒙特卡洛模拟的敏感性检验结果之一

	生均成本（美元）	效益	支付意愿（美元）	收益（美元）	净现值（美元）
均值	1150	4	247	995	(155)
标准差	203	2	56	533	423
最小值	800	—2	150	(470)	(1734)
最大值	1500	10	350	3289	2192

注意，成本和支付意愿的数值并非来自正态分布，因此模拟得出的答案均值与期望结果有所不同。还要注意，净现值的最小值和最大值是从 1000 次模拟中得出的。

c. 蒙特卡洛模拟的敏感性检验为基于均值获得的估计值所可能发生的变化提供了额外信息。净现值为负的概率或净现值小于特定财政约束的比例，是一个有用的指标。

从给出的模拟结果来看，61% 的抽取结果会产生负的净现值。

附录 B　CostOut 工具

CostOut 工具的目的

在教育科学研究院（IES）的支持下，哥伦比亚大学教育学院教育收益成本研究中心（CBCSE）开发了 CostOut 工具，方便研究人员进行成本和成本效益分析。像其他为研究人员提供支持的软件包一样，该工具并不能替代在研究设计、数据收集和分析方面对周密的计划与专业知识的需求。更准确地说，该软件提供的是一个基本框架，能够用来指导和帮助研究人员匹配资源要素及其相关价格，简化和自动化必要的计算，并帮助研究人员以透明和一致的方式做出假设与分析选择。此工具免费提供，在 CBCSE 网站上可以下载，网址为 https：//www.cbcse costtoolkit.org。

CostOut 工具如何帮助分析

CostOut 可以帮助对单个项目或多个项目进行成本计算，还可以跨项目进行成本效益比较分析。该工具要研究者决定执行哪种类型的分析，并提供有关项目参与者样本、资源要素以及效益方面（如果适用）的数据。在研究者所提供信息的基础上，该工具帮助组织与分析数据，为要素选择适当的价格，并自动调整价格，使价格在项目内部和项目之间具有一致性和可比性。默认情况下，该工具使用通用价格，系由 CBCSE 的一个研究小组从全国代

表性调查中收集，包括美国普查局的当期人口调查，并存储于 CBCSE 教育
资源价格数据库中。如果资源要素是目标干预项目所独有的，如果经济评价
是在教育领域之外开展的，或者如果希望使用本地价格而不是通用价格，则
可以将自己的价格添加到工具中的"我的价格"数据库中。对于本地价格，
该工具还可以对通用价格进行调整，使其反映本地市场的价格（Atten
et al.，2012）。

除了能够帮助为各要素选择合适的价格，该工具还可以自动化调整贴现、
通货膨胀、地理位置（如果适用）和年化的过程。大多数参数为适用于项目
或计划水平的全局设置，从而可以保证一致性和可比性，而有一些参数（如
年化时间范围）的设置是在资源要素水平，可以允许灵活性。该工具还可以
帮助对要素或价格的单位做出假设（如，干预措施中某要素使用时间的百分
比，或用年薪除以学年小时数获得小时工资），从而使这些假设具有透明性和
一致性。自动化这些计算与假设，还具有可以减少手工计算误差的优势。

首先，输入所有数据后，该工具可以自动生成一组统计数据，包括估计
的总成本、生均成本和成本效益比。其次，可以根据是谁为具体要素提供的
资助，将这些成本分配给多个成本承担者，对成本和融资进行明确区分，允
许对项目或政策相关因素的分布结果进行分析。同样，该工具还允许使用者
记录转移支付、补贴和用户费，这些费用不会在经济意义上改变社会成本
（不花费额外资源），但会在成本承担者之间转移支付负担。最后，CostOut
工具可以自动生成一系列比较报告和图表，将成本和成本效益之间的差异进
行总结和可视化，包括将成本划分为固定成本和可变成本，按要素类别划分
成本，还可以绘制成本效益平面图（以 x 轴为效益，以 y 轴为成本），显示
成本效益比的散点。

CostOut 工具可以做什么、不可以做什么

CostOut 工具会提供一个平台，帮助组织资源要素的数据，帮助选择合
适的价格，使做假设与进行调整的过程自动且透明，简化和自动化计算过程，

以及通过复制项目和改变参数来轻松地进行敏感性检验。但是该工具不可以进行效益计算，不会提供项目所需的要素清单，也不会为分析的设计做决定。换句话说，研究人员必须熟悉经济评价的资源要素法，并要谨慎仔细地进行研究设计、数据收集与分析，要着眼于试图回答的研究问题，以及判断所进行的分析和所收集的数据是否可以合理回答这些问题。

更多信息

我们鼓励读者仔细阅读 CostOut 工具网站上提供的更多资源，包括完整的使用手册、视频教程集、其他信息资源以及该工具中内置的示例项目，以获取更多信息。我们还建议读者在 CostOut 工具的帮助下查看已完成的成本和成本效益分析，包括对早期阅读计划的成本效益分析，以及对学生综合支持干预措施的收益成本分析，具体可以访问网站 www.cbcse.org。

参 考 文 献

Abadie, A. , Angrist, J. , & Imbens, G. (2002). Instrumental variables estimates of the effect of subsidized training on the quantiles of trainee earnings. *Econometrica*, *70*, 91–117.

Agan, A. Y. (2014). *Disaggregating the returns to college* [Working paper] . Princeton University, Princeton, NJ. Retrieved from https: //docs. google. com/viewer? ur = https: // sites. google. com/site/amandayagan/Agan_ CollegePaths. pdf? attredirects = 0

Ahn, S. , Ames, A. J. , & Myers, N. D. (2012). A review of meta-analyses in education: Methodological strengths and weaknesses. *Review of Educational Research*, *82*, 436–476.

Allgood, S. , & Snow, A. (1998). The marginal cost of raising tax revenue and redistributing income. *Journal of Political Economy*, *106* (6), 1246–1273.

Altonji, J. G. , Blom, E. , & Meghir, C. (2012). Human capital investments: High school curriculum, college major, and careers. *Annual Review of Economics*, *4* (1), 185–223.

Altonji, J. G. , Elder, T. E. , & Taber, C. R. (2005). Selection on observed and unobserved variables: Assessing the effectiveness of Catholic schools. *Journal of Political Economy*, *113* (1), 151–184.

Angrist, J. D. , & Krueger, K. (1999). Empirical strategies in labor economics. In O. Ashenfelter & D. Card (Eds.), *The handbook of labor economics* (Vol. III Part B). Amsterdam, The Netherlands: Elsevier.

Angrist, J. D. , & Pischke, J. S. (2009). *Mostly harmless econometrics: An empiricist's companion*. Princeton, NT: Princeton University Press.

Ansar, A. , Flyvbjerg, B. , Budzier, A. , & Lunn, D. (2014). Should we build more large dams? The actual costs of hydropower megaproject development. *Energy Policy*, *69*, 43–56.

Atten, B. H. , Figueroa, E. B. , & Martin, T. M. （2012）. *Regional price parities for states and metropolitan areas*, *2006 - 2010*. Retrieved from http：//www. bea. gov/scb/pdf/2012/08%20August/0812_ regional price_ parities. pdf

Autor, D. H. （2014）. Skills, education, and the rise of earnings inequality among the "other 99 percent". *Science*, *344*, 843-851.

Avery, C. , & Turner, S. （2012）. Student loans：Do college students borrow too much or not enough? *Journal of Economnic Perspectives*, *26*, 165-192.

Bailey, T. , Jaggars, S. , & Jenkins, D. （2015）. *Redesigning America's community colleges：A clearer path to student success*. Cambridge, MA：Harvard University Press.

Banerjee, A. , Duflo, E. , Goldberg, N. , Karlan, D. , Osei, R. , Parienté, W. , … Udry, C. （2015）. A multifaceted program causes lasting progress for the very poor：Evidence from six countries. *Science*, *348*, 772-789.

Barnett, W. S. （1996）. *Lives in the balance：Age-27 benefit-cost analysis for the High/ Scope Perry Preschool Program*. Ypsilanti, MI：High/Scope Press.

Barnett, W. S. , Carolan, M. E. , Squires, J. H. , Clarke Brown, K. , & Horowitz, M. （2015）. *The state of preschool 2014：State preschool yearbook*. New Brunswick, NJ：National Institute for Early Education Research.

Barnett, W. S. , & Masse, L. N. （2007）. Comparative benefit-cost analysis of the Abecedarian program and its policy implications. *Economics of Education Review*, *26*（1）, 113-125.

Barrow, L. , & Malamud, O. （2015）. Is college a worthwhile investment? *Annual Review of Economics*, *7*, 519-555.

Barrow, L. , Richburg-Hayes, L. , Rouse, C. E. , & Brock, T. （2014）. Paying for perform-ance：The education impacts of a community college scholarship program for low-income adults. *Journal of Labor Economics*, *32*（3）, 563-599.

Barrow, L. , & Rouse, C. E. （2005）. Do return to schooling differ by race and ethnicity?. *American Economic Review*, *95*（2）, 83-87.

Barrow, L. , Schanzenbach, D. W. , & Claessens, A. （2015）. The impact of Chicago's small high school initiative. *Journal of Urban Economics*, *87*, 100-113.

Bartik, T. J. , Gormley, W. , & Adelstein, S. （2012）. Earnings benefits of Tulsa's pre-K program for different income groups. *Economics of Education Review*, *31*（6）, 1143-1161.

Baum, S., Ma, J., & Payea, K. (2013). *Education Pays* 2013. Retrieved from https://trends. collegeboard. org/sites/default/files/education-pays-2013- full-report. pdf

Belfield, C. R. (2015). How can cost-benefit analysis help create public value? In J. M. Bryson, B. C. Crosby, & L. Bloomberg (Eds.), *Public value and public administration.* Washington, DC: Georgetown University Press.

Belfield, C. R., Bowden, A. B., Klapp, A., Levin, H. M., Shand, R., & Zander, S. (2015). The economic value of social and emotional learning. *Journal of Benefit-Cost Analysis*, *6* (3), 508–544.

Belfield, C. R., Crosta, P., & Jenkins, D. J. (2014). Can community colleges afford to improve completion? Measuring the cost and efficiency consequences of reform. *Educational Evaluation and Policy Analysis*, *36* (3), 327–345.

Belfield, C. R., & Levin, H. M. (2007). *The price we pay: The economic and social cost of inadequate education.* Washington, DC: Brookings Institution.

Belfield, C. R., & Levin, H. M. (2009). *The economic burden of juvenile crime: A case study for California* [Working paper]. Center for Benefit-Cost Studies of Education, Teachers College, Columbia University, New York, NY.

Berman, P., & McLaughlin, M. (1975). *The finding in review* (Federal Programs Supporting Educational Change, Vol. 4; R-1589/4-HEW). Santa Monica, CA: RAND.

Bettinger, E. P., & Baker, R. B. (2014). The effects of student coaching: An evaluation of a randomized experiment in student advising. *Educational Evaluation and Policy Analysis*, *36* (1), 3–19.

Bettinger, E. P., Long, B. T., Oreopoulos, P., & Sanbonmatsu, L. (2012). The role of application assistance and information in college decisions: Results from the H&R Block FAFSA experiment. *Quarterly Journal of Economics*, *127* (3), 1205–1242.

Betts, J. R. (1996). Is there a link between school inputs and learning? Fresh scrutiny of an old literature. In G. Burtless (Ed.), *Does money matter? The effect of school resources on student achievement and adult success* (pp. 141–191). Washington, DC: Brookings Institution.

Black, S. E., & Machin, S. (2011). Housing valuations of school performance. In E. A. Hanushek, S. Machin, & L. Woessmann (Eds.), *Handbook of the economics of education* (Vol. 3, pp. 485–519). Amsterdam, The Netherlands: Elsevier.

Blau, D. , & Mocan, H. N. (2006). The supply of quality in child care centers. *The Review of Economics and Statistics*, *84*, 483-496.

Blomquist, G. C. , Coomes, P. A. , Jepsen, C. , Koford, B. C. , & Troske, K. R. (2014). Estimating the social value of higher education: Willingness to pay for community and technical colleges. *Journal of Benefit-Cost Analysis*, *5* (1), 3-41.

Blonigen, B. A. , Harbaugh, W. T. , Singell, L. D. , Horner, R. H. , Irvin, L. K. , & Smolkowski, K. S. (2008). Application of economic analysis to school-wide positive behavior support (SWPBS) programs. *Journal of Positive Behavior Interventions*, *10* (1), 5-19.

Bloom, H. S. , Hill, C. J. , Black, A. R. , & Lipsey, M. W. (2008). Performance trajectories and performance gaps as achievement effect-size benchmarks for educational interventions. *Journal of Research on Educational Effectiveness*, *1* (4), 289-328.

Bloom, H. S. , Orr, L. L. , Bell, S. H. , Cave, G. , Doolittle, E. , Lin, W. , & Bos, J. M. (1997). The benefits and costs of JTPA Title II-A Programs: Key findings from the National Job Training Partnership Act Study. *Journal of Human Resources*, *32* (3), 549-576.

Boardman, A. E. , Greenberg, D. H. , Vining, A. R. , & Weimer, D. L. (2011). *Cost- benefit analysis: Concepts and practice* (4th ed.). Upper Saddle River, NJ: Pearson Education.

Borenstein, M. , Hedges, L. V. , Higgins, J. P. T. , & Rothstein, H. R. (2009). *Introduction to meta-analysis*. West Sussex, UK: Wiley.

Borman, G. D. , & Hewes, G. M. (2002). The long-term effects and cost-effectiveness of success for all. *Educational Evaluation and Policy Analysis*, *24* (4), 243-266.

Bowden, A. B. (2014). *Estimating the cost-effectiveness of a national program that impacts high school graduation and postsecondary enrollment.* New York, NY: Academic Commons. Retrieved from http: //dx. doi. org/10. 7916/D8K935PK

Bowden, A. B. , & Belfield, C. R. (2015). Evaluating TRIO: A benefit-cost analysis and cost-effectiveness analysis of Talent Search. *Journal of Benefit-Cost Analysis*, *6* (3), 572-602.

Bowden, A. B. , Shand, R. , Belfield, C. R. , Wang, A. , & Levin, H. M. (2016). Evaluating educational interventions that induce service receipt: A case study application of cityconnects. *American Journal of Evaluation.* Advance online publication. doi: 10. 1177/1098214016664983

Bowen, W. G. , Chingos, M. M. , Lack, K. A. , & Nygren, T. I. (2014). Interactive learning online at public universities: Evidence from a six-campus randomized trial. *Journal of Policy Analysis and Management*, *33* (1), 94–111.

Bray, M. (1987). *Are small schools the answer? Cost-effectiveness strategies for rural school provision*. London, England: Commonwealth Secretariat.

Brent, R. J. (2009). A cost-benefit analysis of female primary education as a means of reducing HIV/AIDS in Tanzania. *Applied Economics*, *41* (14), 1731–1743.

Brewer, D. J., Krop, C., Gill, B. P., & Reichardt, R. (1999). Estimating the costs of national class size reductions under different policy alternatives. *Educational Evaluation and Policy Analysis*, *21* (2), 179–192.

Briggs, A. H., O'Brien, B. J., & Blackhouse, G. (2002). Thinking outside the box: Recent advances in the analysis and presentation of uncertainty in cost-effectiveness studies. *Annual Review of Public Health*, *23*, 377–401.

Briggs, A. H., Weinstein, M. C., Fenwick, E. A. L., Karnon, J., Sculpher, M. J., & Paltiel, A. D. (2012). Model parameter estimation and uncertainty analysis: A report of the ISPOR-SMDM Modeling Good Research Practices Task Force Working Group-6. *Medical Decision Making*, *32* (5), 722–732.

Brouwer, W. B. F., Niessen, L. W., Postma, M. J., & Rutten, F. F. H. (2005). Need for differential discounting of costs and health effects in cost effectiveness analyses. *British Medical Journal*, *331* (7514), 446–448.

Bryk, A. S. (Ed.). (1983). *Stakeholder-base evaluation* (New Directions for Program Evaluation, Vol. 17). San Francisco, CA: Jossey-Bass.

Bua-lam, P., & Bias, T. K. (2011). Economic impacts of West Virginia Division of Rehabilitation Services on significant disabilities: Realistic return-on-investment models for state-federal VR programs. *Journal of Rehabilitation*, *77* (3), 25.

Burgess, D. F., & Zerbe, R. O. (2013). The most appropriate discount rate. *Journal of Benefit-Cost Analysis*, *4* (3), 391–400.

Burwick, A., Zaveri, H., Shang, L., Boller, K., Daro, D., & Strong, D. A. (2014). *Costs of early childhood home visiting: An analysis of programs implemented in the supporting evidence-based home visiting to prevent child maltreatment initiative*. Washington, DC: Mathematica Policy Research. Retrieved from http://www.chapinhall.org/sites/default/files/documents/

Costs%20 of%20EC%20Home%20Visiting. Final%20Report. January%2030%202014. 2. pdf

Butcher, K. F. , & Visher, M. G. （2013）. The impact of a classroom-basd guidance program on student performance in community college math classes. *Educational Evaluation and Policy Analysis*, *35*（3）, 298-323.

Card, D. , & Krueger, A. B. （1992）. Does school quality matter? Returns to education and the characteristics of public schools in the United States. *Journal of Political Economy*, *100*, 1-40.

Card, D. , & Krueger, A. B. （1996）. Labor market effects of school quality: Theory and evidence. In G. Burtless（Ed.）, *Does money matter? The effect of school resources on student achievement and adult success*（pp. 141-191）. Washington, DC: Brookings Institution.

Carnoy, M. （1995）. Rates of return to education. In M. Carnoy（Ed.）, *International encyclopedia of economics of education*（2nd ed. , pp. 364-369）. Oxford, England: Pergamon.

Cascio, E. U. , & Staiger, D. O. （2012）. *Knowledge, tests, and fadeout in educational interventions*（NBER Working Paper No. 18038）. Retrieved from National Bureau of Economic Research website: http: //www. nber. org/papers/w18038

Castleman, B. L. , Page, L. C. , & Schooley, K. （2014）. The forgotten summer: Does the offer of college counseling after high school mitigate summer melt among college-intending, low-income high school graduates? *Journal of Policy Analysis and Management*, *33*（2）, 320-344.

Caulkins, J. P. , Rydell, C. P. , Everingham, S. , Chisea, J. , & Bushways, S. （1999）. *An ounce of prevention a pound of uncertainty: Cost-effectiveness of school-based drug prevention programs*. Santa Monica, CA: RAND.

Cellini, S. R. , Ferreira, F. , & Rothstein, J. （2010）. The value of school facility investments: Evidence from a dynamic regression discontinuity design. *Quarterly Journal of Economics*, *125*（1）, 215-261.

Chambers, J. （1980）. The development of a cost of education index. *Journal of Education Finance*, *5*（3）, 262-281.

Chandra, A. , Jena, A. B. , & Skinner, J. S. （2011）. The pragmatist's guide to comparative effectiveness research. *Journal of Economic Perspectives*, *25*（2）, 27-46.

Chetty, R. , Friedman, J. N. , Hilger, N. , Saez, E. , Schanzenbach, D. W. , & Yagan,

D. (2011). How does your kindergarten classroom affect your earnings? Evidence from Project STAR. *Quarterly Journal of Economics*, *126* (4), 1593-1660.

Chetty, R., Friedman, J. N., & Rockoff, J. E. (2014). Measuring the impacts of teachers II: Teacher value-added and student outcomes in adulthood. *American Economic Review*, *104* (9), 2633-2679.

Chingos, M. M. (2012). The impact of a universal class-size reduction policy: Evidence from Florida's statewide mandate. *Economics of Education Review*, *31* (5), 543-562.

Choi, E. J., Moon, H. R., & Ridder, G. (2014). Estimation of an education production function under random assignment with selection. *American Economic Review*, *104* (5), 206-211.

Clemen, R. T. (1996). *Making hard decisions: An introduction to decision analysis* (2nd ed.). Belmont, CA: Duxbury Press.

Clune, W. H. (2002). Method strength and policy usefulness of cost-effectiveness research. In H. M. Levin & P. McEwan (Eds.), *Cost-effectiveness and educational policy* (pp. 55-68). Larchmont, NY: Eye on Education.

Cohen, M. A., & Piquero, A. R. (2009). New evidence on the monetary value of saving a high risk youth. *Journal of Quantitative Criminology*, *25* (1), 25-49.

Cohen, M. A., & Piquero, A. R. (2015). Benefits and costs of a targeted intervention program for youthful offenders: The youthbuild USA offender project. *Journal of Benefit-Cost Analysis*, *6*, 603-627.

Cohen, M. A., Piquero, A. R., & Jennings, W. G. (2010). Estimating the costs of bad outcomes for at-risk youth and the benefits of early childhood interventions to reduce them. *Criminal Justice Policy Review*, *21* (4), 391-434.

Colegrave, A. D., & Giles, M. (2008). School cost functions: A meta-regression analysis. *Economics of Education Review*, *27* (6), 688-696.

Coleman, J. S., Campbell, E. Q., Hobson, C. J., McPartland, J., Mood, A. M., Weinfeld, F. D., & York, R. L. (1966). *Equality of educational opportunity* (National Center for Educational Statistics Report No. OE-38001). Washington, DC: Government Printing Office.

Constantine, J. M., Seftor, N. S., Martin, E. S., Silva, T., & Myers, D. (2006). *Study of the effect of the Talent Search program on secondary and postsecondary outcomes in Florida,*

Indiana and Texas：*Final report from Phase II of the national evaluation*. Washington，DC：U. S. Department of Education Office of Planning，Evaluation and Policy Development，Policy and Program Studies Service.

Cook，P.，Dodge，K.，Farkas，G.，Fryer，R.，Guryan，J.，Ludwig，J.，… Steinberg，L. （2014）. *The* （*surprising*）*efficacy of academic and behavioral interventions with disadvantaged youth in the United States*：*Results from a randomized experiment in Chicago* （NBER Working Paper No. 19862）. Retrieved from National Bureau of Economic Research website：http：//www. nber. org/papers/w19862

Cooper，H. （2009）. *Research synthesis and meta-analysis*：*A step-by-step approach*. Thousand Oaks，CA：Sage.

Cornman，S. Q. （2014）. *Revenues and expenditures for public elementary and secondary education*：*School Year* 2011 – 12 （Fiscal Year 2012） （NCES 2014 – 301）. Washington，DC：National Center for Education Statistics.

Crowley，D. M.，Jones，D. E.，Greenberg，M. T.，Feinberg，M. E.，& Spoth，R. L. （2012）. Resource consumption of a diffusion model for prevention programs：The PROSPER Delivery System. *Journal of Adolescent Health*，*50* （3），256–263.

Cutler，D. M.，& Lleras-Muney，A. （2010）. Understanding differences in health behaviors by education. *Journal of Health Economics*，*29*，1–28. doi：10. 1016/ j. jhealeco. 2009. 10. 003

Dale，S.，& Krueger，A. B. （2011）. *Estimating the return to college selectivity over the career using administrative earnings data* （NBER Working Paper No. 17159）. Retrieved from National Bureau of Economic Research website：http：//www. nber. org/papers/w17159

Deming，D. J.，Goldin，C.，Katz，L. F.，& Yuchtman，N. （2015）. Can online learning bend the higher education cost curve? *American Economic Review*，*105* （5），496–501.

Desrochers，D. M.，& Hurlburt，S. （2016）. *Spending and results*：*What does the money buy? A Delta data update*：2003 – 2013. Washington，DC：Delta Cost Project. Retrieved from http：//www. deltacostproject. org/resources/pdf/Delta-Cost-Trends-Outcomes. pdf

Detsky，A. S.，& Naglie，I. G. （1990）. A clinician's guide to cost-effectiveness analysis. *Annals of Internal Medicine*，*113* （2），147–154.

Dhaliwal，I.，Duflo，E.，Glennister，R.，& Tulloch，C. （2012）. *Comparative cost-effectiveness analysis to inform policy in developing countries*. Cambridge，MA：Abdul Latif Jameel

Poverty Action Lab, MIT.

Dorfman, R. (1967). *Price and markets.* Englewood Cliffs, NJ: Prentice Hall.

Drummond, M., Brixner, D., Gold, M., Kind, P., McGuire, A., & Nord, E. (2009). Toward a consensus on the QALY. *Value in Health*, *12*, S31–S35.

Drummond, M., O'Brien, B., Stoddart, G. L., & Torrance, G. W. (1997). *Methods for the economic evaluation of health care programmes* (2nd ed.). Oxford, England: Oxford University Press.

Drummond, M., Torrance, G., & Mason, I. (1993). Cost-effectiveness league tables: More harm than good? *Social Science and Medicine*, *37* (1), 33–40.

Duckworth, A. L., & Yeager, S. (2015). Measurement matters: Assessing qualities other than cognitive ability for educational purposes. *Educational Researcher*, *44* (4), 237–251.

Duflo, E. (2001). Schooling and labor market consequences of school construction in Indonesia: Evidence from an unusual policy experiment. *American Economic Review*, *91* (4), 795–813.

Duncan, G. J., & Magnuson, K. (2013). Investing in preschool programs. *Journal of Economic Perspectives*, *27* (2), 109–132.

Durlak, I., & DuPre, E. P. (2008). Implementation matters: A review of research on the influence of implementation on program outcomes and the factors affecting implementation. *American Journal of Community Psychology*, *41* (3–4), 327–350.

Durlak, J. A., Weissberg, R. P., Dymnicki, A. B., Taylor, R. D., & Schellinger, K. B. (2011). The impact of enhancing students' social and emotional learning: A meta-analysis of school-based universal interventions. *Child Development*, *82*, 405–432.

Eberts, R. W. (2007). Teachers unions and student performance: Help or hindrance?. *Future of Children*, *17* (1), 175–200.

Eddy, D. M. (1991). Oregon's methods: Did cost-effectiveness analysis fail? *Journal of the American Medical Association*, *226* (15), 2135–2141.

Elster, J. (2000). *Ulysses unbound: Studies in rationality, precommitment, and constraints.* Cambridge, England: Cambridge University Press.

Escobar, C. M., Barnett, W. S., & Keith, I. E. (1988). A contingent valuation approach to measuring the benefits of preschool education. *Education Valuation and Policy Analysis*, *10*

（1），13–22.

Evans，D. K，& Popova，A.（2014）. *Cost-effectiveness measurement in development. Accounting for local costs and noisy impacts*（World Bank Policy Research Working Paper No. 7027）. Retrieved from SSRN website：http：//ssrn. com/abstract = 2495174

Farrow，R. S.，& Zerbe，R. O.（Eds.）.（2013）. *Principles and standards for benefit-cost analysis.* Cheltenham，England：Edward Elgar Publishing.

Figlio，D. N.，& Lucas，M. E.（2004）. What's in a grade? School report cards and the housing market. *American Economic Review*，*94*（3），591–604.

Fletcher，J. D.，Hawley，D. E.，& Piele，P. K.（1990）. Costs，effects and utility of microcomputer assisted instruction in the classroom. *American Educational Research Journal*，*27*（4），783–806.

Foster，E. M.，Jones，D. E.，& the Conduct Problems Prevention Research Group（2005）. The high costs of aggression：Public expenditures resulting from conduct disorder. *American Journal of Public Health*，*95*（10），1767–1772.

Foster，E. M.，Porter M. M.，Ayers，T. S.，Kaplan，D. L.，& Sandler，I.（2007）. Estimating the costs of preventive interventions. *Evaluation Review*，*31*（3），261–268.

Fredriksson，P.，Ockert，B.，& Oosterbeek，H.（2013）. Long-term effects of class size. *Quarterly Journal of Economics*，*48*，249–285.

Freudenberg，N.，& Ruglis，I.（2007）. Reframing school dropout as a public health issue. *Preventing Chronic Disease*，*4*，4. Retrieved from www. cdc. gov/pcd/issues/2007/oct/07–0063. htm

Fryer，R.（2013）. Teacher incentives and student achievement：Evidence from New York City public schools. *Journal of Labor Economics*，*31*（2），373–427.

Fuller，B.，& Clarke，P.（1994）. Raising school effects while ignoring culture? Local conditionals and the influence of classroom tools，rules and pedagogy. *Review of Educational Research*，*64*（1），119–157.

Fuller，B.，Hua，H.，& Snyder，C. W.（1994）. When girls learn more than boys：The influence of time in school and pedagogy in Botswana. *Comparative Education Review*，*38*（3），347–376.

Gaertner，M. N.，Kim，J.，DesJardins，S. L.，& McClarty，K. L.（2014）. Preparing students for college and careers: The causal role of algebra II. *Research in Higher Education*, *55* (2), 143-165.

Gelber, A., & Isen, A. (2013). Children's schooling and parents' behavior: Evidence from the Head Start Impact Study. *Journal of Public Economics*, *101*, 25-38.

Gerard, K. (1992). Cost-utility in practice: A policy maker's guide to the state of the art. *Health Policy*, *21*, 249-279.

Gillen, A., & Robe, T. (2011). *Stop misusing higher education-specific price indices*. Center for College Affordability and Productivity. Retrieved from http: //files. eric. ed. gov/fulltext/ ED536149. pdf

Glass, G. V. (1984). *The effectiveness of four educational interventions* (Project Report No. 84- A19). Stanford, CA: Stanford University, Institute for Research on Educational Finance and Governance.

Glewwe, P. (1999). *The economics of school quality investments in developing countries: An empirical study of Ghana*. London, England: St. Martins's.

Glewwe, P. W., Hanushek, E. A., Humpage, S., & Ravina, R. (2013). School resources and educational outcomes in developing countries: A review of the literature from 1990 to 2010. In P. W. Glewwe (Ed.), *Education policy in developing countries*. Chicago, IL: University of Chicago Press.

Glick, H. A. (2011). Sample size and power for cost-effectiveness analysis (Part 1). *PharmacoEconomics*, *29* (3), 189-198.

Gold, M. R., Siegel, J. E., Russell, L. B., & Weinstein, M. C. (1996). *Cost-effectiveness in health and medicine*. New York, NY: Oxford University Press.

Goldhaber, D., Destler, K., & Player, D. (2010). Teacher labor markets and the perils of using hedonics to estimate compensating wage differentials. *Economics of Education Review*, *29* (1), 1-17.

Goldin, C., & Katz, L. F. (2008). *The race between education and technology*. Cambridge, MA: Belknap Press of Harvard University.

Goodman, J. (2012). *The labor of division: Returns to compulsory math coursework* (Faculty Research Working Paper Series No. RWP12-032). Cambridge, MA: Kennedy School, Harvard University.

Gray, A. M., Clarke, P. M., Wolstenholme, J. L., & Wordsworth, S. (2011). *Applied methods of cost-effectiveness analysis in health care*. Oxford, England: Oxford University Press.

Greenberg, D., Deitch, V., & Hamilton, G. (2009). A synthesis of random assignment benefit-cost studies of welfare-to-work programs. *Journal of Benefit-Cost Analysis*, *1* (3), 1–30.

Greenberg, D., Rosen, A. B., Wacht, O., Palmer, J., & Neumann, P. J. (2010). A bibliometric review of cost-effectiveness analyses in the economic and medical literature: 1976–2006. *Medical Decision Making*, *30* (3), 320–327.

Greene, W. H. (1997). *Econometric analysis* (3rd ed.). Upper Saddle River, NJ: Prentice Hall.

Greenwald, R., Hedges, L., & Laine, R. D. (1996). The effect of school resources on student achievement. *Review of Educational Research*, *66* (3), 361–396.

Grissmer, D. (1999). Class size effects: Assessing the evidence, its policy implications, and future research agenda. *Education Evaluation and Policy Analysis*, *21* (2), 231–248.

Gronberg, T. J., Jansen, D. W., & Taylor, L. L. (2011). The adequacy of educational cost functions: Lessons from Texas. *Peabody Journal of Education*, *86* (1), 3–27.

Grossman, J., & Tierney, J. P. (1998). Does mentoring work? An impact study of the Big Brothers Big Sisters program. *Evaluation Review*, *22* (3), 403–426.

Hahn, R. W., & Tetlock, P. C. (2008). Has economic analysis improved regulatory decisions? *Journal of Economic Perspectives*, *22*, 67–84.

Hanushek, E. A. (1986). The economics of schooling: Production and efficiency in public schools. *Journal of Economic Literature*, *24* (3), 1141–1177.

Hanushek, E. A. (1997). Assessing the effect of school resources on student performance: An update. *Education Evaluation and Policy Analysis*, *19* (2), 141–164.

Hanushek, E. A. (2003). The failure of input-based schooling policies. *Economic Journal*, *113* (485), F64–F98.

Hanushek, E. A. (2006). Alternative school policies and the benefits of general cognitive skills. *Economics of Education Review*, *25*, 447–462.

Harbison, R. W., & Hanushek, E. A. (1992). *Educational performance of the poor: Lessons from rural northeastern Brazil*. Oxford, England: Oxford University Press.

Harrington, W., Morgenstern, R. D., & Nelson, P. (2000). On the accuracy of regulatory cost estimates. *Journal of Policy Analysis and Management*, *19* (7), 297–322.

Harris, D. N. (2009). Toward policy-relevant benchmarks for interpreting effect sizes combining effects with costs. *Educational Evaluation and Policy Analysis*, *31* (1), 3–29.

Hartman, W. T., & Fay, T. A. (1996). Cost-effectiveness of instructional support teams in Pennsylvania. *Journal of Education Finance*, *21* (4), 555–580.

Hausman, J. (2012). Contingent valuation: From dubious to hopeless. *Journal of Economic Perspectives*, *26* (4), 43–56.

Haveman, R. H., & Weimer, D. L. (2015). Public policy induced changes in employment: Valuation issues for benefit-cost analysis. *Journal of Benefit-Cost Analysis*, *6* (1), 112–153.

Haveman, R. H., & Wolfe, B. L. (1984). Schooling and economic well-being: The role of nonmarket effects. *Journal of Human Resources*, *19* (3), 377–407.

Heckman, J. J., & Kautz, T. (2012). Hard evidence on soft skills. *Labour Economics*, *19* (4), 451–464.

Heckman, J. J., Layne-Farrar, A., & Todd, P. (1996). Does measured school quality really matter? An examination of the earnings-quality relationship. In G. Burtless (Ed.), *Does money matter? The effect of school resources on student achievement and adult success* (pp. 141–191). Washington, DC: Brookings Institution.

Heckman, J. J., Moon, S. H., Pinto, R., Savelyev, P. A., & Yavitz, A. (2010). The rate of return to the High Scope Perry Preschool Program. *Journal of Public Economics*, *94* (1–2), 114–128.

Heckman, J. J., & Urzua, S. (2010). Comparing IV with structural models: What simple IV can and cannot identify. *Journal of Econometrics*, *156* (1), 27–37.

Herschbein, B., & Kearney, M. (2014). *Major decisions: What graduates earn over their lifetime.* Hamilton Project Report. Retrieved from http://hamilton project. org/papers/major_ decisions_ what_ graduates_ earn_ over_their_ lifetimes

Hollands, F. M., Kieffer, M. J., Shand, R., Pan, Y., Cheng, H., & Levin, H. M. (2016). Cost-effectiveness analysis of early reading programs: A demonstration with recommendations for future research. *Journal of Research on Educational Effectiveness*, *9* (1), 30–53.

Hollands, F., Levin, H. M., Belfield, C. R., Bowden, A. B., Cheng, H., Shand,

R. , ... Hanisch-Cerda, B. （2014）. Cost-effectiveness analysis of interventions that improve high school completion. *Educational Evaluation and Policy Analysis*, *36*, 307-326.

Hollands, F. M. , Pan, Y. , Shand, R. , Cheng, H. , Levin, H. M. , Belfield, C. R. , ··· Hanisch-Cerda, B. （2013）. *Improving early literacy: Cost-effectiveness analysis of effective reading programs.* New York, NY: Center for Benefit-Cost Studies of Education, Teachers College, Columbia University. Retrieved from http: //cbcse. org/wordpress/wp-content/up-loads/2013/05/2013-Hollands-Improving-early-literacy1. pdf

Hoxby, C. M. （2000）. The effects of class size on student achievement: New evidence from population variation. *Quarterly Journal of Economics*, *115* （4）, 1239-1285.

Hsieh, C. T. , & Urquiola, M. （2006）. The effects of generalized school choice on achieve-ment and stratification: Evidence from Chile's voucher program. *Journal of Public Economics*, *90* （8-9）, 1477-1503.

Hummel-Rossi, B. , & Ashdown, J. （2002）. The state of cost-benefit and cost-effectiveness analyses in education. *Review of Educational Research*, *72* （1）, 1-30.

Imbens, G. W. （2010）. Better late than nothing: Some comments on Deaton （2009） and Heckman and Urzua （2009）. *Journal of Economic Literature*, *48* （2）, 399-423.

Imbens, G. W. , & Wooldridge, J. M. （2009）. Recent development in the econometrics of pro-gram evaluation. *Journal of Economic Literature*, *47* （1）, 5-86.

Ingle, W. K. , & Cramer, T. （2013）. *A cost effectiveness analysis of third grade reading diag-nostic tools.* Retrieved from https: //aefpweb. org/sites/default/files/webform/CE analysis_reading assessments. pdf

Institute of Medicine and National Research Council. （2014）. *Considerations in applying benefit-cost analysis to preventive interventions for children, youth, and families: Workshop summary.* Washington, DC: The National Academies Press.

Iqbal, D. , Duflo, E. , Glennerster, R. , & Tulloch, C. （2013）. Comparative cost-effective-ness analysis to inform policy in developing countries: A general framework with applications for education. In P. W. Glewwe （Ed. ）, *Education policy in developing countries.* Chicago, IL: University of Chicago Press.

Jackson, C. K. , Johnson, R. C. , & Persico, C. （2016）. The effects of school spending on educational and economic outcomes: Evidence from school finance reforms. *Quarterly Journal of*

Economics, *131* (1), 157-218.

Jackson, K. (2014). Teacher quality at the high-school level: The importance of accounting for tracks. *Journal of Labor Economics*, *32* (4), 128-145.

Jacob, B. A. (2007). The challenges of staffing urban schools with effective teachers. *The Future of Children*, *17* (1), 129-153.

Jacob, B. A., Lefgren, L., & Sims, D. P. (2010). The persistence of teacher-induced learning. *Journal of Human Resources*, *45* (4), 915-943.

Jacob, R., Armstrong, C., Bowden, A. B., & Pan, Y. (2016). Leveraging volunteers: An experimental evaluation of a tutoring program for struggling readers. *Journal of Research on Educational Effectiveness*, *9*, S1.

Jain, R., Grabner, M., & Onukwugha, E. (2011). Sensitivity analysis in cost-effectiveness studies from guidelines to practice. *PharmacoEconomics*, *29* (4), 297-314.

Jamison, D. T., Mosley, W. H., Measham, A. R., & Bobadilla, J. L. (Eds.). (1993). *Disease control priorities in developing countries*. Oxford, UK: Oxford University Press.

Johannesson, M. (1996). *Theory and methods of economic evaluation of health care*. Dordretch, The Netherlands: Kluwer Academic.

Jones, D. E., Karoly, L. A., Crowley, D. M., & Greenberg, M. T. (2015). Considering valuation of noncognitive skills in benefit-cost analysis of programs for children. *Journal of Benefit-Cost Analysis*, *6* (3), 471-507.

Kahneman, D., & Tversky, A. (1984). Choices, values and frames. *American Psychologist*, *39*, 341-350.

Kane, T. J., & Rouse, C. E. (1995). Labor-market returns to two- and four-year college. *American Economic Review*, *85*, 600-614.

Karoly, L. (2012). Toward standardization of benefit-cost analysis of early childhood interventions. *Journal of Benefit-Cost Analysis*, *3* (1), 1-45.

Keele, L., Tingley, D., & Yamamoto, T. (2015). Identifying mechanisms behind policy interventions via causal mediation analysis. *Journal of Policy Analysis and Management*, *34*, 937-963. doi: 10. 1002/pam. 21853

Keeney, R. L., & Raiffa, H. (1993). *Decisions with multiple objectives*. New York. NY: Wiley.

Kim, C., Tamborini, C. R., & Sakamoto, A. (2015). Field of study in college and lifetime earnings in the United States. *Sociology of Education*, *88* (4), 320–339.

Krueger, A. B. (1999). Experimental estimates of education production functions. *The Quarterly Journal of Economics*, *114* (2), 497–532.

Kumbhakar, S. C., & Lovell, C. A. (2000). *Stochastic frontier analysis*. Cambridge, England: Cambridge University Press.

Lavy, V., & Schlosser, A. (2005). Targeted remedial education for underperforming teenagers: Costs and benefits. *Journal of Labor Economics*, *23* (4), 839–874.

Leachman, M., Albares, N., Masterson, K., & Wallace, M. (2016). *Most states have cut school funding, and some continue cutting*. Washington, DC: Center on Budget and Policy Priorities. Retrieved fron http://www.cbpp.org/sites/default/files/atoms/files/12 − 10 − 15sfp. pdf

Leamer, E. E. (1983). Let's take the con out of econometrics. *The American Economic Review*, *73* (1), 31–43.

Lee, S., Aos, S., Drake, E., Pennucci, A., Miller, M., Anderson, L., & Burley, M. (2012). *Return on investment: Evidence-based options to improve state-wide outcomes*. Olympia: Washington State Institute for Public Policy.

Lee, V. E., & Smith, J. B. (1997). High school size: Which works best and for whom? *Education Evaluation and Policy Analysis*, *19* (3), 205–227.

Leithwood. K., & Jantzi. D. (2009). A review of empirical evidence about school size effects: A policy perspective. *Review of Educational Research*, *79* (1), 464–490.

Levin, H. M. (1975). Cost-effectiveness analysis in evaluation research. In M. Guttentag & E. L. Struening (Eds.), *Handbook of evaluation research* (Vol. 2, Chap. 5). Beverly Hills, CA: Sage.

Levin, H. M. (1983). *Cost-effectiveness analysis*. Beverly Hills, CA: Sage.

Levin, H. M. (1988). Cost-effectiveness and educational policy. *Education Evaluation and Policy Analysis*, *10* (1), 51–69.

Levin, H. M. (1991). Cost-effectiveness at quarter century. In M. W. McLaughlin & D. C. Phillips (Eds.), *Evaluation and education at quarter century* (pp. 188–209). Chicago, IL: University of Chicago Press.

Levin, H. M. (1995). Cost-effectiveness analysis. In M. Carnoy (Ed.), *International encyclo-pedia of economics of education* (2nd ed., pp. 381–386). Oxford, England: Pergamon.

Levin, H. M. (2001). Waiting for Godot: Cost-effectiveness analysis in education. In R. J. Light (Ed.), *Evaluation findings that surprise* (Vol. 90, pp. 55–68). San Francisco, CA: Jossey-Bass.

Levin. H. M., & Belfield, C. (2015). Guiding the development and use of cost-effectiveness analysis in education. *Journal of Research on Educational Effectiveness*, *8* (3), 400–418.

Levin, H. M., Belfield, C., Hollands, F., Bowden, A. B., Cheng, H., Shand, R., … Hanisch-Cerda, B. (2012). *Cost-effectiveness analysis of interventions that improve high school completion.* New York, NY: Center for Benefit-Cost Studies of Education, Teachers College, Columbia University. Retrieved from http://cbcse. org/wordpress/wp-content/uploads/2012/10/IES HiehSchoolCompletion. pdf

Levin, H. M., Catlin, D., & Elson, A. (2007). Costs of implementing adolescent literacy programs. In D. Deshler, A. S. Palincsar, G. Biancarosa, & M. Nair (Eds.), *Informed choices for struggling adolescent readers: A research-based guide to instruction programs and practices* (Chapter 4). New York, NY: Carnegie Corporation.

Levin, H. M., & Garcia, E. (2013). *Benefit-cost analysis of Accelerated Study in Associate Programs (ASAP) of the City University of New York (CUNY)*. New York, NY: Teachers College, Columbia University.

Levin, H. M., Glass, G. V., & Meister, G. (1987). Cost-effectiveness of computer-assisted instruction. *Evaluation Review*, *11* (1), 50–72.

Levin, H. M., & McEwan, P. J. (2001). *Cost-effectiveness analysis: Methods and applica-tions.* Thousand Oaks, CA: Sage.

Levin, H. M., & Woo, L. (1981). An evaluation of the costs of computer-assisted instruc-tion. *Economics of Education Review*, *1* (1), 1–25.

Lewis, D. R., Johnson, D. R., Chen T. H., & Erickson, R. N. (1992). The use and repor-ting of benefit cost analyses by state vocational rehabilitation agencies. *Evaluation Review*, *16* (3), 266–287.

Lewis, D. R., Johnson, D. R., Erickson, R. N., & Bruininks, R. H. (1994). Multiat-tribute evaluation of program alternatives within special education. *Journal of Disability Policy*

Studies, *5*（1）, 77-112.

Lipscomb, J., Weinstein, M. C., & Torrance, G. W.（1996）. Time preference. In M. R. Gold, J. E. Siegel, L. B. Russell, & M. C. Weinstein（Eds.）, *Cost effectiveness in health and medicine*（pp. 214-246）. New York, NY: Oxford University Press.

Lipsey, M. W., Puzio, K., Yun, C., Hebert, M. A., Steinka-Fry, K., Cole, M. W., … Busick, M. D.（2012）. *Translating the statistical representation of the effects of education interventions into more readily interpretable forms*（NCSER 2013-3000）. Washington, DC: National Center for Special Education Research. Institute of Education Sciences, U. S. Department of Education.

Lockheed, M. E., & Hanushek, E. A.（1988）. Improving educational efficiency in developing countries: What do we know? *Compare*, *18*（1）, 21-38.

London, R. A.（2006）. The role of postsecondary education in welfare recipients' paths to self-sufficiency. *Journal of Higher Education*, *77*, 472-496.

Long, K., Brown, J. L., Jones, S. M., Aber J. L., & Yates, B. T.（2015）. Cost analysis of a school-based social and emotional learning and literacy intervention. *Journal of Benefit-Cost Analysis*, *6*（3）, 545-571.

Lubienski, C. A., & Lubienski, S. T.（2013）. *The public school advantage: Why public schools outperform private schools*. Chicago, IL: University of Chicago Press.

Ludwig, J., Kling, J. R., & Mullainathan, S.（2011）. Mechanism experiments and policy evaluations. *Journal of Economic Perspectives*, *25*（3）, 17-38.

Maher, E. J., Corwin, T. W., Hodnett, R., & Faulk, K.（2012）. A cost-savings analysis of a statewide parenting education program in child welfare. *Research on Social Work Practice*, *22*（6）, 615-625.

Malenga, G., & Molyneux, M.（2012）. The Millenium Villages project. *The Lancet*, *379*（9832）, 2131-2133.

Mankiw, G.（2011）. *Principles of microeconomics*. Mason, OH: Southwestern.

Massoni, S., & Vergnaud, J. C.（2012）. How to improve pupils' literacy? A cost-effectiveness analysis of a French educational project. *Economics of Education Review*, *31*（1）, 84-91.

Maxwell, N. L., & Rubin, V.（2000）. *High school career academies: A pathway to educational reform in urban school districts?*. Kalamazoo, MI: W. E. Upjohn Institute.

McCollister, K. E., French, M. T., & Fang, H. (2010). The cost of crime to society: New crime-specific estimates for policy and program evaluation. *Drug and Alcohol Dependence*, *108* (1), 98-109.

McConnell, S., & Glazerman, S. (2001). *National Job Corps study: The benefits and costs of job Corps.* Washington, DC: Mathematica Policy Research. Retrieved from http://files. eric. ed. gov/fulltext/ED457357. pdf

McEwan, P. (2015). Improving learning in primary schools of developing countries: A meta-analysis of randomized experiments. *Review of Educational Research*, *85* (3), 353-394.

McEwan, P. J. (1999). Private costs and the rate of return to primary education. *Applied Economics Letters*, *6* (11), 759-760.

McEwan, P. J. (2012). Cost-effectiveness analysis of education and health interventions in developing countries. *Journal of Development Effectiveness*, *4* (2), 189-213.

McEwan, P. J. (2015). Quantitative research methods in education finance and policy. In H. F. Ladd & M. E. Goertz (Eds.), *Handbook of research in education finance and policy* (2nd ed. pp. 87-104). New York, NY: Routledge.

McGhan, W. F., Al, M., Doshi, J. A., Kamae, I., Marx, S. E., & Rindress, D. (2009). The ISPOR good practices for quality improvement of cost-effectiveness research task force report. *Value in Health*, *12* (8), 1086-1099.

McHenry, P. (2011). The effect of school inputs on labor market returns that account for selective migration. *Economics of Education Review*, *30* (1), 39-54.

Millar, R., & Hall, K. (2013). Social return on investment (SROI) and performance measurement. *Public Management Review*, *6*, 923-941.

Miller, S., & Connolly, P. (2012). A randomized controlled trial evaluation of Time to Read, a volunteer tutoring program for 8- to 9-year-olds. *Educational Evaluation and Policy Analysis*, *35*, 23-27.

Miller, T., & Hendrie, D. (2008). *Substance abuse prevention dollars and cents: A cost-benefit analysis* (DHHS Pub. No. [SMA] 07-4298). Rockville, MD: Center for Substance Abuse Prevention, Substance Abuse and Mental Health Services Administration.

Mitchell, J. (2014). *Educational attainment and earnings inequality among US-born men: A lifetime perspective.* Urban Institute Report. Retrieved from http://www. urban. org/sites/default/files/alfresco/publication-pdfs/413092-Educational-Attainment-and-Earnings-Inequality-among-US-Born-Men. PDF

Mooney, C. Z. , & Duval, R. D. （1993）. *Bootstrapping: A nonparametric approach to statistical inference*. Thousand Oaks, CA: Sage.

Moore, M. A. , Boardman, A. E. , & Vining, A. R. （2013）. More appropriate discounting: The rate of social time preference and the value of the social discount rate. *Journal of Benefit-Cost Analysis*, *4* （1）, 1-16.

Moore, M. A. , Boardman, A. E. , Vining, A. R. , Weimer, D. L. , & Greenberg, D. H. （2004）. Just give me a number! Practical values for the social discount rate. *Journal of Policy Analysis and Management*, *23*, 789-812.

Moretti, E. （2013）. Real wage inequality. *American Economic Journal: Applied Economics*, *5* （1）, 65-103.

Morrall, J. F. （1986）. A review of the record. *Regulation*, *10* （2）, 25-35.

Mosteller, F. （1995）. The Tennessee study of class size in the early school grades. *The Future of Children*, *5* （2）, 113-127.

Muckelbauer, R. , Libuda, L. , Clausen, K. , Toschke, A. M. , Reinehr, T. , & Kersting, M. （2009）. Promotion and provision of drinking water in schools for overweight prevention: Randomized, controlled cluster trial. *Pediatrics*, *123* （4）, e661-e667.

Muennig, P. , Fiscella, K. , Tancredi, D. , & Franks, P. （2010）. The relative health burden of selected social and behavioral risk factors in the United States: Implications for policy. *American Journal of Public Health*, *100*, 1758-1764.

Murnane, R. J. , & Willett, J. B. （2010）. *Methods matter: Improving causal inference in educational and social science research*. New York, NY: Oxford University Press.

National Institute of Child Health and Human Development. （2000）. *Report of the National Reading Panel: Teaching children to read: An evidence-based assessment of the scientific research literature on reading and its implications for reading instruction* （NIH Publication No. 00-4769）. Washington, DC: Government Printing Office.

Neumann, P. J. , Greenberg, D. , Olchanski, N. V. , Stone, P. W. , & Rosen, A. B. （2005）. Growth and quality of the cost-utility literature, 1976-2001. *Value in Health*, *8* （1）, 3-9.

Neumann, P. J., Sanders, G. D., Russell, L. E., Siegel, J. E., & Ganiat, T. G. (2016). *Cost-effectiveness in health and medicine* (2nd ed.). Oxford, England: Oxford University Press.

Neumann, P. J., Thorat, T., Shi, J., Saret, C. J., & Cohen, J. T. (2015). The changing face of the cost-utility literature, 1990-2012. *Value in Health*, *18* (2), 271-277.

Newcomer, K. E., Hatry, H. P., & Wholey, J. S. (2015). *Handbook of practical program evaluation* (essential texts for nonprofit and public leadership and management) (4th ed.). San Francisco, CA: Wiley.

Nguyen-Hoang, P., & Yinger, J. (2011). The capitalization of school quality into house values: A review. *Journal of Housing Economics*, *20* (1), 30-48.

Nores, M., Belfield, C. R., Barnett, W. S., & Schweinhart, L. (2006). Updating the economic impacts of the High/Scope Perry Preschool program. *Educational Evaluation and Policy Analysis*, *27*, 245-261.

Ono, H. (2007). Does examination hell pay off? A cost-benefit analysis of "ronin" and college education in Japan. *Economics of Education Review*, *26* (3), 271-284.

Oreopoulos, P. (2006). Estimating average and local average treatment effects of education when compulsory schooling laws really matter. *The American Economic Review*, *96* (1), 152-175.

Oreopoulos, P., & Salvanes, K. G. (2011). Priceless: The nonpecuniary benefits of schooling. *The Journal of Economic Perspectives*, *25* (1), 159-184.

Oreopoulos, P., von Wachter, T., & Heisz, A. (2012). The short-and long-term career effects of graduating in a recession. *American Economic Journal: Applied Economics*, *4*, 1-29.

Organisation for Economic Co-operation and Development. (2014). *Education at a Glance 2014: OECD Indicators. OECD Publishing.* Retrieved from https://www.oecd.org/edu/Education-at-a-Glance-2014.pdf

Orr, L. L. (1999). *Social experiments.* Thousand Oaks, CA: Sage.

Orr, L. L., Bloom, H. S., Bell, S. H., Doolittle, F., Lin, W., & Cave, G. (1996). *Does job training for the disadvantaged work? Evidence form the national JTPA Study.* Washington, DC: Urban Institute.

Papay, J. P., & Johnson, S. M. (2012). Is PAR a good investment? Understanding the costs and benefits of teacher peer assistance and review programs. *Educational Policy*, *26* （5），696-729.

Pauly, M. V. （1995）. Valuing health care benefits in money terms. In F. A. Sloan （Ed.）, *Valuing health care: Costs, benefits and effectiveness of pharmaceuticals and other medical technologies* （pp. 99-124）. Cambridge, England: Cambridge University Press.

Perez-Arce, F., Constant, L., Loughran, D. S., & Karoly, L. A. （2012）. *A cost-benefit analysis of the national guard youth ChalleNGe program*. RAND Research Monograph, TR1193. Santa Monica, CA: RAND.

Persson, M., & Svensson, M. （2013）. The willingness to pay to reduce school bullying. *Economics of Education Review*, *35*, 1-11.

Pike, G. R. （2004）. Measuring quality: A comparison of US News rankings and NSSE benchmarks. *Research in Higher Education*, *45* （2）, 193-208.

Pischke, J. S. （2007）. The impact of length of the school year on student performance and earnings: Evidence from the German short school years. *The Economic Journal*, *117* （523）, 1216-1242.

Posner, R. A. （2000）. Cost-benefit analysis: Definition, justification, and comment on conference papers. *The Journal of Legal Studies*, *29* （S2）, 1153-1177.

Protzko, J. （2015）. The environment in raising early intelligence: A meta-analysis of the fade-out effect. *Intelligence*, *53*, 202-210.

Psacharopoulos, G. （1994）. Returns to investment in education: A global update. *World Development*, *22* （9）, 1325-1343.

Psacharopoulos, G., & Patrinos, H. A. （2004）. Returns to investment in education: A further update. *Education Economics*, *12* （2）, 111-134.

Putnam, R. D. （2015）. *Our kids: The American dream in crisis*. New York, NY: Simon & Schuster.

Quinn, B., Van Mondfrans, A., & Worthen, B. R. （1984）. Cost-effectiveness of two math programs as moderated by pupil SES. *Educational Evaluation and Policy Analysis*, *6* （1）, 39-52.

Quint, J., Bloom, H. S., Black, A. R., Stephens, L., & Akey, T. M. （2005）. *The challenge of scaling up educational reform: Findings and lessons from First Things First* （Final

Report. MDRC). Retrieved from http：//www. mdrc. org/sites/default/files/full_531. pdf

Quint, J. , Zhu, P. , Balu, R. , Rappaport, S. , & DeLaurentis, M. (with Alterman, E. , Botles, C. , & Pramik, E.). (2015). *Scaling up the Success for All model of school reform： Final report from the Investing in Innovation (i3) evaluation.* Retrieved from http：// www. mdrc. org/sites/default/files/SFA_2015_FR. pdf

Ragosta, M. , Holland, P. W. , & Jamison, D. T. (1982). *Computer-assisted instruction and compensatory education： The ETS/LAUSD study* (Final Report, Project Report No. 19). Princeton, NJ： Education Testing Service.

Redcross, C. , Deitch, V. , & Farell, M. (2010). *Benefit-cost findings for three programs in the Employment Retention and Advancement (ERA) Project.* New York, NY： MDRC. Retrieved from www. mdrc. org

Revesz, R. , & Livermore, M. (2008). *Retaking rationality： How cost-benefit analysis can better protect the environment and our health.* New York, NY： Oxford University Press.

Reynolds, A. J. , Ou, S. R. , & Topitzes, J. W. (2004). Paths of effects of early childhood intervention on educational attainment and delinquency： A confirmatory analysis of the Chicago Child-Parent Centers. *Child Development*, *75* (5), 1299−1328.

Reynolds, A. J. , Temple, J. A. , Robertson, D. L. , & Mann, E. A. (2002). Age 21 cost-benefit analysis of the Title I Chicago Child-Parent Centers. *Educational Evaluation and Policy Analysis*, *24* (4), 267−303.

Reynolds, A. J. , Temple, J. A. , White, B. A. , Ou, S. R. , & Robertson, D. L. (2011). Age 26 cost-benefit analysis of the Child-Parent Center early education program. *Child Development*, *82* (1), 379−404.

Rice, J. K. (1997). Cost analysis in education： Paradox and possibility. *Education Evaluation and Policy Analysis*, *19* (4), 309−317.

Rodriguez, O. , Bowden, B. , Belfield, C. , & Scott-Clayton, J. (2014). *Testing for remediation in community colleges： What does it cost?* (Paper No. 73). Community College Research Center, Teachers College, Columbia University. Retrieved from http：// ccrc. tc. columbia. edu/publications/remedial-placement-testing-resources. html

Rohlfs, C. , & Zilora, M. (2014). Estimating parents' valuations of class size reductions using attrition in the Tennessee STAR experiment. *The BE Journal of Economic Analysis & Policy*, *14*

（3），755-790.

Rosenbaum, J. （2012）. Degrees of health disparities: Health status disparities between young adults with high school diplomas, sub-baccalaureate degrees, and baccalaureate degrees. *Health Services and Outcomes Research Methodology*, *12* （2-3）, 156-168.

Ross, J. A. （2008）. Cost-utility analysis in educational needs assessment. *Evaluation and Program Planning*, *31*, 356-367.

Ross, J. A., Barkaoui, K., & Scott, G. （2007）. Evaluations that consider the cost of educational programs: The contribution of high-quality studies. *American Journal of Evaluation*, *28* （4）, 477-492.

Rossi, P. H., Lipsey, M. W., & Freeman, H. E. （2004）. *Evaluation: A systematic approach* （7th ed. ）. Thousand Oaks, CA: Sage.

Rouse, C. （2007）. The earnings benefits from education. In C. R. Belfield & H. M. Levin （Eds. ）, *The price we pay: The social and economic costs to the nation of inadequate education*. Washington, DC: Brookings Institution.

Rumberger, R. W. （2011）. *Dropping out: Why students drop out of high school and what can be done about it*. Cambridge, MA: Harvard University Press.

Salkeld, G., Davey, P., & Arnolda, G. （1995）. A critical review of health-related economic evaluations in Australia: Implications for health policy. *Health Policy*, *31* （2）, 111-125.

Schlotter, M., Schwerdt, G., & Woessman, L. （2011）. Econometric methods for causal evaluation of education policies and practices: A non-technical guide. *Education Economics*, *19* （2）, 109-137.

Schoeni, R. F., Dow, W. H., Miller, W. D., & Pamuk, E. R. （2011）. The economic value of improving the health of disadvantaged Americans. *American Journal of Preventive Medicine*, *40* （1）, S67-S72.

Schwartz, A. E., Leardo, M. A., Aneja, S., & Elbel, B. （2016）. Effect of a school-based water intervention on child body mass index and obesity. *JAMA Pediatrics*, *170* （3）, 220-226.

Schwartz, J. A. （2010）. *52 experiments with regulatory review: The political and economic inputs into state rulemakings*. New York, NY: The Institute for Policy Integrity, New York University School of Law.

Scott-Clayton, J., Crosta, P., & Belfield, C. R. (2014). Improving the targeting of treat-
ment: Evidence from college remediation. *Educational Evaluation and policy Analysis*, *36*
(3), 371-394.

Scriven, M. (1974). Evaluation perspectives and procedures. In J. W. Popham (Ed.), *Evalua-
tion in education: Current applications.* Berkeley, CA: McCutchan.

Shaffer, M. (2010). *Multiple account benefit-cost analysis: A practical guide for the systematic
evaluation of project and policy alternatives.* Toronto, Canada: University of Toronto Press.

Shapiro, D., Dundar, A., Wakhungu, P. K., Yuan, X., Nathan, A., & Hwang, Y.
(2015). *Completing college: A national view of student attainment rates: Fall 2009 cohort*
(Signature Report No. 10). Herndon, VA: National Student Clearinghouse Research Center.

Simon, J. (2011). *A cost-effectiveness analysis of early literacy interventions* (Doctoral disserta-
tion, Columbia University).

Sklad, M., Diekstra, R., De Ritter, M., Ben, J., & Gravestein, C. (2012). Effective-
ness of school-based universal social, emotional, and behavioral programs: Do they enhance
students' development in the area of skill behavior, and adjustment? *Psychology in the Schools*,
49, 892-910.

Sloan, F. A., & Conover, C. J. (1995). The use of cost-effectiveness/cost-benefit analysis in
actual decision making: Current status and prospects. In F. A. Sloan (Ed.), *Valuing health
care: Costs, benefits and effectiveness of pharmaceuticals and other medical technologies*
(pp. 207-232). Cambridge, England: Cambridge University Press.

Smith, M. L., & Glass, G. V. (1987). *Research and evaluation in education and the social sci-
ences.* Englewood Cliffs, NJ: Prentice Hall.

Spooren, P., Brockx, B., & Mortelmans, D. (2013). On the validity of student evaluation
of teaching: The state of the art. *Review of Educational Research*, *83* (4), 598-642.

State Higher Education Executive Officers Association. (2009). *State Higher Education Finance*,
FY2008 [Monograph]. Retrieved June 12, 2011, from http://www. sheeo. org/finance/shef
fy08. pdf

Stephens, M., Jr., & Yang, D. Y. (2014). Compulsory education and the benefits of school-
ing. *American Economic Review*, *104* (6), 1777-1792.

Stern, D., Dayton, C., Paik, I. W., & Weisberg, A. (1989). Benefits and costs of dropout prevention in a high school program combining academic and vocational education: Third-year results from replications of the California Peninsula Academies. *Education Evaluation and Policy Analysis*, *11* (4), 405–416.

Stiglitz, J. (2012). *The price of inequality: How today's divided society endangers our future*. New York, NY: W. W. Norton.

Tamborini, C. R., Kim, C., & Sakamoto, A. (2015). Education and lifetime earnings in the United States. *Demography*, *52*, 1382–1407.

Tatto, M. T., Nielsen, D., & Cummings, W. (1991). *Comparing the effects and costs of different approaches for educating primary school teachers: The case of Sri Lanka* (BRIDGES Research Report Series No. 10). Cambridge, MA: Harvard University Press.

Taylor, L., & Fowler, W. J. (2006). *A comparable wage approach to geographic cost adjustment*. Education Finance Statistical Center, United States Department of Education. Retrieved from https: //nces. ed. gov/pubs2006/2006321. pdf

Temple, T. A., & Reynolds, A. I. (2015). Using benefit-cost analysis to scale up early childhood programs through pay-for-success financing. *Journal of Benefit-Cost Analysis*, *6* (3), 628–653.

Trostel, P. A. (2010). The fiscal impacts of college attainment. *Research in Higher Education*, *51* (3), 220–247.

Udvarhelyi, I. S., Colditz, G. A., Rai, A., & Epstein, A. M. (1992). Cost-effectiveness and cost-benefit analyses in the medical literature: Are methods being used correctly? *Annals of Internal Medicine*, *116*, 238–244.

Valentine, J. C., Cooper, H., Patall, E. A., Tyson, D., & Robinson, J. C. (2010). A method for evaluating research syntheses: The quality, conclusions, and consensus of 12 syntheses of the effects of after-school programs. *Research Synthesis Methods*, *1* (1), 20–38.

Vining, A., & Weimer, D. L. (2010). An assessment of important issues concerning the application of benefit-cost analysis to social policy. *Journal of Benefit-Cost Analysis*, *1* (1), 1–40.

Viscusi, W. K. (2015). Pricing lives for corporate risk decisions. *Vanderbilt Law Review*, *68* (4), 1117–1162.

Viscusi, W. K., & Aldy, J. E. (2003). Pricing lives for corporate risk decisions. *Journal of*

Risk and Uncertainty, *27* (1), 5–76.

von Winterfeldt, D., & Edwards, W. (1986). *Decision analysis and behavioral research*. Cambridge, England: Cambridge University Press.

Waldfogel, J., Garfinkel, I., & Kelly, B. (2007). Welfare and the costs of public assistance. In C. R. Belfield & H. M. Levin (Eds.), *The price we pay: Economic and social consequences of inadequate education* (pp. 160–174). Washington, DC: Brookings Institution.

Walsh, M. E., Madaus, G. F., Raczek, A. E., Dearing, E., Foley, C., An, C., ... Beaton, A. (2014). A new model for student support in high-poverty urban elementary schools: Effects on elementary and middle school academic outcomes. *American Educational Research Journal*, *51* (4), 704–737.

Wang, L. Y., Gutin, B., Barbeau, P., Moore, J. B., Hanes, J., Johnson, M. H., ... Yin, Z. (2008). Cost-effectiveness of a school-based obesity prevention program. *Journal of School Health*, *78* (12), 619–624.

Warner, J. T., & Pleeter, S. (2001). The personal discount rate: Evidence from military downsizing programs. *American Economic Review*, *91* (1), 33–53.

Wasserstein, R. L., & Lazar, N. A. (2016). The ASA's statement on *p*-values: Context, process, and purpose. *The American Statistician*. doi: 10.1080/00031305.2016.1154108

Webber, D. A. (2014). The lifetime earnings premia of different majors: Correcting for selection based on cognitive, noncognitive, and unobserved factors. *Labour Economics*, *28*, 14–23.

Webster, T. J. (2001). A principal component analysis of the US News & World Report tier rankings of colleges and universities. *Economics of Education Review*, *20* (3), 235–244.

Weimer, D. L. (2015). The thin reed: Accommodating weak evidence for critical parameters in cost–benefit analysis. *Risk Analysis*, *35* (6), 1101–1113.

Weinstein, M. C., Torrance, G., & McGuire, A. (2009). QALYs: The basics. *Value in Health*, *12* (s1), S5–S9.

Weiss, M. J., Bloom, H. S., & Brock, T. (2014). A conceptual framework for studying the sources of variation in program effects. *Journal of Policy Analysis and Management*, *33*, 778–808.

Whitehead, S. J., & Ali, S. (2010). Health outcomes in economic evaluation: The QALY and utilities. *British Medical Bulletin*, *96* (1), 5–21.

Wooldridge, J. M. (2000). *Introductory econometrics: A modern approach.* Florence, KY: Southwestern College Publishing.

World Bank. (1993). *World development report 1993: Investing in health.* New York, NY: Oxford University Press.

World Development Report. (2011). *Gender equality for all.* Washington, DC: World Bank.

Yeh, S. S. (2010). The cost-effectiveness of NBPTS teacher certification. *Evaluation Review*, *34* (3), 220–241.

Zerbe, R. O., Davis, T. B., Garland, N., & Scott, T. (2013). Conclusion: Principles and standards for benefit-cost analysis. In S. Farrow & R. O. Zerbe (Eds.), *Principles and standards for benefit-cost analysis* (pp. 364–445). Northampton, MA: Edward Elgar Publishing.

索　引①

---

① 本索引所列页码为英文原版书页码，即本书边码。词条按汉语拼音排序。

译 者 后 记

2012年，我从美国哥伦比亚大学获得教育经济学专业的哲学博士学位，回到北京大学教育学院开展博士后研究，正式开始自己的学术之路。同年，我的博士论文指导老师之一，著名的教育经济学家亨利·M.莱文教授作为海外名家来访教育学院，讲授了教育的成本效益分析的研究生课程。为了帮助中国学生更好地理解课程内容，莱文教授让我担任他的助教，配合他的英文讲座组织中文的研讨课。苦于没有合适的中文版教材，讨论课也只好基于我当时并不系统的理解来翻译解读，难免有不当之处。莱文教授访问结束返回美国后告诉我，他的《教育的成本效益分析》一书正在整理更新，计划出版第3版。从那时起，我就与莱文教授欣然约定，要将新版书翻译成中文，希望能帮助更多的中国读者更系统地理解这一重要的主题。

2018年，我从教育学院调至全国医学教育发展中心。我此前一直在教育经济学领域开展研究，转到医学教育领域后，感受到了前所未有的挑战。同年，莱文教授著作的第3版正式出版，我也在聚焦研究方向的茫然中开始履行自己的翻译诺言。

与调整并重新聚焦研究方向的挑战相比，做好翻译也绝非易事！不过，幸运的是，在我无数遍学习莱文教授的著作之后，这两大挑战都迎刃而解了。一方面是自己在翻译的过程中不断思考，对著作的理解更加深入准确；另一方面是莱文教授的著作让我更加坚信，教育领域迫切需要严谨的成本效益分析，教育资源可以有更高效率的利用方式，医学教育也同样如此。在莱文教授著作的指引下，我不仅聚焦了自己在新领域中的研究方向，还获得了国家自然科学基金面上项目的资助。以医学教育为案例，我终于可以基于成本效益分析为理性的教育决策做点什么了。

莱文教授的著作从第1版到第3版，每版相隔17年。几十年磨一剑的积累和沉淀是慢工夫。从与莱文教授约定翻译算起，已经走过了整整十年。近三年来，译中学、学中译，我集中开展了几轮翻译和校对，投入了大量心血和精力翻译著作。于我个人而言，赴此"十年之约"是我学术之路上难能可贵的积淀。对于教育经济学领域而言，译著能够将经典与前沿的经济评价理论和方法全面系统地介绍给关心教育的中国读者，我坚信为此投入是值得的。也希望通过本书结识更多关注这一领域的朋友，如果读者在阅读过程中有任何建议，欢迎与我联系：youyou. pku@outlook. com。

感谢莱文教授带给我的学术启迪，感谢翻译过程中闵维方教授的鼓励支持，丁小浩教授的关心，蒋凯教授在联系出版社上提供的帮助。感谢北京大学的几位同学在翻译初稿上的贡献，感谢教育科学出版社的程瑞编辑在后期细致专业的工作和很多人默默无闻的付出。感谢北京大学教育学院和全国医学教育发展中心。最后感谢我的博士导师曾满超教授教会我学术质量的审美。也将本书献给我已故的硕士导师李文利教授。

由由

2023 年 1 月　于北京大学承泽园

出 版 人　郑豪杰

责任编辑　翁绮睿

版式设计　沈晓萌

责任校对　贾静芳

责任印制　叶小峰

图书在版编目（CIP）数据

教育的成本效益分析：第 3 版／（美）亨利·M. 莱文
（Henry M. Levin）等著；由由译. —北京：教育科学
出版社，2023.3
书名原文：Economic Evaluation in Education：
Cost-Effectiveness and Benefit-Cost Analysis
(Third edition)
ISBN 978 - 7 - 5191 - 3382 - 5

Ⅰ.①教…　Ⅱ.①亨…　②由…　Ⅲ.①教育成本—研
究　Ⅳ.①G40—054

中国国家版本馆 CIP 数据核字（2023）第 018570 号
北京市版权局著作权合同登记 图字：01 - 2023 - 1465

教育的成本效益分析（第 3 版）
JIAOYU DE CHENGBEN XIAOYI FENXI（DI 3 BAN）

出 版 发 行	教育科学出版社		
社　　　址	北京·朝阳区安慧北里安园甲 9 号	邮　　　编	100101
总编室电话	010—64981290	编辑部电话	010—64981167
出版部电话	010—64989487	市场部电话	010—64989009
传　　　真	010—64891796	网　　　址	http://www.esph.com.cn
经　　　销	各地新华书店		
制　　　作	北京金奥都图文制作中心		
印　　　刷	保定市中画美凯印刷有限公司		
开　　　本	720 毫米×1020 毫米　1/16	版　　　次	2023 年 3 月第 1 版
印　　　张	24.25	印　　　次	2023 年 3 月第 1 次印刷
字　　　数	335 千	定　　　价	79.00 元